中国语言学报

第十九期

中国语言学会《中国语言学报》编委会 编

图书在版编目(CIP)数据

中国语言学报.第19期/中国语言学会《中国语言学报》编委会编.—北京:商务印书馆,2021
ISBN 978-7-100-19439-6

Ⅰ.①中… Ⅱ.①中… Ⅲ.①语言学—中国—文集 Ⅳ.①H004.2-53

中国版本图书馆 CIP 数据核字(2021)第 023717 号

权利保留,侵权必究。

ZHŌNGGUÓ YǓYÁN XUÉBÀO
中国语言学报
第十九期
中国语言学会《中国语言学报》编委会 编

商务印书馆出版
(北京王府井大街36号 邮政编码100710)
商务印书馆发行
北京虎彩文化传播有限公司印刷
ISBN 978-7-100-19439-6

2021年3月第1版　开本787×1092　1/16
2021年3月北京第1次印刷　印张11¾
定价:68.00元

《中国语言学报》第 19 期编委会

（以姓氏音序排列）

曹志耘　浙江师范大学
方　梅　中国社会科学院语言研究所
黄　行　中国社会科学院民族学与人类学研究所
李爱军　中国社会科学院语言研究所
刘丹青　中国社会科学院语言研究所
汪维辉　浙江大学中文系/汉语史研究中心
王洪君　北京大学中文系

编 辑 说 明

1. 本期发表的各篇均为中国语言学会第 19 届学术年会（广州中山大学 2018）论文。

2. 参加本期审稿编辑工作的有：曹志耘、方梅、黄行、李爱军、汪维辉、王洪君、陈丽、孙志阳。

中国语言学报

第十九期　目录

藏语形容词的音节数形态与形态类型 …………………………… 江　荻 1
贵琼语存在类动词的示证用法 …………………………… 宋伶俐　朴正俸 28

粤语助词"亲"的体貌用法及演化路径 …………………… 冯海敏　陈前瑞 40
广西客家话人称代词复数标记的类型及来源 …………………… 唐七元 57
云浮白话会话构式"好之……又……"的话语功能及其语法型式动因
…………………………………………………………… 严丽明 66

山西晋语区"双言"的使用态度调查 …………………… 王　利　袁露丹 79

语句在语篇和会话中的连贯顺序探讨 …………………… 郭　安　邢　欣 91
强叙实动词研究 …………………………………………… 张新华 102

北宋刊本《礼部韵略》之版本与讹俗字 …………………… 张民权　田　迪 119
明末南京韵书《音义便考》二等知庄组字读细音例外的考察 …… 封传兵 132
联绵词声类分布研究 …………………………………………… 沈建民 139

从"脚趾头"说到异形词 ……………………………………… 魏钢强 152
从语源看"父亲"的称谓系列 …………………………………… 蔡英杰 159
《汉书·苏武传》中"蹈"考证 ……………………………………… 张　霁 171

CONTENTS

The syllabic-quantity of Tibetan adjectives as hidden morphology and
 its types ·· JIANG Di 1
The demonstration usages of the existential verbs in Guiqiong
 language ································· SONG Lingli, PIAO Zhengfeng 28

The aspectual usages and evolution path of tʃʰɐn55(亲) in Cantonese
 ·· FENG Haimin, CHEN Qianrui 40
On the types and sources of the plural markers of Hakka dialects,
 Guangxi province ·· TANG Qiyuan 57
The discourse functions and motivations of the grammatical patterning of
 "haozhi(好之)... you(又)..." in the Yunfu dialect ············· YAN Liming 66

An investigation on using attitudes of Mandarin and dialects in
 Jin dialects area, Shanxi province ················· WANG Li, YUAN Ludan 79

A study on the coherent order of sentences in discourse and
 conversation ·· GUO An, XING Xin 91
A study on the strong factive verbs ································· ZHANG Xinhua 102

Edition study on *Libu Yunlue*(礼部韵略) of Northern Song Dynasty version
 and the wrong and vulgar characters in it ········ ZHANG Minquan, TIAN Di 119
Some characters of the second division of Zhi and Zhuang initial
 groups with [-i-] prenuclear glide in *YinYi-BianKao*(音义便考)
 ·· FENG Chuanbing 132

A study on the distribution of the initials of binding words ········ SHEN Jianmin 139

Jiaozhitou(脚趾头) and variant forms of the same word ········ WEI Gangqiang 152

The etymologies of the appellations of father in Chinese ············CAI Yingjie 159

A study on *dao*(蹈) in biography of Su Wu(苏武) , *History of the Han dynasty* ·· ZHANG Ji 171

藏语形容词的音节数形态与形态类型[*]

江 荻

(江苏师范大学语言科学与艺术学院，中国社会科学院民族学与人类学研究所)

提要 文章以音节数作为基础形态或隐形态来观察藏语的形容词及其类型，将音节数与派生词、重叠词、复合词、复合型派生词等类型结合，讨论了各类形容词的基本结构和特征。依据词的长度观察词类和词法类型是一种新型的分类观点，有利于发掘藏语形容词的形态面貌和内部构成。藏语形容词音节数形态的描述与名词和动词音节数形态的描述一致，证明藏语是一种可以依据"词形定类"的语言。

关键词 藏语 音节数形态 形容词 结构类型

一 引言

本文以藏语的"音节数形态"为基础讨论形容词多样性的形态类型及其特征。形容词是否作为一个独立的词类在语法领域有着广泛的争论，涉及形容词的性质、形态和功能。欧洲早期研究者中，柏拉图(Plato)和亚里士多德(Aristotle)把形容词看作动词的次类，亚历山大(Alexandrian)则视为名词的次类(Lyons, 1966)。西方中世纪以来，语法学家们对词类体系采用了更实用的名词、动词、形容词三分观点，这种观点一直延续至今。近数十年来，还有一些新的观点出现，例如有人认为名、动、形构成一个实词(contentives)的单一范畴(Bach, 1968)，或者谓词(predicators)范畴(Allan, 1973)，或者认为存在一个名、动、形连续统(a continuum of noun-adjective-verb, Givon, 1979)。当然，坚持名、动、形三分的学者也不乏其人(Bhat, 1994)，例

---

[*] 国家社科基金重大课题"中国境内语言基本核心词汇声学数据库及计算研究"(19ZDA300)；"满汉对音译音文献集成、数据库建设及清代音韵学体系重构研究"(18ZDA305)；国家自然科学基金"从世界语言透视东亚人群和语言的起源与演化"(31271537)。本文曾在"中国语言学会第十九届学术年会"(中山大学，2018.11.9-13)发表。感谢学会秘书处和商务印书馆戴文颖老师认真仔细的编辑。

如兰盖克(Langacker,1976),迪克(Dik,1978),克罗夫特(Croft,1991)等。

现代藏语形容词是一个未经语法本体上严格论证的"自然类别"。刘丹青(2005)曾指出,"虽然形容词所表示的原型范畴意义——所指对象的属性,在任何语言中都有词项来表示,应属普遍性语义范畴,但这并不意味着它一定是普遍性的词类范畴。"本文承继传统观点,一方面假定藏语存在一个形容词类别,另一方面,通过描述形容词的形态多样性及其类型,也一定程度上间接论述了藏语形容词所具有的独立词类地位。换句话说,具有区别于名词和动词的独特形态形式的形容词可推导必定是独立词类。

无疑,现代藏语形容词来自古代藏语,放下二者之间的差异不论,我们以1300年前吐蕃时期藏文发明之初用金石碑铭记录的案例作为藏语形容词独立存在已久的证据。从这个角度看,藏语形容词作为独立词类地位也是可信的。从第二节始,本文仅讨论现代藏语。[1]

1.

原文	btsan pho	lha sras	gy-i	zha	sngar	lde sman ldevu cung	glo ba	nye nye
分析	btsan pho	lha sras	gi	zhabs	snga-r	lde sman ldevu cung	glo ba	nye ba
标注	赞普	王子	属格	腿(敬)	前面-位格	德门得乌穷(人名)	心意	亲近
译文	天神之子赞普尊前,德门·得乌穷心意虔诚,……							

说明:该文拓自吐蕃时期摩崖,现存于西藏自治区山南洛扎县得乌穷村前得乌穷河东岸的崖壁上。句中形容词ཉེ་ཉེ་(nye nye)"附近,亲近"是形容词重叠形式,现代作ཉེ་པོ་(nye po),是派生形式,此句用作形容词谓语,不带体貌谓词句尾。

2.

原文	chab srid	gc-ig	du	mol	nas	mjal dum	chen po	mdzad
分析	chab srid	gcig	la	mol -ed	nas	mjal dum	chen po	mdzad -ed
标注	王政	一	位格	商议-PST	而后	和平	大	创造-敬语-PST
译文	在一统王政下[然后]创造伟大和平……							

说明:该句出自著名的《唐蕃会盟碑》(公元823年),该石碑现立于拉萨大昭寺前。此句形容词ཆེན་པོ་(chen po)后置于名词,跟现代藏语语法语序一致。

二 什么是音节数形态

近年来,沈家煊(2011)提出汉语名动关系的时候,认为形容词具有多重性:(1)在做谓语上跟动词相似,所以说是动词的一个次类;(2)在做定语上跟名词有相似性,以[1+2]为韵律结构的常态;(3)在双音化上,作用在名词、动词身上是减弱动性增强名性,作用在形容词身上是增加带有主观色彩的摹状性。这里首先涉及了单双音节问题,所以沈文提出"在划分形容词内部小类的时候应该拿单音双音的区分作为首要的标准"。

不仅在形容词内部,藏语整个词类体系都是以音节数为基础构建的,形成音节数形态(江荻 2013,2020 印刷中)。准确地说,音节数形态指以词的音节数量作为形态标准来区分词的结构和类型。音节数形态首先表现为词的音节长度并反应在词形上,词形包括词长和词型两个要素,词长以音节为单位衡量,区分单音节词、双音节词、三音节词和多音节词。[2] 词型特指单纯词、派生词、重叠词、复合词这种词法意义上的分类,既跟音节长度有关系又跟词型类别有关系。藏语单纯词一般都是单音节形式,双音节和多音节单纯词不多;派生词是词根+词缀(少量是词缀+词根)形式;复合词是词根+词根形式。鉴于语法上人们未曾尝试将音节数作为形态标志,本文暂时称之为"隐形态",或者说,藏语是将词的音节数预设为隐形态模式来区分词的结构和类型的。

从形式上观察,藏语的词形跟词类有一种可观察的外显联系。大多数名词是双音节的,包括带词缀的派生名词和词根组合的复合名词。动词绝大多数都是单音节词,双音节动词很少,且缺乏能产性。现代出现的大量三音节动词目前尚未获得稳定的复合词地位,而且三音节动词主要由双音节名词+单音节动词构成。形容词是词根带词缀的双音节派生形式或重叠形式、三音节(或四音节)复合型派生形式,和三音节、四音节状貌词(有人称作状貌形容词)。

依据藏语的音节数形态,词形跟词类之间的外显联系使人们可以构建一种区分词类的"词形定类"原则,即依据词的长度和词法类型判断词的词性和类别。进一步,藏语词形跟词的功能类的这种简单对应关系甚至可以让我们逆过来操作,提出"词类分形"的概念。所谓"词类分形"指根据词的语法功能类别可以确定词的形式类别。

这样的总体格局基本决定了藏语形容词可以在形式上区别于名词和动词。其中,双音节形容词与名词采用不同的词缀,或者采用重叠方式。表1以形容词、名词、动词普遍形式举例说明藏语"词形定类"或"词类分形"的大致概貌。

表1 藏语的词形与词类[3]

隐形态	形态类型	形容词	名词	动词
单音节	单纯词	—	(me)火[少]	(ltogs)饿
双音节	单纯词	—	(tha shal)庸俗[少]	—
	派生词	(bsil po)凉	(dpyid ka)春	—
	复合词	—	(na tsha)病痛	(yid ches)信任[少]
	词根重叠	(thung thung)短[重叠]	—	—
	重叠缩减	(kyag kyog)弯曲[重叠缩减]	—	—
三音节	派生词	—	(lha sa ba)拉萨人	—
	叠音派生	(dmar thing thing)红	—	—
	复合词	—	(dpe lta khang)阅览室	(dpe khrid byed)教书
	复合型派生	(thag ring po)远	—	—
多音节	变音重叠	(kyag ge kyog ge)弯弯曲曲	—	—
	复合型派生	(ngu byang langs po)老爱哭的	—	—

三 形容词的形态类型

根据上文表1的讨论，藏语形容词主要有以下类型：双音节派生词、双音节词根重叠词、双音节重叠缩减词、三音节词缀叠音派生词、三音节复合型派生词、多音节重叠词、多音节复合型派生词。

3.1 单音节形容词

藏语单音节形容词很少，常见的几个多表示数量或范围的极值意思。例如 (rgu)多数，众多：(yod rgu rtsal sprug)尽其所有；再如：(kun)全部的；(mchog)妙，极好；(rab)最高，极好；多数是表示正面意义极值的形容词。现代藏语中，这类单音节形容词大多充当构词语素，例如 rab: (shes智力 rab)智慧，天才；(ri山 rab)妙高山；(pho雄性 rab)俊杰；构成短语：(spus ka品质 rab)

极佳品质； རྡུལ་ཕྲ་རབ་(rdul灰屑 pra细 rab)极微尘；或者与 ཏུ་(tu)等语法词构成副词，充当状语：རྟ་རབ་ཏུ་རྒྱུགས་པ་(rta rab tu rgyugs pa)马飞快地跑。表 1 未列这一类实在是因为跟单音节名词跟动词相比数量太少，不具代表性。

3.2 双音节形容词

双音节形容词分为派生词、词根重叠词和重叠缩减词。

3.2.1 派生形容词及其后缀类型

（1）带词缀 po 的形容词及同根异缀现象

双音节派生形容词是由词根与词缀构成的完形词。常见的派生词缀有 པོ་、པ་、མོ་(po、pa、mo)等。最典型的形容词词缀是 པོ་(po)，带 པོ་(po)的形容词主要表示事物的性质，可以修饰人和具体事物。派生形容词构词的基本格式是 [[V/Adj]$_{ROOT}$ Suffix]$_{ADJ}$，带 པོ་(po)词缀的形容词格式是 [[V/Adj]$_{ROOT}$ [po]$_{SUFFIX}$]$_{ADJ}$。

དྲོན་པོ་(dron po)温　　རིང་པོ་(ring po)长 / 远　　ཕྲ་པོ་(phra po)细

ལྗི་པོ་(lji po)重　　དཀར་པོ་(dkar po)白　　ཕྱུག་པོ་(phyug po)富

相对 [[ADJ/VI]$_{ROOT}$ [po]$_{SUFFIX}$]$_{ADJ}$ 格式，带 མོ་(mo)和 མ་(ma)词缀的派生形容词数量不算太多。我们注意到一个重要现象，即同根异缀形容词。例如：

ཆེན་པོ་(chen po)和 ཆེན་མོ་(chen mo)大的

དཀར་པོ་(dkar po)和 དཀར་མོ་(dkar mo)白的

རྙོག་པོ་(nyog po)和 རྙོག་མ་(nyog ma)浑浊的

由于这种类型的同根异缀形容词对子在书面语里大量存在，甚至占了带词缀 མོ་(mo)的绝大多数，可以判定不是偶发现象，其原因何在呢？本文从以下几方面词例略加讨论。

（a）词库阻断

追溯词源是困难的事情。先看看 སྤྱང་པོ་(spyang po)"聪明"这个词，例如 ཐབས་ཤེས་སྤྱང་པོ་(thabs shes spyang po)"聪明的办法"。我们注意到，与其他形容词相比，这个词很"干净"，几乎没有其他词缀。[4] 在《藏汉大词典》我们找到 སྤྱང་མོ་(spyang mo)，释作"狼"。藏语"狼"的普遍用词是 སྤྱང་ཀི་(spyang ki)或 སྤྱང་ཁུ་(spyang khu)。就一般经验性知识来说，这两个词完全可能有词源关系，而且"狼"的所指事物应早于形容词概念，后者概念应来源于"狼"的"聪明, 狡猾"特征。我们猜想，这两个词之间可能存在着词库词位的历史竞争。

根据词库理论，这类现象可以称为阻断功能，即后起的词不能按照约定词法规则造词，它在词库中的词形位置已被其他词汇占据，因而只能仿照其他约定求其次，产生相关的词形。不过，词法的实际运作中，强行产生同形词也是常见的，给词库带来同形异义词的负担。

（b）历史音变

拉萨藏语 གྲང་མོ་(grang mo)"冷"造成一个空位，即没有词形གྲང་པོ་(grang po)。这可能与语音变化有关，拉萨话现在的读音是[tʂʰã:¹¹mu⁵³]，但历史上词缀的声母可能因词根鼻音声母影响，发生 p > m 的变化。目前同属卫藏方言的措勤话仍然读作[tʂa:ŋ¹¹po⁵³]，说明词缀原来可能读作པོ་(po)。其实这样的音变在藏语里很常见，例如，དམར་པོ་(dmar po)红，拉萨有人读[ma:⁵⁵po⁵⁵]，有人说[ma:⁵⁵mo⁵⁵]；དམར་བ་(dmar ba)较红，后缀读轻音，但声母受词根韵尾影响，读作[ma:⁵⁵ra⁵]。逆同化音变也是有的，例如拉萨话ཟབ་མོ་(zab mo)深的，深奥的；我们检查了几部现代拉萨作者的小说作品，几乎没人使用ཟབ་པོ་(zab po)。再如：ཆུ་ཟབ་མོ་(chu zab mo)深水，སྣང་བ་ཟབ་མོ་ཞིག་(snang ba zab mo zhig)一个深奥的观念。

（c）方言差异

不同地方人说话差异也是影响词缀择形的重要因素。མངར་མོ་(mngar mo)甜，拉萨、噶尔、日土等地读作[ŋa(r)⁵⁵mo⁵³]，普兰县读[ŋa⁵⁵ru⁵³]，札达县、革吉县、措勤县读[ŋa:r⁵⁵po⁵³]。这几个地方还都是卫藏方言，就有如此大的差别，显然，涉及安多方言和康方言就更复杂。即使是同一地方人，读音也可能不一样。例如拉萨人སྐྱུར་མོ་(skyur mo)"酸的"也说སྐྱུར་པོ་(skyur po)。《藏语简志》（金鹏 1983）记载是[cu⁵⁵mo¹³]，《阿里藏语》是[cu:⁵⁵pu⁵³]（瞿霭堂等 1983）。

（d）类推

藏语名词词缀存在一定程度的表自然性别功能，并导致词缀依性别变形。རྒྱལ་པོ་(rgyal po)"国王"和རྒྱལ་མོ་(rgyal mo)王后，གྲོགས་པོ་(grogs po)"主人"和གྲོགས་མོ་(grogs mo)女主人，སྟག་(stag)"老虎"和སྟག་མོ་(stag mo)母虎，这种差别会促成构词规则的类推，类推的范围也不会局限于名词。例如拉萨话རྐྱང་(rkyang)是一个多义词根，作形容词描述"马"有一个特定意义：栗色 ADJ，因此，如果是公马，用རྟ་རྐྱང་པོ་(rta rkyang po)公栗色马，如果是母马，则用རྟ་རྐྱང་མོ་(rta rkyang mo)栗色母马，或者直接转指名词：རྐྱང་པོ་(rkyang po)栗色公马，རྐྱང་མོ་(rkyang mo)栗色母马，成为拉萨话中一个专门描述马的词汇。

以上虽然做了各类现象探索，但实际语言之复杂往往是我们料想不到的。例如用མྱུར་མོ་(myur mo)还是མྱུར་པོ་(myur po)迅速，我们甚至在一般性拉萨口语词典里面找不到这个词。因为，拉萨藏语用了另一个词མགྱོགས་པོ་(mgyogs po)迅速。[5]再举书面语的རྒྱ་

(snyi mo)"嫩,软"为例,拉萨话用མཉེན་པོ་(mnyen po)或འཇམ་པོ་(vjam po)表示"柔软",用གསར་པ་(gsar pa)表示"嫩",例如རྩྭ་གསར་པ་(rtswa gsar pa)嫩草。《藏汉大辞典》和《藏汉词典》几乎收入了所有这个词的派生形式:སྙི་པོ་(snyi po)、སྙི་མོ་(snyi mo)、སྙི་བ་(snyi ba)、སྙི་བོ་(snyi bo)(甚至包括作名词的སྙི་མ་(snyi ma)穗)。这说明派生词具有语用上的类推性,凡是历史文献上任何随意的用法都收入词典。

(2)带词缀 pa 和 ba 的形容词

带པ་(pa)词缀跟带བ་(ba)的形容词分布上互补,这件事引起我们的兴趣,因为只有动词的名词化标记才有这样的制约。我们猜想这是否蕴含着形容词པ/བ་(pa/ba)词缀可能的根源。

从内部构成上看,带པ/བ་(pa/ba)形容词的基本格式又可分为两种结构类型:[6]

(A) [[V]$_{ROOT}$[pa/ba]$_{SUFFIX}$]$_{ADJ}$

(B) [[Adj]$_{ROOT}$[pa/ba]$_{SUFFIX}$]$_{ADJ}$

我们重温传统文法的名词化词缀添加规则:凡词根韵尾为 -g、-d、-n、-b、-m、-s,词缀声母用 p-,凡词根韵尾为 -ng、-r、-l、-v、-0(零韵尾),词缀声母用 b-。从以下案例来看,当动词转化为形容词的时候,也是添加这样的词缀,并且符合名词化词缀添加规则。

不自主动词词根:

འོན་(von)$_{VI}$ 聋 > འོན་པ་(von pa)$_{ADJ}$ 聋的　　གྲང་(grang)$_{VI}$ 冷 > གྲང་བ་(grang ba)$_{ADJ}$ 寒冷

དོགས་(dogs)$_{VI}$ 怀疑 > དོགས་པ་(dogs pa)$_{ADJ}$ 怀疑　　དགའ་(dgav)$_{VI}$ 喜好 > དགའ་བ་(dgav ba)$_{ADJ}$ 较好

སྨིན་(smin)$_{VI}$ 成熟 > སྨིན་པ་(smin pa)$_{ADJ}$ 成熟　　འགྱུར་(vgyur)$_{VI}$ 变化 > འགྱུར་བ་(vgyur ba)$_{ADJ}$ 变

ཕམ་(pham)$_{VI}$ 败 > ཕམ་པ་(pham pa)$_{ADJ}$ 吃亏　　སྔ་(snga)$_{VI}$ 早 > སྔ་བ་(snga ba)$_{ADJ}$ 早

ལྐུགས་(lkugs)$_{VI}$ 哑 > ལྐུགས་པ་(lkugs pa)$_{ADJ}$ 哑　　བྲེལ་(brel)$_{VI}$ 匆忙 > བྲེལ་བ་(brel ba)$_{ADJ}$ 忙

དྲག་(drag)$_{VI}$ 痊愈 > དྲག་པ་(drag pa)$_{ADJ}$ 优

形容词词根:

དཀར་བ་(dkar ba)白　　ཞིབ་པ་(zhib pa)细小

ཆེ་བ་(che ba)大　　གཞན་པ་(gzhan pa)其他的

ཉེ་བ་(nye ba)近　　གཞོན་པ་(gzhon pa)年轻

དམར་བ་(mar ba)红　　ངན་པ་(ngan pa)恶劣

ཚ་བ་(tsha ba)热　　དྲོད་པ་(drod pa)热

ཆུང་བ་(chung ba)小　　རྙིངས་པ་(rnyings pa)陈旧

དཀའ་བ་(dkav ba)难　　བཙོག་པ་(btsog pa)肮脏

སྐ་བ་(ska ba)涩

有少数词形态变化情况还很难解释，例如འཐོལ་པ་(vthol pa)富余，按理应为བ་(-ba)，并且该词是作为形容词使用的：གླ་ཆ་འཐོལ་པ་(gla cha vthol pa)额外报酬。

归纳起来，带པ་/བ་(pa/ba)词缀的形容词很可能与动词转作形容词有关，在词缀选择上承袭了名词化标记པ་/བ་(pa/ba)。又由于词根的兼类或复杂的错综来源，造成部分词缀不完全依循词缀添加的规范。

(3) 带词缀 to 的派生形容词

带ཏོ་(to)词缀的形容词基本都是表示贬损意义的形容词。不过应注意，这个词缀也作为名词词缀使用，同样表示贬义，二者应该有共同来源。

ཁ་ལྕེ་ཏོ་(kha lce to)大舌头的，语音不清的，ཁ་(kha)嘴，ལྕེ་(lce)舌

ཁོབ་ཏོ་(khob to)动作不灵的，呆笨的，ཁོབ་(khob)笨

འཁོབ་ཏོ་(vkhob to)僵硬的，呆板的，(手脚)不灵便的，འཁོབ་(vkhob)硬，僵

མཁྲེགས་ཏོ་(mkhregs to)死心眼的，对比：མཁྲེགས་པོ་(mkhregs po)硬的

གོག་ཏོ་(gog to)破旧的；(刀)钝的，གོག་(gog)变旧

ཉོག་ཏོ་(nyog to)污浊的，对比：肯定性的：ཉོག་པོ་(nyog po)浑浊

ཉོབ་ཏོ་(nyob to)疲沓的，萎靡的，ཉོབ་(nyob)疲乏

རྙིད་ཏོ་(rnyid to)憔悴的，干枯的，རྙིད་(rnyid)蔫，枯

རྦིག་ཏོ་(rbig to)短小的，重叠形式：རྦིག་རྦིག་(rbig rbig)短小

རྩབ་ཏོ་(rtsab to)朽的，破烂的，来源不详，似跟རྩབ་ཧྲལ་(rtsab hral)"破烂"有关

སོབ་ཏོ་(sob to)弱的，脆的，重叠式：སོབ་སོབ་(sob sob)发脆的，易破碎的

从词根语义来判断，ཏོ་(to)实际上只是一种贬义的标记，真正的贬义还是来自词根。例如ཉོབ་ཐིང་ཐིང་(nyob thing thing)"懒洋洋的"描述状态，但核心语义来自词根；名词ཉོབ་སྐྱེ་(nyob kye)迷糊儿(精神不振的人)，也是词根语义造成的，词缀只起突显和标志作用。

(4) 带元音 -e 的音节性后缀形容词

Beyer(1992)提出藏语有一种带 -e 元音的可变声母后缀形容词，该类形容词是用动词词根造成的。例如，འཕྱང་(vphyang)，未来式：འཕྱང་(vphyang)，过去式：འཕྱངས་(vphyangs)悬，垂，以此词根构成形容词ཕྱང་ངེ་(phyang nge)下垂的，细长的，其中后缀ངེ་(nge)的声母来自前面动词音节的辅音韵尾，元音为ཨེ་(e)。不过，据《藏汉大词典》，这类形式还可能带形容词词缀བ་(ba)，即ཕྱང་ངེ་བ་(phyang nge ba)。再如，འཇོལ་(vjol)下垂，拖曳，形容词是འཇོལ་ལེ་བ་(vjol le ba)下垂的。这似乎暗示这些单音节动词早期或

可能是双音节词。

用带元音"-e"的音节性后缀构成的派生形容词数量不多，我们相信这是一类未发展成熟的构词方式，很可能是在与其他方式竞争中败落下来的残存形式。例如ཕྱང(phyang)还构成ཕྱང་ཕྱང་བ(phyang phyang ba)悬着的，འཇོལ(vjol)构成འཇོལ་པོ(vjol po)悬垂的。གུག(gug)弯，构成གུག་གུག(gug gug)弯曲的，གུག་པོ(gug po)弯的，གུག་གེ་བ(gug ge ba)弯曲的。

带后缀-e的派生形容词还有：བརྙས(brnyas)藐视，欺侮，构成བརྙས་སེ(brnyas se)轻蔑的。ལོག(log)倒转，构成ལོག་གེ(log ge)假的，ལེགས་སེ(legs se)好的。འཁྲིགས(vkhrigs)聚满(Beyer提出的动词是འཁྲིག(vkhrig) "stick together"，恐误)，构成ཁྲིགས་སེ(khrigs se)丰富的，全部的，这个形式等于另一个ཁྲིགས་ཏེ(khrigs te)，这可能意味着原来的后缀声母t-音变脱落，人们又根据词根辅音韵尾产生新的形式སེ(se)。ཁྲེམ་མེ(khrem me)闪烁，闪耀，这是一个双音动词，音变后产生形容词ཁྲོམ་མེ་བ(khrom me ba)闪亮的。སྒུར(sgur)：三时是：བསྒུར - བསྒུར - སྒུར(bsgur – bsgur – sgur)使弯曲，产生སྒུར་པོ(sgur po)，དགུར་བ(dgur ba)或དགུར་མོ(dgur mo)弯曲，Beyer(1992)提出了རྒུ་རེ(rgu re)，我们没找到该词的出处。

动词སངས(sangs)净，清楚，形容词སངས་པོ(sangs po)清净的，明白的，又构成没有辅音韵尾-s的形容词形式：སང་ངེ(sang nge)明亮，清晰，纯洁；སང་སང་པོ(sang sang po)明亮的；སང་ངེ་སེང་ངེ(sang nge seng nge)亮晃晃的(状貌词)。ཀྲང་ངེ(krang nge)站立，直立，产生ཀྲང་ངེ་ཀྲོང་ངེ(krang nge krong nge)笔挺挺的(状貌词)。དཀྲི(dkri)绕，产生དཀྲིལ་ལེ(dkril le)圆的，完整的。ཐལ(thal)穿过，构成ཐལ་ལེ་བ(thal le ba)直直的。ལྷག(lhag)剩余，(lhag po)剩余的，ལྷག་གེ་བ(lhag ge ba)明显的。

实际上也有些是形容词词根，例如ཏུར་ཏུར་པོ(tur tur[po])清晰，ཏུར་རེ(tur re)清楚，二者可交替。ཝལ་ཝལ(wal wal)清楚，明显，ཝལ་ལེ(wal le)清楚，二者可交替。ལིང་ལིང(ling ling)飘动的，ལིང་ངེ(ling nge)飘动的，摇晃的。རོག་པོ(rog po)黑的，རོག་རོག(rog rog)黑压压的，རོག་གེ་བ(rog ge ba)黑黝黝的。ངན(ngan)劣，ངན་པོ(ngan po)坏，ངན་ནེ་བ(ngan ne ba)粗劣。རིངས་པོ(rings po)长的，རིང་སེ་བ(ring se ba)(不带后置辅音-s)较长的，较远。

甚至还有名词词根：རྒྱང(rgyang)远，རྒྱང་ངེ(rgyang nge)远远的。

还有少量拼写或其他因素呈现的形式，例如：ལྷོད(lhod)放松，ལྷོད་དེ(lhod de)松弛，悠闲，正字上拼为ལྷོད་བདེ(lhod bde)。

据周季文、谢后芳(2003)，se用作较为典型的副词标记，例如དགར་སེ(da gar se)随随便便地，ཁྲིག་སེ(khrig se)全部地，ལིངས་སེ(lings se)整个地。张济川(2009)也指出了这种副词词缀：འདུག་སེ(vdug se)如此，ག་འདྲས་སེ(ga vdras se)怎样，ད་ག་སེ(da ga se)无目

的地。

(5) 带 -che 词缀的派生形容词

上文讨论的派生形容词基本都产生于词法。但是藏语词库中也累积了不少短语词汇化的形式，这些形式由于历史原因逐渐变得不透明，意义不可以完全预测。尽管目前藏语词典编撰还缺乏明确的理论指导，但这些词汇化形成的单位已不自觉地加入其中，值得重视和讨论。

对比ljid po(ljid po)和ljid che(ljid che)，前者从词法派生，而后者是词汇化产生的。就意义言，前者表示单纯的"重"，后者含有"特重"的意思，当然还包含了引申义的"沉重，压力重"。这个形式如何形成的？尝试比较下面两个短语：

1. འཕེལ་རྒྱས་ཡོང་བའི་ འཆིང་སྒྲོག་ལྗིད་པོ

  vphel-rgyas yong-ba-vi vching-sgrog ljid-po

  进步 成为 -NMZ-GEN 羁绊 沉重

  成为进步的沉重羁绊

2. ཆོས་ལུགས་ཀྱི་ འཆིང་སྒྲོག་ལྗིད་ཆེ་བ

  chos-lugs-kyi vching-sgrog ljid-che-ba

  宗教 -GEN 羁绊   重 大

  很沉重的宗教羁绊

句2，词根ljid(ljid)自身带了一个修饰语che ba(che ba)大，实际上这就是ljid che(ljid che)的源头。由于语音变化，拉萨话短语ljid che ba(ljid che ba)读作[tɕiʔ¹²tɕhe:⁵⁵]，原来的词缀融合于词根，词根读音略微加长。这样一来，书写上面逐渐就取消了这个后缀，而che(che)的原义也不凸显，内部结构在更多的类似结构出现以后，原来的修饰结构变得模糊，反之，形容词的派生观念逐渐增强，似乎产生了一个新的词缀。

འབརྗིད(brjid)"焕发，显赫"是不自主动词，衍生出形容词འབརྗིད་པོ(brjid po)，འབརྗིད་པ(brjid pa)威严，严肃，例如：གདོང་མདངས་བརྗིད་པོ(gdong mdangs brjid po)严肃的面孔，འབརྗིད་པའི་སྐུ(brjid pavi sku)庄严的佛像。འབརྗིད(brjid)常构成一些稳定的组合：བརྗིད་ཆགས[པ/པོ](brjid chags [pa/po])宏伟(指物)，魁梧(指人)；གཟི་བརྗིད(gzi brjid)庄严，荣耀；བརྗིད་རྔམས(brjid rngams)威猛，威严；བརྗིད་ཉམས(brjid nyams)气概，雄姿。

3. བུད་མེད་ཀྱི་ གཟི་བརྗིད་ཆེ་བའི་ གསར་སྐྲུན

  bud-med-kyi gzi-brjid che-ba-vi gsar-skrun

  妇女 -GEN 荣耀 大 -GEN 创新

  妇女重大创新的荣耀

4. པ་ཕའི་བརྗིད་ཉམས་ཆེ་བའི་སྣང་བརྙན་དེ

  pa-pha-vi brjid-nyams che-ba-vi snang-brnyan de

  阿爸 -GEN 雄姿 大 -GEN 形象 那

  阿爸那幅高大的形象

5. གནམ་འོག་གི་གཟི་བརྗིད་ཆེ་ཤོས་ཀྱི་ལས་ཀ་དེ་དགེ་རྒན་རེད་ཟེ

  gnam-vog-gi gzi-brjid che-shos-kyi las-ka de dge-rgan red ze

  天下 -GEN 庄严 大 最 -GEN 工作 那 老师 是 据说

  据说天下最庄严的工作是（当）老师

  这些句子出自当代拉萨不同作家。句3和4都采用了ཆེ་（che ba）（附着的འི་（vi）是属格标记）形式。有人认为句5的ཤོས་（shos）是形容词最高级形式，置于形容词词根之后，例如：མཐོན་པོ་（mthon po）高，མཐོ་ཤོས་（mtho shos）最高；རྣོན་པོ་（rnon po）锋利，རྣོ་ཤོས་（rno shos）最锋利。

  从以上例词我们可以相信带che的形容词形式应该来自短语的词汇化。常见例词还有：གལ་ཆེ་（gal che）重大，重要的；རྒྱ་ཆེ་（rgya che）广大，宽广；འགངས་ཆེ་（vgangs che）重要，重大；贵重的；རྡོས་ཆེ་（rdos che）膨大，体积大的；གཙིགས་ཆེ་（gtsigs che）有价值，重要，珍重的；ཚེགས་ཆེ་（tshegs che）艰巨，困难的；བྱིངས་ཆེ་（byings che）共同的，周遍的；བརྗིད་ཆེ་（brjid che）宏大的；ཕྱོད་ཆེ་（phyod che）急进的，效力大的。

  总结起来：-ཆེ་（-che）作为新兴词缀，来自ཆེ་པོ་（che po），原义表示"大，重要"。

3.2.2 词根重叠形容词

  有部分不带词缀的双音节形容词，由词根重叠构成，没有相应的派生形式，例如，ཀྱིར་ཀྱིར་（kyir kyir）平的，没有ཀྱིར་པོ་（kyir po）；ཆུང་ཆུང་（chung chung）小的，没有ཆུང་པོ་（chung po）；ལེབ་ལེབ་（leb leb）扁的，没有ལེབ་པོ་（leb po）；དབྲིལ་དབྲིལ་（dbril dbril）圆的，没有དབྲིལ་པོ་（dbril po）；ནར་ནར་（nar nar）长条的，没有ནར་པོ་（nar po）；ཉུང་ཉུང་（nyung nyung）少的，没有ཉུང་པོ་（nyung po）。我们赞同王会银（1987）对该类形式的看法，他认为AA式重叠只是构成形容词的不可缺少的两部分，不表示特别语法意义，即我们所说的AA重叠式组成形容词完形形式。不过，这种重叠跟刘丹青所说汉语语素或词之下音节的叠音不同（2012:2），它们仍然应看作词根语素，虽形式上呈现语素或词的重叠，却未蕴含重叠所产生的形态功能和意义。

  另一方面，部分带词缀的双音节形容词也产生重叠式，例如ཐང་པོ་（thang po）结实的，健康的；ཐང་ཐང་（thang thang）结实的。再如，བརྟན་པོ་（brtan po），བརྟན་བརྟན་（brtan brtan）结实的；ཅེམ་པོ་（cem po），ཅེམ་ཅེམ་（cem cem）（穿得）单薄的；དོག་པོ་（dog po），དོག་དོག་（dog

dog)狭窄的；གསལ་པོ་(gsal po)，གསལ་གསལ་(gsal gsal)明亮，清楚；གུག་པོ་(gug po)，གུག་གུག་(gug gug)弯的；གྱོང་པོ་(gyong po)，གྱོང་གྱོང་(gyong gyong)顽强的；ཧྲག་པོ་(hrag po)强悍的，精干的，ཧྲག་ཧྲག་(hrag hrag)粗壮的，精干的；ཧྲལ་པོ་(hral po)，ཧྲལ་ཧྲལ་(hral hral)稀疏的；ཧྲིལ་པོ་(hril po)，ཧྲིལ་ཧྲིལ་(hril hril)整个的；ཁྲ་མོ་(khra mo)，ཁྲ་ཁྲ་(khra khra)花的，杂色的；འཁྱོར་པོ་(vkhyor po)，འཁྱོར་འཁྱོར་(vkhyor vkhyor)摇摆的；འཁྱོག་པོ་/ཀྱོག་པོ་(vkhyog po /kyog po)，འཁྱོག་འཁྱོག་/ཀྱོག་ཀྱོག་(vkhyog vkhyog /kyog kyog)弯曲的；ལྷོད་པོ་(lhod po)，ལྷོད་ལྷོད་(lhod lhod)轻松的，从容的；ལྷུག་པོ་(lhug po)，ལྷུག་ལྷུག་(lhug lhug)松的；མཁྲེགས་པོ་(mkhregs po)，མཁྲེགས་མཁྲེགས་(mkhregs mkhregs)坚硬的。这些重叠式有些收入词典，有些则临场产生。

归纳起来，双音节形容词主要有以下类型：

(1)仅有带词缀形式，ROOT+SUF：བསིལ་པོ་(bsil po)凉快，རིང་པོ་(ring po)长
(2)仅有重叠形式，ROOT+ROOT：ཆུང་ཆུང་(chung chung)小，ཀྱིར་ཀྱིར་(kyir kyir)平
(3)原生带词缀形式或派生重叠形式：ཉོག་པོ་(nyog po)，ཉོག་ཉོག་(nyog nyog)浑浊的

我们猜想(1)可能是后起形式，通过完形化产生(江荻，2006)。(2)则可能是原生形式。只是人们从(1)类推，心理上将每个音节均视作词根。这是语用上的现实，并可能是(3)的发生原因之一。至于(3)，我们认为，在前两种结构类型基础上，很容易通过类推或语用化来实现，本质上仍然是完形化重叠。

完形化重叠形容词虽然缺乏典型形态价值，与单纯带后缀的形式还是有一定的语用差异。或者表现为风格上的差异，或者表现为使用者个体的差异。甚至可能还演化出描述性状上的增减程度差异，有时候也强调意义。总之，由于带词缀和重叠都是完形化构词操作，因此究竟哪些形容词采用哪种形式需要做详细的调查。词典编撰者在这方面还需要深耕细作才能实现该项目标。

周季文、谢后芳(2003)认为双音节词根重叠形容词表示形状意义和负面意思，就以下例词来看，似乎语义限制不大。

表形状的重叠形容词：

སྒོར་སྒོར་(sgor sgor)	圆形的	ཧྲིལ་ཧྲིལ་(hril hril)	球形的
འབུར་འབུར་(vbur vbur)	凸形的	ཀོང་ཀོང་(kong kong)	凹形的
ཉར་ཉར་(nyar nyar)	长方形的	གོང་གོང་(gong gong)	拱形的

表表象的重叠形容词：

ཀྱོམ་ཀྱོམ་(kyom kyom)	参差不齐的	ཀུག་ཀུག་(kug kug)	弯曲的
ཞོང་ཞོང་(zhong zhong)	凹的，洼的	ཀྱག་ཀྱག་(kyag kyag)	语言嘈杂的
མཉམ་མཉམ་(mnyam mnyam)	平坦的	འཁྱོག་འཁྱོག་(vkhyog vkhyog)	弯弯曲曲的

表属性的重叠形容词：

ཚེབ་ཚེབ (tseb tseb)	锐利的，尖利的	ཉིག་ཉིག (nyig nyig)	松弛的
ཀོབ་ཀོབ (kob kob)	坚硬的	ཉོག་ཉོག (nyog nyog)	柔软的，湿润的
ཧྲལ་ཧྲལ (hral hral)	稀疏的	ལྷུག་ལྷུག (lhug lhug)	松松的

表评价的重叠形容词：

ཀྲག་ཀྲག (krag krag)	好的，美丽的	རྔམ་རྔམ (rngam rngam)	威严的，辉煌的
གྱོང་གྱོང (gyong gyong)	顽强的，强硬的	གཟབ་གཟབ (gzab gzab)	认真的
རེམ་རེམ (rem rem)	急忙的，匆匆的	ཧོན་ཧོན (hon hon)	愚蠢的，笨的
སོབ་སོབ (sob sob)	虚伪的，虚假的	ཧྲག་ཧྲག (hrag hrag)	精干的，精悍的

3.2.3 重叠缩减词

重叠缩减词全称是词根变音重叠缩减式形容词，也称 BA 式形容词。例如，ཀྱག་ཀྱོག (kyag kyog) 弯曲的。BA 式形容词来自四音节变音重叠形容词 (ABA'B 式状貌词)，例如，ཀྱག་གེ་ཀྱོག་གེ (kyag ge kyog ge) 弯弯曲曲。该类形容词之所以称为 BA 式是因为一般认为这个四音节格式的词根是第三音节，即词根 A，第一音节是第三音节的音变形式，即 B，第二音节和第四音节同形，是词缀。如是，四音节格式是 [Adj$_{ROOT}$ Suffix Adj$_{ROOT}$ Suffix]$_{ADJ}$，即 BsAs。

藏语变音重叠四音格式的词根音变可能是元音和谐引起的读音变异（胡坦 2002），具有以下特征：(1) 词根音节都是后高元音 ཨོ (o) 或者 ཨུ (u)，第一音节音大多数变为前低元音 ཨ (a)；(2) 第二音节和第四音节词缀形式一样，声母都是前一音节词的韵尾；(3) 词缀元音是前高元音 ཨེ (e) 或者 ཨི (i)。[7] 基于此，该类格式也称为部分重叠或音素重叠（周季文，谢后芳，2003）。举例如下：

ཐོ་རེ་ཐོ་རེ (tho re tho re) 零零碎碎（元音B未变）	རྫ་སི་རྫུ་སི (rdza si rdzu si) 迷离马虎
ཀྱ་རེ་ཀྱོ་རེ (kya re kyo re) 歪歪扭扭	འཇང་ངེ་འཇོང་ངེ (vjang nge vjong nge) 圆不溜叽
ཐམ་མེ་ཐོམ་མེ (tham me thom me) 迷迷糊糊	ཧྲལ་ལེ་ཧྲུལ་ལེ (hral le hrul le) 破破烂烂

变音重叠四音格主要描述事物的状态，一般归为状态形容词，可充当定语或状语。例如：

khoŋ^{55}ki^{52} ɕø^{13}pɛ   thuk^{11}lo^{52} ni^{13} tɛɛ^{11}le^{55} tɛɛ̃^{11}le^{55} re.
他 -AG   穿 -NMZ-GEN 衣服   呢（话题标记）肋肋腻腻   是
他穿的衣服不合体。（王会银）

双音节重叠缩减词来自变音重叠四音节格式，是藏语中的常态现象，二者在语义上等价，语法上也基本一致。此外，该类重叠形式语义上大多表示负面意义。例如：

ཉེར་ཉོར་ ཉེར་རེ་ཉོར་རེ་(nyer nyor < nyer re nyor re)萎靡不振，松松垮垮
ཆལ་ཆོལ་ ཆལ་ལེ་ཆོལ་ལེ་(chal chol < chal le chol le)乱七八糟，杂乱无章
ཉབ་ཉོབ་ ཉབ་བེ་བྱོབ་བེ་(nyab nyob < nyab be byob be)萎靡不振，无精打采
ཐང་ཐེང་ ཐང་ངེ་ཐེང་ངེ་(thang theng < thang nge theng nge)拖拖拉拉，慢慢腾腾
ཐམ་ཐོམ་ ཐམ་མེ་ཐོམ་མེ་(tham thom < tham me thom me)迷迷糊糊，糊里糊涂
རག་རོག་ རག་གེ་རོག་གེ་(rag rog < rag ge rog ge)黑乎乎的，黑黢黢的
འབར་འབུར་ འབར་རི་འབུར་རི་(vbar vbur < vbar ri vbur ri)凹凸不平，疙疙瘩瘩
ཆལ་ཆོལ་ ཆལ་ལེ་ཆོལ་ལེ་(chal chol < chal le chol le)恍恍惚惚，迷三倒四

Vollmann(2009)把这类双音节重叠式称为带元音交替的词干重叠(stem germination with alternating vowels)。有意思的是，Vollmann 使用了 gemination 这个术语，这是一个主要用于语音学的术语，可以理解为"叠音"，这也意味着这类重叠自身不具有形态意义。

3.3 三音节形容词

三音节形容词分为词缀叠音派生词、复合型派生词。

3.3.1 词缀叠音派生词

三音节词缀重叠的形容词可描述为 ABB 式叠缀形容词(状貌词)，这种类型形容词数量较多。据王会银(1987)描述，该类形容词的叠音词缀多达 20 余个。

ABB 式的叠音词缀跟词根语音似乎没有明显关系，但语用上看，有些词缀使用较多，甚至具有能产性，例如 ཐིང་ཐིང་: དམར་ཐིང་ཐིང་(-thing thing : dmar thing thing)红彤彤的；有些则相对罕见。以下列出部分词缀和例词：

སྐྱ་ཐིང་ཐིང་(skya thing thing)灰蒙蒙的　　དམར་ལམ་ལམ་(dmar lam lam)红彤彤的
དྲོ་སོབ་སོབ་(dro sob sob)热乎乎的　　རློན་ཆོབ་ཆོབ་(rlon chob chob)湿淋淋的
དཀར་ཆབ་ཆབ་(dkar chab chab)白闪闪的　　ཐེ་ལེ་ལེ་(the le le)恶狠狠的
བློ་ལྷོད་ལྷོད་(blo lhod lhod)镇静的　　ཀྱི་ལི་ལི་(kyi li li)放光的
སྔོ་སེང་སེང་(sngo seng seng)蓝茵茵的　　རྫུ་ཤིག་ཤིག་(rdzu shig shig)假惺惺的
འཁྱག་ཤུར་ཤུར་(vkhyag shur shur)冷冰冰的　　ནག་ཤུར་ཤུར་(nag shur shur)黑糊糊的
སྐྱ་ཐེར་ཐེར་(skya ther ther)光秃秃的　　ལྗི་ཏིག་ཏིག་(lji tig tig)沉甸甸的
སྐྱ་ཚུབ་ཚུབ་(skya tshub tshub)灰溜溜的　　དཀར་ཆེམ་ཆེམ་(dkar chem chem)白闪闪的
ནག་ཉིག་ཉིག་(nag nyig nyig)黑沉沉的　　སྐྱ་འཁྱིལ་འཁྱིལ་(skya vkhyil vkhyil)白茫茫的
སེར་ཧང་ཧང་(ser hang hang)黄澄澄的

少量 ABB 式重叠词似乎发生独特的语音变化，第三音节声母沿用了第二音节的

韵尾辅音。相比词根元音，词缀都是高元音。其中规律可以进一步探索。观察以下词例：ྷྔོ་ཐིང་ངིར་(sngo thing ngir)绿油油的，དམར་ཐིང་ངིར་(dmar thing ngir)红彤彤的，ལྗང་ཐེང་ངེར་(ljang theng nger)绿油油的，སྐྱ་ཤུར་རིར་(skya shur rir)灰白的，ནག་ཤུར་རིར་(nag shur rir)黑洞洞的，སྟོང་སང་ངེ(stong sang nge)空荡荡的，སྐྱིད་ཟིང་ངེ(skyid zing nge)乐融融的，བཀྲ་ལམ་མེ(bkra lam me)华丽的，སྐྱ་ཐིང་ངེ(skya thing nge)白皑皑的。以下例词又有更进一步的变化：ནག་ཧུ་རེ(nag hu re)漆黑的，སྐྱ་ཐ་ལེ(skya tha le)灰溜溜的。ABB式形容词（状貌词）的句法功能和语用功能都值得进一步探索。

东亚、东南亚、南亚以及太平洋区域语言普遍存在重叠形式或重叠变形的状貌词（ideophone，或称音义像似词），这类词以摹声拟态方式表现各类色彩情景意义，但缺乏形态意义。请观察以下藏语例词和例句。

6. ང་ནང་ནས་ཐོན་པ་ད་གར་གཟུགས་པོར་གྲང་ཤུར་ཤུར་ཆགས་བྱུང་།

    nga nang-nas　thon-pa　　da-gar gzugs-por　grang-shur-shur chags-byung.

    我　里面 -ABL　出来 -NMZ　刚　　身体 -POS　冷飕飕　　　　感到 -ASP

    我刚从里面出来身上就感到冷飕飕的。（王会银）

7. གཞིས་ཀ་དེའི་ཕྱོགས་བཞི་དྭངས་གསལ་ཆུ་བོས་བསྐོར་ཞིང་ཆུ་འགྲམ་གཡས་གཡོན་དུ་རྒྱ་ལྕང་སྔོ་ཐིང་ཐིང་ཡོད་པ་དང་།

    gzhis-ka devi　　phyogs bzhi dwangs-gsal chu-bo-s bskor-zhing.

    庄园　那 -GEN 方面　四　明亮　　　河 -INS　围绕

    chu-vgram g-yas-g-yon-du rgya-lcang sngo-thing-thing yod-pa dang...

    岸边　　　左右 -LOC　柳树　　绿莹莹　　　　　有　并且……

    那个庄园四周一条明亮的河流围绕，两岸边都是绿莹莹的柳树。

3.3.2 复合型派生形容词

藏语有一部分形容词与名词短语结构同形，观察以下案例：

形式	短语	复合形容词
ངོ་ནག་པོ་(ngo nag po)	黑脸	板着脸的，绷着脸的
སྐད་གསང་པོ་(skad gsang po)	清脆的声音	嗓音洪亮的
སྐད་ཚ་པོ་(skad tsha po)	嘈杂声	爱吵闹的，刺耳的
སེམས་དྲང་པོ་(sems drang po)	心正直	老实的
བྱད་བཞིན་བཟང་པོ་(byad bzhin bzang po)	俊俏的面颊	俊美的
ཐབས་མཁས་པོ་(thabs mkhas po)	巧办法	办法巧的，足智多谋的

这组词结构上均为 N_R+ADJ_R+SUF 结构，释义上，凡是直描意义的一般是名形短语，结构为 $[N_R+[ADJ_R+SUF]]_{PHR}$，凡是语义发生转喻的大多是形容词，结构可简

单分析为[[N_R+ADJ_R]+SUF]，前者是派生形容词后置修饰前面的名词，后者的结构下文再述。此处暂且先将这类分析形式称为（词根）复合型派生形容词（Jiang D. 2015），它也是藏语的一类特殊构词现象，下文从认知角度阐述它的性质、结构、特征和功能、来源。

（1）复合型派生形容词的句法功能

藏语研究者普遍认为藏语存在数量极少的三音节形容词（包括派生词缀），例如，ཉིང་རྗེ་པོ་（snying rje po）可爱、心疼的，[8] 该词内部结构一般不予分析，也就是说，多音节形容词的词根可能是不可分析的。事实上，从词源上分析，ཉིང་（snying）原义为"心（脏）"，词根意义易于发生隐喻，产生"心灵、知觉、胆量"等喻义。例如ཉིང་དཀར་（snying dkar）好心肠，ཉིང་ཆུང་（snying chung）怯懦，ཉིང་འཆུ་（snying vchu）感动。རྗེ་（rje）是动词，词根原义为"交换"，与ཉིང་（snying）构成的语义组合不可能是现实的行为（交换心脏），只能是转喻（交换心情，将心比心）：ཉིང་རྗེ་（snying rje）仁心、同情心，构成复合名词。如果添加动词可再构成复合动词：ཉིང་རྗེ་སྐྱེ་（snying rje skye）发（产生）慈悲心，ཉིང་རྗེ་ལྟ་（snying rje lta）怜悯、体贴，或者被形容词、数词等其他词类修饰：ཉིང་རྗེ་གསུམ་（snying rje gsum）三大慈悲（佛语），ཉིང་རྗེ་ཆེན་པོ་（snying rje chen po）仁慈的、大慈大悲。其中的动词语素rje动作性减弱，语义渐渐淡化，可以向词缀那样重叠：ཉིང་རྗེ་རྗེ་（snying rje rje）怪可怜的。在此意义上说，ཉིང་རྗེ་པོ་（snying rje po）是从名词添加形容词词缀（形缀）派生而来，另一个可交替形式是ཉིང་རྗེ་མོ་（snying rje mo），或者产生引申义的形式ཉིང་རྗེ་བ་（snying rje ba）可怜的，证明这是一个典型的三音节形容词。

从句法角度可以更直接证明[[N_R+ADJ_R]+SUF]结构属于复合型形容词。以下结合典型派生形容词比较二者的句法功能。

8. དེ་ཉིན་དབང་ཆེན་གྱིས་ཞགས་པ་རིང་པོ་ཞིག་ཁྱེར།

　　de-nyin dbang-chen-gyis zhags-pa ring-po zhig khyer.

　　那天　旺庆-AG　　　绳索　　长的　　一　拿-PST

　　那一天旺庆拿了一根长绳。（派生形容词ring po作定语修饰zhags pa）

9. ས་ཐག་རིང་པོ་འདི་འདྲས་ལ་ལས་ཀ་གནང་གག་ཕེབས་པ་རེད།

　　sa　thag-ring-po vdi-vdras-la las-ka-gnang　gag　phebs-pa-red.

　　地方　远　　　这样-LOC　工作-做-HON　助词　来-ASP

　　来这样远的地方工作。（复合型形容词thag ring po作定语修饰名词sa）

10. ལུང་པ་འདིའི་སྦུག་ཐག་རིང་པོ་ཡོག་མ་རེད།

　　lung-pa vdi-vi　sbug thag-ring po yog-ma-red.

地方　这 -GEN 山谷 距离 - 远（深）ASP-NEG

这个地方的山谷不深。（复合型派生形容词 thag ring po 作谓语）

11. ཨོག་འཇུག་གི་ཕུ་ཐུང་རིང་པོ་ཡོག་རེད།

vog-vjug-gi phu-thung ring-po-yog-red.

衬衣 -GEN 袖子　　长 -ASP

衬衣的袖子长。（派生形容词 ring po 作谓语）

12. ངའི་བསྡད་ས་འདི་ནས་ཐག་རིང་པོ་རང་མ་རེད།

nga-vi bsdad-sa vdi nas thag-ring-po rang-ma-red.

我 -GEN 住 - 地方 这 ABL（距离）远　很 -ASP-NEG

我的住处离这里不太远。（复合型派生形容词 thag ring po 作谓语）

此外，复合型派生形容词还可能充当补语或与副词标记结合充当状语。

(2)复合型派生形容词的语义类型

像 ཐག（thag）这样的名词与形容词 རིང་པོ（ring po）结合补足了形容词的某类属性，反映了形容词可借助（或强迫）名词完善自身所需属性，主要体现在形式物性角色（formal quale role）上（Jiang 2015），包括方位、大小、形状、维度等。例如：ཉམས（nyams）感受，姿态，观念，状态；གོང（gong）价值，价格；གོ（go）领悟力；སྟོབས（stobs）力量，气势；བག（bag）本性；སྤུས（spus）质量；སྲོག（srog）生命，寿命；གཞི（gzhi）根基，本体；ཁུངས（khungs）根据，凭据；གཏིང（gting）深度；ཐབས（thabs）办法，方式；སྐད（skad）声音；ཚིག（tshig）话语等。

例如：ཐབས་མཁས་པོ（thabs 方法 mkhas po 精通）办法巧妙的，ཚིག་མཁྲེགས་པོ（tshig 词 mkhregs po 坚硬）话语粗暴的，ཚིག་འཐེང་པོ（tshig 词 vtheng po 瘸的）说话啰唆的，གོང་ཁེ་པོ（gong 价值 khe po 贱）价格价廉的，གོ་བདེ་པོ（go 领悟力 bde po 健康）易懂的，སྐད་གསང་པོ（skad 嗓音 gsang po 响亮）嗓音洪亮的，བག་དོག་པོ（bag 本性 dog po 狭窄）性情狭隘的，བག་ཡངས་པོ（bag 本性 yangs po 广阔）毫不在乎的，གཞི་མཐུན་པོ（gzhi 根基 mthun po 一致）本质相似的，ཁུངས་མཐུག་པོ（khungs 根据 mthug po 厚）耐用的，སྟོབས་ཞན་པོ（stobs 力量 zhan po 弱）力气弱小的，གུ་ཡངས་པོ（gu 面积 yangs po 广阔）面积辽阔的，རྒྱ་ཡངས་པོ（rgya 面积 yangs po 广阔）范围宽广的，གཏིང་ལྗིད་པོ（gting 深度 ljid po 重）为人深沉的，སྲོག་མཁྲེགས་པོ（srog 生命 mkhregs po 坚硬）结实耐久的，ཉམས་དམའ་པོ（nyams 观念 dmav po 低）难为情的，སྤུས་དག་པོ（spus 质量 dag po 纯洁）质地好的，གལ་ཆེན་པོ（gal 关键 chen po 大）重要的，དབང་ཆེན་པོ（dbang 权势 chen po 大）势力大的，ཧམ་པ་ཆེན་པོ（ham pa 贪心 chen po 大）贪心的，རྩལ་ཆེན་པོ（rtsal 技能 chen po 大）技艺高的，སྐད་ཡག་པོ（skad 声音 yag po 好）嗓子好的，ལབ་རྗེས་བཙན་པོ（lab rjes btsan po）严守诺言的，བྱེད་བཞིན་བཟང་པོ（byed bzhin bzang po）俊美的，ཐག་རིང་པོ（thag ring po）远的，གཏིང

ཟབ་མོ་（gting zab mo）深的，རྙོག་ག་ཚ་པོ་（rnyog gra tsha po）麻烦的，སེར་སྣ་ཚ་པོ་（ser sna tsha po）吝啬的。

  身体部位名词也常用来构成复合型派生形容词，[9]例如身体、心、头、脸、眼、耳、鼻、嘴、嗓、手、脚、脉、臀、肠胃等，数量很大，为了描述清晰，以下按照这些身体部位列举。

  心脏、心灵、头脑类：སྙིང་（snying）心脏＞心灵、思维（喻），སེམས་（sems）心灵，ཐུགས་（thugs）胸间＞心意（喻），མགོ་（mgo）头＞思想（喻）：

སྙིང་ཚིམ་པོ་（snying tshim po）痛快淋漓的 ཐུགས་བདེ་པོ་（thugs bde po）安心的

སྙིང་སྟོབས་དྲག་པོ་（snying stobs drag po）勇猛的 ཐུགས་རྒྱུ་རིང་པོ་（thugs rgyu ring po）脾气好的

སེམས་གཡེང་པོ་（sems g-yeng po）心不在焉的 མགོ་འཁོར་པོ་（mgo vkhor po）令人入迷的

སེམས་བརྟན་པོ་（sems brtan po）意志坚定的 མགོ་མཁྲེགས་པོ་（mgo mkhregs po）顽固的

སེམས་ལྤགས་སྲབ་པོ་（sems lpags srab po）心肠软的 མགོ་ཚོད་ཁག་པོ་（mgo tshod khag po）难领会的

  五官类：嘴巴ཁ་（kha）＞话语（喻），舌头ལྕེ་（lce）＞言语（喻），耳朵རྣ་（rna）＞听力（喻），鼻子སྣ་（sna）＞嗅觉（喻），眼睛མིག་（mig）＞视觉（喻），脸颊གདོང་/གདོང་ཁ་（gdong/gdong kha）＞情面（喻）：

ཁ་ཉན་པོ་（kha nyan po）听话的 ཁ་རྒྱུགས་པོ་（kha rgyugs po）流利

ཁ་ལྗིད་པོ་（kha ljid po）沉默寡言的 ཁ་སངས་པོ་（kha sangs po）爱说话

ཁ་འབལ་པོ་（kha vbal po）多嘴的 ཁ་སྐྱེངས་པོ་（kha skyengs po）腼腆的

ཁ་གཟེར་པོ་（kha gzer po）尖酸刻薄 ཁ་སླ་པོ་（kha sla po）贪吃的

ལྕེ་བདེ་པོ་（lce bde po）（口齿）伶俐的 མིག་སྦོམ་པ་（mig sbom pa）慷慨大方的

ལྕེ་ཅག་བདེ་པོ་（lce cag bde po）（口齿）伶俐的 མིག་རྣོ་པོ་（mig rno po）眼尖的

རྣ་བ་སྲབ་པོ་（rna ba srab po）耳朵软的 སྣ་ཁུག་སངས་པོ་（sna khug sangs po）嗅觉灵敏的

གདོང་དམར་པོ་（gdong dmar po）脸红的 གདོང་བརྟན་པོ་（gdong brtan po）守信用的

གདོང་ལྤགས་སྲ་པོ་（gdong lpags sra po）好害羞的

  肢体类：ལག་པ་（lag pa）（手）＞手部动作（喻），རྐུབ་（rkub）（臀）＞臀部动作（喻）：

ལག་པ་བཀྲེན་པོ་（lag pa bkren po）小气 ལག་པ་ཤོགས་པོ་（lag pa shogs po）大方

ལག་པ་གཟེར་པོ་（lag pa gzer po）好打人的 ལག་པ་དམ་པོ་（lag pa dam po）贪婪

རྐུབ་ལྗིད་པོ་（rkub ljid po）不好动的 རྐུབ་ཡང་པོ་（rkub yang po）勤快的

  身体类：གཟུགས་པོ་（gzugs po）躯体；ཤ་（sha）肌肉；རྒྱུ་མ་（rgyu ma）肠子：

གཟུགས་པོ་གཏེ་པོ་（gzugs po gte po）（个儿）矮小的 གཟུགས་པོ་རིང་པོ་（gzugs po ring po）（个儿）高的

གཟུགས་པོ་སྐྱོ་པོ་（gzugs po skyo po）（身体）弱的

གཟུགས་པོ་གཅོང་པོ་（gzugs po gcong po）（身体）病久体弱的

གཟུགས་པོ་མཐོ་པོ་(gzugs po mtho po)(肚子)大的
གཟུགས་པོ་ཐང་པོ་(gzugs po thang po)(身体)健康的
གཟུགས་པོ་ཡག་པོ་(gzugs po yag po)(身体)好的
གཟུགས་པོ་ཞན་པོ་(gzugs po zhan po)(身体)差的
ཤ་སྐེམ་པོ་(sha skem po)(肉体)消瘦, 憔悴(喻)
རྒྱུ་མ་རིང་པོ་(rgyu ma(肠子) ring po)有耐性的

由以上例词可以看出，除了原本表示抽象概念的 སེམས་(sems)"心灵"等词, 大多数身体部位词发生了转喻，特别是五官部位。例如，ཁ་(kha)"口"转喻言语, མིག་(mig)"眼"转喻视觉。

13. ཁྱོད་ཁ་སྙན་པོ་ཤོད་མི་དགོས།

khyod kha-snyan-po shod-mi-dgos.

你　嘴-好听　说-NEG 要

你别说得好听。སྙན་པོ་སྙན་མོ་(snyan po = snyan mo)

14. ཚོང་པ་ཤ་རྒྱགས་པ་དེ

tshong-pa sha-rgyags-pa de

商人　肉-肥胖　那

那个胖商人

上文讨论的 སྙིང་རྗེ་པོ་(snying rje po) 跟其他复合型派生形容词相比，可称为老牌多音节形容词，而且是非能产性的，很可能来源于词汇化过程。其他复合型派生形容词实际也能分出新旧两类, ཐག་རིང་པོ་(thag ring po)"(距离)远的"和 གཏིང་རིང་པོ་(gting ring po)"(高度)深的"这类形容词最初可能都是先构成形名短语，经过重新分析后词汇化转类为形容词，目前的特征是任何时候都用作形容词，词典予以收录。另一些新兴的则可能是词法上类推构成的，在不同语境下出现分别呈现为短语和形容词。例如 ངོ་དཀར་པོ་(ngo dkar po)"白脸/好脸色的", ངོ་ནག་པོ་(ngo nag po)"黑脸/绷着脸的", ངོ་མཚར་པོ་(ngo mtshar po)"漂亮的脸/长得好看的"。不过，由于组合上的语义制约，有些在隐喻或转喻作用下只能产生一种理解，例如 ངོ་བརྟན་པོ་(ngo brtan po)一般理解为"稳重的，坚定的"，来源于原义"可靠的脸"的转喻。

总起来看，复合型派生形容词表达一种性状或属性，其中的形容词语素义提供性状所需属性或性质，名词语素义提供性状的来源、范围、形状、维度、颜色、材料、位置等，即所谓词义物性描述。复合型派生形容词具有能产性，或者是三音节的或者是四音节的，句法功能作定语、谓语、状语或补语，跟常规双音节派生形容词用法基本一致。[10]

3.4 四音节形容词

3.4.1 带 dod po 词缀形容词

形容词 དོད་པོ་(dod po)原义为"鲜明，显露"，例如，བརྗིད་ཉམས་དོད་པོ་(brjid nyams dod po)，其中 བརྗིད་ཉམས་(brjid nyams)"雄姿"是名词，受 དོད་པོ་(dod po)修饰，构成短语，有"雄伟、魁梧"意思。可是这个短语可以进一步用作修饰语，修饰其他名词，例如 རྒྱལ་པོ་བརྗིད་ཉམས་དོད་པོ་(rgyal po brjid nyams dod po)，理解为"威风凛凛的国王"。这意味着这个短语具有形容词性质，我们不妨用之充当谓语来检验。

15. རྒྱལ་པོ་བརྗིད་ཉམས་དོད་པོ་ཡོད།

    rgyal-po brjid-nyams-dod-po-yod

    国王　魁梧 - 显露 -ASP（RST）

    国王（的确）威风凛凛

在这个句子里，བརྗིད་ཉམས་དོད་པོ་(brjid nyams dod po)充当形容词谓语，后面可接体貌示证标记 ཡོད་(yod)这类谓语语尾。再如：

16. མི་དེ་ཉམས་དོད་པོ་འདུག

    mi de nyams-dod-po-vdug.

    人 那 派头 - 鲜明 -ASP

    那人架子大

这说明带 དོད་པོ་(dod po)的名词短语有形容词化的趋势，构成特定意义的形容词。值得注意的是，དོད་པོ་(dod po)对修饰的词语有一定选择，例如：

名词的第二音节为 ཉམས་(nyams)(N)姿态，风度，具有述人特征。

ཆེ་ཉམས་(che nyams)傲慢，高傲：ཆེ་ཉམས་དོད་པོ་(che nyams dod po)大模大样的

དཔོན་ཉམས་(dpon nyams)官气，官架子：དཔོན་ཉམས་དོད་པོ་(dpon nyams dod po)官气十足的

བརྗིད་ཉམས་(brjid nyams)英姿：བརྗིད་ཉམས་དོད་པོ་(brjid nyams dod po)雄伟的，魁梧的

རྫིག་ཉམས་(rdzig nyams)神气，风度，气焰：རྫིག་ཉམས་དོད་པོ་(rdzig nyams dod po)威武的

གཞོན་ཉམས་(gzhon nyams)少年风度，青春姿态：གཞོན་ཉམས་དོད་པོ་(gzhon nyams dod po)焕发青春的

名词的第二音节为 ལག་(lag)手。

མ་ལག་(ma lag)体系，成套：མ་ལག་དོད་པོ་(ma lag dod po)眼疾手快的

རྩལ་(rtsal)技能，རྩལ་ལག་(rtsal lag)技巧：རྩལ་ལག་དོད་པོ་(rtsal lag dod po)技巧熟练的

སྤྲ་(spra)猿，སྤྲ་ལག་(spra lag)诡诈：སྤྲ་ལག་དོད་པོ་(spra lag dod po)滑头的，狡诈的

名词的第二音节为 ཤ(sha) 原义：肌肉，引申为：精力，体态。

གཞོན་ཤ་དོད་པོ(gzhon sha dod po) 少相的　　　ངར་ཤ་དོད་པོ(ngar sha dod po) 剽悍的

སྤྱང་ཤ་དོད་པོ(spyang sha dod po) 精致的　　ཡང་ཤ་དོད་པོ(yang sha dod po) 轻快敏捷的

གྲུང་ཤ་དོད་པོ(grung sha dod po) 活跃的　　འཇམ་ཤ་དོད་པོ(vjam sha dod po) 漂亮的，雅观的

ཁོབ་ཤ་དོད་པོ(khob sha dod po) 不灵活的，笨手笨脚的

ཐང་ཤ་དོད་པོ(thang sha dod po) 精力充沛的，体力旺盛的

ཕེར་ཤ་དོད་པོ(pher sha dod po) 好逞能的，注：pher 能力

当然，也有其他名词与 དོད་པོ(dod po) 造成的形容词：

རྫིག་རལ་དོད་པོ(rdzig ral dod po) 威武的　　སྦི་གསང་དོད་པོ(sbi gsang dod po) 识时务的

བི་སངས་དོད་པོ(bi sangs dod po) 机智的　　བདེ་ལྕག་དོད་པོ(bde lcag dod po) 灵敏的

བདེ་རྩལ་དོད་པོ(bde rtsal dod po) 矫健的　　སྤྱང་གྲུང་དོད་པོ(spyang grung dod po) 灵敏的

གཙང་སྦྲ་དོད་པོ(gtsang sbra dod po) 整洁的

དཀར་ཆ་དོད་པོ(dkar cha dod po) 亮堂的，注：dkar cha 光线

བཀོད་པ་དོད་པོ(bkod pa dod po) 整洁的，精致的，注：bkod pa 整理

སྙན་ཆ་དོད་པོ(snyan cha dod po) 悦耳的，好听的，注：snyan 名誉、悦耳，cha 双

སྐྱིད་སྣང་དོད་པོ(skyid snang dod po) 有趣的，开心的，注：skyid 愉快，snang 出现，显露

མངོན་གསལ་དོད་པོ(mngon gsal dod po) 醒目的，注：mngon 罪过/劣等，gsal 出现

以上主要是双音节名词与 དོད་པོ(dod po) 构成的形容词。应该补充的是，དོད་པོ(dod po) 也可添加在单音节词根之后，例如：ཉམས་དོད་པོ(nyams dod po) 道貌岸然的。

结合2.3节的讨论，凡是 N_R+ADJ_R 短语结构而发生隐喻和转喻的可视为发生了形容词化过程，因此名词短语+dod po 结构也可归入复合型派生形容词。例如 འཇམ་ཤ་དོད་པོ(vjam sha dod po) 可能有两种意思，其中"光滑，平滑"保留了原来的涵义，则理解为短语，"漂亮的，雅观的"是述人描述，转换为形容词，视作复合型形容词。

名词短语的形容词化对句法结构也会产生影响。句17，形容词 བརྗིད་ཉམས་དོད་པོ(brjid nyams dod po) 作描述性谓语，受到副词 དངོས་འབྲེལ(dngos vbrel) 修饰，ཡོད(yod) 是体貌标记。

17. སུང་ཅང་གིས་རྟ་ཁ་བཀག་ནས་ ཀྲུའུ་ཚང་གཞིས་ཀར་ ལྟ་དུས་

　　sung-cang-gis rta kha-bkag nas　kruvu-tshang-gzhis-ka-r　lta dus

　　宋江-AG　　马　勒住　　　之后　祝家庄-OBJ　　　　看 时

　　dngos-vbrel brjid-nyams-dod-po zhig yod.

　　果真　　　雄姿-鲜明-ASP

宋江勒马，看那祝家庄，果然雄伟。

3.4.2 带 bzo dod po 词缀形容词

藏语还有一种常见带 བཟོ་(bzo dod po)格式的形容词，其中 བཟོ་(bzo)有多重意思，动词表"做，制作"；形容词表"稳重，温和"；名词则仅作为构词语素，与自主动词结合构成名词，表"方法，方式"，例如 འགྲོ་བཟོ་(vgro bzo)走法、步态，ལས་ཀ་བྱེད་བཟོ་(las ka byed bzo)工作方法（于道泉，1983）。先观察实例。

18. རོན་ཚང་བུ་སྤུན་གསུམ་གྱིས་གྲ་བོའི་ཀ་བེ་ནི་ཕོ་ཉམས་ལྡན་ལ་ཤོད་བཟོ་དོད་པོ་ཅིག་ཡོད་པ་མཐོང་དུས་

ron-tshang bu-spun-gsum-gis gravo-kave ni pho-nyams-ldan la

阮氏　　弟兄-三-AG　　晃盖　　呢　男子气-具　　且

shod-bzo-dod-po-cig yod-pa mthong dus …

说-方式-鲜明-LY　有-NMZ 看见　时

阮氏三弟兄见晃盖人物轩昂，语言洒脱。

小句中 ཤོད་བཟོ་དོད་པོ་(shod bzo dod po)可视为形容词用法，动词 ཤོད་(shod)与 བཟོ་(bzo)构成名词 ཤོད་བཟོ་(shod bzo)受 དོད་པོ་(dod po)修饰，义为"凸显的说话方式"。但这个短语因转喻又转换为复合型形容词，表示对人物说话和语言风格的评价，有"说话豪气、语言洒脱"的意思。

再如 བྱེད་བཟོ་དོད་པོ་(byed bzo dod po)风流的，好卖弄的，བྱེད་(byed)自主动词义为"做"，不自主动词义为"成为"，可以构成复合名词 བྱེད་བཟོ་(byed bzo)样子，形态，姿势。

以上组合结构分析为[[byed bzo]姿势 dod po 显露]ᴀ。不过，还有另一种分析（周季文，谢后芳，2003），由于 བཟོ་དོད་པོ་(bzo dod po)出现率较高，也因为第一音节的动词未必跟 བཟོ་(bzo)构成复合词，因此形成这样的分析：[V[bzo dod po]]。其中(bzo dod po)是黏着性的，意味着产生了一个新的多音节词缀 བཟོ་དོད་པོ་(bzo dod po)，意义尚不易确定。例如：

ཤོད་བཟོ་དོད་པོ་(shod bzo dod po)	有口才的
བཤད་བཟོ་དོད་པོ་(bshad bzo dod po)	健谈的，口才好的
འགྲོ་བཟོ་དོད་པོ་(vgro bzo dod po)	走的姿势好的
བཞོན་བཟོ་དོད་པོ་(bzhon bzo dod po)	骑术好的
འཁྲབ་བཟོ་དོད་པོ་(vkhrab bzo dod po)	演技好的
རྒན་བཟོ་དོད་པོ་(rgan bzo dod po)	老气的，显得老练的
གཞོན་བཟོ་དོད་པོ་(gzhon bzo dod po)	不显老的，显得年轻的
ལྟ་བཟོ་དོད་པོ་(lta bzo dod po)	俏皮的，帅气的

这里只有名词ལྟ་བཟོ་(lta bzo) (N)被词典接受收入词典,意思是"好看、帅"。

进一步分析发现有些词的第一音节是名词,也不一定跟བཟོ་(bzo)结合成复合词。例如:

དབྱིངས་བཟོ་དོད་པོ་(dbyings bzo dod po)　　　俏的,风雅的,注:dbyings 本性

ཁ་བཟོ་དོད་པོ་(kha bzo dod po)　　　能说会道的,注:kha 嘴,kha bzo 说法

གསུང་བཟོ་དོད་པོ་(gsung bzo dod po)　　　有口才的,善辞令的,注:gsung 说(敬语)

སྤམ་བཟོ་དོད་པོ་(spam bzo dod po)　　　朴素大方的,注:spam 适度

རྒན་བཟོ་དོད་པོ་(rgan bzo dod po)　　　老相,显老相的,注:rgan 老

དབྱིངས་བཟོ་དོད་པོ་(dbyings bzo dod po)跟དབྱིངས་ཅང་དོད་པོ་(dbyings cang dod po)可交替,后者同族词有དབྱིངས་ཅང་བྱེད་(dbyings cang byed) (V)"行事时尚"。从这里可以知道,无论V/N+bzo是否独立运用,在NP+ADJ格式中可以理解为复合名词也可分析为短语,整体分析为[[V/N+bzo][dod po]]_ADJ还是有利一些。

3.5 动词产生的派生形容词

部分双音节或少量多音节不自主动词可以直接添加形容词词缀构成复合型派生形容词,这种形式跟单音节动词添加形容词词缀情况基本类似。例如(CP=case phrase,格短语):

ངོ་ཚ་(ngo tsha)_V 害羞 > ངོ་ཚ་པོ་(ngo tsha po)_ADJ 害羞的

རླུང་ལངས་(rlung langs)_ov-VP 生气 > རླུང་ལངས་པོ་(rlung langs po)_ADJ 爱生气的

བློ་ལ་འབབ་(blo la vbab)_cp-VP 合意 > བློ་ལ་འབབ་པོ་(blo la vbab po)_ADJ 合意的

དོགས་པ་ཟ་(dogs pa za)_ov-VP 怀疑 > དོགས་པ་ཟ་པོ་(dogs pa za po)_ADJ 好怀疑的

བར་མཚམས་འགྲིགས་(bar mtshams vgrigs)_ov-VP 吻合 >
བར་མཚམས་འགྲིགས་པོ་(bar mtshams vgrigs po)_ADJ 严丝合缝的

从动词的内部结构看,各种类型都有,单纯多音节词的(词源上可作一定分析)、动宾结构的、格短语、动词短语等。例如བློས་ཁེལ་པོ་(blos khel po)靠得住的,blos 为 blo "心" + -s (=gis 工具格),khel "信赖"_V 是不自主动词,分析为[[blos]_CP 心-凭 [khel]_V 信赖 po]_ADJ。

多音节动词是当代藏语的发展趋势,因此由不自主动词构成形容词也有一定的能产性。

བྲེལ་ཟིན་ལངས་(brel zin langs)忙乱 > བྲེལ་ཟིན་ལངས་པོ་(brel zin langs po)忙忙乱乱的

ངོ་སོ་ཐོན་(ngo so thon)露脸 > ངོ་སོ་ཐོན་པོ་(ngo so thon po)荣幸之至的

གཤིབ་འདོད་(gshib vdod)愿接近 > གཤིབ་འདོད་པོ་(gshib vdod po)平易近人的

བག་ཡངས་(bag yangs)无畏 > བག་ཡངས་པོ་(bag yangs po)毫不在乎的

བསྟུན་མཁས། (bstun mkhas) 迎合，顺应 > བསྟུན་མཁས་པོ། (bstun mkhas po) 善于周旋的

复合型派生形容词的形成与名词化短语充当修饰语句法功能有一定关系。动词或动词短语在句中修饰名词时一般都需要名词化，然后添加属格标记作为前置修饰语。例如：

19. བྲེལ་ཟིང་ལངས་པའི་ངང་།

    Brel zing langs pa-vi ngang

    慌乱 -NMZ-GEN   本性

    慌乱起来（露出）的本性

短语中 pa 是动词 brel zing langs 的名词化标记，-vi 是属格标记。再如：

20. རླུང་ལངས་པའི་ངང་གིས་རྩྭ་མདའ་འཁྱོག

    Rlung langs pa-vi ngang gis rtswa mdav vkhyog

    生气 -NMZ-GEN 本性 -INS 草 - 箭针   举起

    凭借愤怒的本性举起草箭

这种名词化短语可能进一步类推发展形成更简洁直观的派生形容词，试比较：

21. སྐད་སྐྱོ་པོའི་ངང་།

    Skad skyo po-vi ngang

    低哑 -GEN   本性

    （鹦鹉）低哑声的特点

下面这个短语体现了复合型派生形容词与动词短语的并列修饰功能。མཁན། (mkhan) 既是名词化标记，也是指人名词词缀，表示"者"。

22. གཞུང་དྲང་པོ་དང་གུས་བཀུར་བྱེད་མཁན་གཅིག་ཡིན།

    gzhung drang po dang gus bkur byed mkhan gcig yin

    憨厚   和   恭敬 - 做 -NMZ   一   是

    是一个憨厚且有礼貌的人

有一类多音节词缀的也可归入这一类。བྱང་ལངས་པོ། (byang lang(s) po) 能跟动词构成复合型派生形容词，其中 lang(s)"（自动）长 / 发起来"是自动词，byang 表示"熟练"意思，作形容词。

ངུ། (ngu) 哭：ངུ་བྱང་ལངས་པོ། (ngu byang lang(s) po) 老爱哭的

རྔན་པ་ཟ། (rngan pa za) 吃零食：རྔན་པ་ཟ་བྱང་ལངས་པོ། (rngan pa za byang lang po) 老爱吃零食的

གཉིད་ཅོག་བརྒྱབ། (gnyid cog brgyab) 打瞌睡：གཉིད་ཅོག་བརྒྱབ་བྱང་ལངས་པོ། (gnyid cog brgyab byang lang po) 老爱打瞌睡的

ཆམ་པ་བརྒྱབ་(cham pa brgyab)闹感冒：ཆམ་པ་བརྒྱབ་བྱང་ལང་པོ་(cham pa brgyab byang lang po) 老爱感冒的

这一类肯定跟དོད་པོ(dod po)不一样，但性质上跟动词添加词缀是一样的，仍然符合[[V]$_{ROOT}$[po]$_{SUFFIX}$]$_{ADJ}$框架，惟词缀为多音节形式。

概括说，复合型派生形容词是一种独特的语法现象，这个词汇化过程突破了一个关键概念，即名词短语转化为谓词性的词，名词和修饰他的形容词均未发生词形变化(declension)，但隐喻的语用化促使整个短语转变为形容词。

四 结语

把音节数量作为基础形态的观点蕴含了区域语言类型概念。近年来，已有不少学者关注音节数量在整个东亚和东南亚区域语言呈现出的特征(王洪君 2011；沈家煊 2016；刘丹青 2018)。我们认为，依据音节数形态，藏语词形跟词类之间的外显联系使人们可以构建一种区分藏语词类的"词形定类"原则，即依据词的长度和词法类型判断词的词性和类别。

语法符号

AG 施格，ABL 从格，POS 领有格，GEN 属格，INS 工具格，LOC 位格，NMZ 名物化，ASP 体标记，ROOT 词根，SUF 后缀，PST 过去式，NEG 否定，HON 敬语，N$_R$ 名词词根，ADJ$_R$ 形容词词根

附 注

1 古藏文反写字母"ི"转写为"-i"；施格、位格、属格等处于前字不带辅音韵尾条件下连写前一音节，例如位格 -r : sngar。有关藏文转写下文不逐一标注，请参考江荻、龙从军(2013)《藏文字符研究》，社会科学文献出版社。

2 一般三音节以上的词可统称多音节词，鉴于藏语新型复合动词和新型复合形容词等多为三音节形式，而四音节形式多为叠音状貌词(也有 ABB 状貌词，本文暂依传统分类将各类音节长度状貌词放在形容词类讨论)，或其他约定俗成的词(成语、惯用语等)，因而单列三音节词。

3 表内符号"-"表示没有或者很少这类形式。双音节单纯名词极少(例如ཐ་ཤལ་[tha shal]庸俗)，因为几乎藏语每个音节都有意义，说不清意义的音节可能由于历史音变或者其他原因使得本义难以

识别，但仍有追溯的可能。双音节复合形容词可能是名形兼类词，例如 ལྗང་ཁུ(ljang khu)或 ལྗང་གུ(ljang gu)绿的／绿色，གྲུ་བཞི(gru bzhi)方的／方形。三音节词根重叠复合形容词指 AAB 式形容词，例如：རྟབ་རྟབ་པོ(rtab rtab po)急急忙忙，འདོལ་འདོལ་བ(vdol vdol ba)松软的，这类形式极少出现于拉萨话，可能是各地方言零散产生的形式。

    4 我们在西藏的小说中实际读到了 རིག་པ་སྤྱང་བ་གཅིག(rig pa spyang ba gcig)一颗聪明的"心"。

    5 我们检查了几部拉萨作者作品，两种用法都存在，但主要是 མགྱོགས་པོ(mgyogs po)，མྱུར་མོ(myur mo)的确很少，这大概也是《藏汉对照拉萨口语词典》未收后者的原因。

    6 为了描述准确，这部分讨论仅选用拉萨话书写词例说明。

    7 关于 ABA'B 四音节词，我们更倾向是一种状貌词，其结构和形态均与传统形态不一样。但是由 ABA'B 式缩略的双音节词是状貌词还是形容词却需要进一步确定。本文暂时归入形容词讨论。

    8 拉萨话该词作"可爱、漂亮"义，应为原义"怜悯、同情"的引申，有所转义。《格西曲扎藏文词典》仅收词根 snying rje 构成的其他词（不带后缀 po），词义多为"仁慈"，可见拉萨话是转喻发展而来。藏语多数方言用 mdzes po 表示"漂亮"。表示"心灵"的敬语是 thugs，该词与 sems 或 snying 是平行的组词形式，thugs rje 怜悯，同情，但未产生"漂亮"义。

    9 周季文，谢后芳（2003）注意到这类"偏正式复合词"现象，但未做进一步的阐述。

    10 关于复合型派生形容词的形成、转喻和词汇化机制，请参考 Meng, W. & Jiang D.(2016)。

参 考 文 献

胡　坦　2002　藏语的语素变异和语音变迁，《藏语研究文论》355-371，中国藏学出版社。

江　荻　2006　现代藏语派生名字的构词方法，载：何大安 等（主编）《语言暨语言学》专刊外编之六，395-418。台北："中研院"语言所。

江　荻　2013　音节型语言演化的语音后果，《大江东去——王士元教授 80 岁贺寿文集》，香港：香港城市大学出版社。

江　荻　2020　（印刷中）《藏语词法和形态》，北京：北京大学出版社。

金　鹏（主编）1983　《藏语简志》，北京：民族出版社。

刘丹青　2005　形容词和形容词短语的研究框架，《民族语文》第 5 期。

刘丹青　2012　原生重叠和次生重叠：重叠式历时来源的多样性，《方言》第 1 期。

刘丹青　2018　汉藏语言的音节显赫及其词汇语法表征，《民族语文》第 2 期。

瞿霭堂，谭克让　1983　《阿里藏语》，北京：中国社会科学出版社。

沈家煊　2011　从韵律结构看形容词，《汉语学习》第 3 期。

沈家煊　2016　《名词与动词》，北京：商务印书馆。

宋作艳　2011　生成词库理论的最新发展，《语言学论丛》第 44 辑，北京：商务印书馆。

王洪君　2011　《基于单字的现代汉语词法研究》，北京：商务印书馆。

王会银　1987　现代藏语拉萨话形容词重叠形式，《中央民族学院学报》第 6 期。

于道泉（主编）1983　《藏汉对照拉萨口语词典》，北京：民族出版社。

张国宪　2006　《现代汉语形容词功能与认知研究》，北京：商务印书馆。

张济川　2009　《藏语词族研究——古代藏族如何丰富发展他们的词汇》，北京：社科文献出版社。

周季文，谢后芳　2003　《藏语拉萨话语法》，北京：民族出版社。

Allan, Keith　1973　Complement noun phrases and prepositional phrases, adjectives and verbs. *Foundations of Language*, 10（3）:377-397.

Bach, Emmon　1968　Nouns and noun phrases. In Emmon Bach & R. Harms（eds.）, *Universals in Linguistic Theory*. Holt, Rinehart, and Winston 90-122.

Beyer, Stephan V.　1992　*The Classical Tibetan Language*. Albany: State University of New York Press.

Croft, William　1991　*Syntactic Categories and Grammatical Relations: The Cognitive Organization of Information*. Chicago: University of Chicago Press.

Bhat D.N.S.　1994　*The Adjectival Category: Criteria for differentiation and identification*. John Benjamins Publishing Company.

Dik, Simon C.　1978　*Functional grammar*. Amsterdam: North-Holland Publishing Company.

Givón, T.　1979　*On Understanding Grammar*. New York: Academic Press.

Jiang, D.　2015　Types and Constructions of Exocentric Adjectives in Tibetan. In: *Chinese Computational Linguistics and Natural Language Processing Based on Naturally Annotated Big Data*. Springer International Publishing Switzerland. Pp167-179.

Langacker, R.W.　1976　Semantic Representations and the Linguistic Relativity Hypithesis. *Foundations of Language*（14）.

Lyons, John　1966　Towards a 'Notional' Theory of the 'Parts of Speech'. *Journal of Linguistics* 2.2（1966）: 209-36.

Meng, W., Jiang D.　2016　Compound Adjectives with Suffixes in Tibetan: Properties and Qualia Construction. *Himalayan Linguistics*, 15（1）.

Pustejovsky, J. etc.　2013　*Advances in Generative Lexicon Theory*. Springer.

Pustejovsky, J.　1995　*The Generative Lexicon*. Cambridge, MA: MIT Press.

Vollmann, R.　2009　Reduplication in Tibetan. *Grazer Linguistische Studien*,71, 115-134.

贵琼语存在类动词的示证用法

宋伶俐　　朴正俸

（西南交通大学人文学院中文系）（内江师范学院中文系）

提要　示证范畴是近年来学界关注较多的一个主观语法范畴，广义示证范畴包括信息的来源和信息的入口。藏缅语族语言材料中近年来已经发掘出的示证语法意义主要是体现信息来源的，包括"亲知"和"非亲知"、"亲见"和"非亲见"、"早知"和"现知"、"听说"和"非听说"等，也不乏标记信息入口的自我中心示证，示证语法手段包括动词趋向前缀、动词后缀或附加成分、助词、系词和存在动词等。本文就贵琼语长篇口语语料中出现的由存在类动词演化而来的示证语法手段进行归纳和讨论，总结出贵琼语存在类动词示证的特点：其一、存在类动词包括系词证素和存在动词证素，分别表示"亲知可控"和"确知周晓"的示证意义；其二、系词、存在动词作为证素示证，必须满足一定的句法语义条件。譬如，动词具有[＋自主性]或[＋完结性]语义特征，各自对应特定的人称等。贵琼语存在类动词示证的用法在羌语支语言中较为少见，在藏缅语族语言中也具有鲜明的个性，论文设想其来源和用法与贵藏语言接触有密切的关系。

关键词　存在类动词　示证　长篇口语语料　贵琼语　接触

○　引言

示证范畴，又叫传信范畴。狭义的示证指一种标记信息来源的语法化形式[1]。广义的示证范畴标记知识的来源和对知识的态度[2]。近来有学者认为：示证范畴是以说话人视角来确定信息来源和信息入口的语法化形式，信息来源指通过视、听、嗅、触、品等获知信息，信息入口指以自我为中心获取信息[3]，这个外延显然更为宽泛。据调查，在世界上大约500种语言中，仅有25%的语言存在语法化的示证形式[4]，分布在南北美洲的印第安语言，高加索语言和藏缅语族语言中。示证范畴在藏缅语族语言中客观存在，在二十世纪七、八十年代发表调查报告中，已有关于示证范畴的描写。二十世纪九十年代初，黄布凡先生在《藏缅语族的情态范畴》一文中总结说："我国藏缅语族中形态变化较丰富的语言，如藏、羌、景颇等语支的语言，一般都有情态范畴。"黄先生论文中所说的情态范畴，"是指表现说话人对自身的动作行为与主观意识的关系以及说话人对他身动作行为的感知情况等语法意义的概括"[5]。文中谈到的情态范畴有以下几种类型：自控情态与非自控、自觉与非自觉、现知与早知、过程与结果、亲见与非亲见、听说与非听说。文中所说的情态范畴，和今日学界讨论的示证范畴，存在一定的交集，比如亲见或非亲见情态，听说或非听说情态等与信息的来源有关，而自控和非自控、自觉和非自觉与自我中心意识有关。目前藏缅语族语言中已经发现的证素[6]来源有动词趋向前缀[7]、动词后缀或者后加成分[8]、助词[9]、存在动词和判断动词[10]等。

分布在大渡河中游河谷地带、甘孜州康定县东北部的藏缅语族羌语支语言贵琼语，在近年长篇口语语料的整理过程中，我们发现该语言中也有语法化的示证范畴，其证素来源主要是包括系词和存在动词在内的存在类动词[11]。如表1所示：

表1 贵琼语存在类动词的示证用法

示证形式	示证类型		
	主语人称	示证内涵	句法语义条件
系词 dʐɿ^{35}	第一、三人称（多第一人称）	亲知可控	动词＋助词 le^{31}＋系词，句中动词具有[＋自主性]语义特征。
存在动词 nɔ̃^{31} 和 jẽ^{55}	第三人称	确知早晓	动词＋助词 le^{31}＋存在动词，句中动词语义具有[＋完结性]语义特征。

一 系词的示证用法

贵琼语有 2 个系词：dʐɿ^{35} 和 zɿ^{35}，zɿ^{35} 常用于否定句。本文主要讨论 dʐɿ^{35} 的用法。作为系词的 dʐɿ^{35} 主要在句中对话题和述题的关系做出判断。例如：

(1) li^{31}ki^{53}　tɕhõ^{55} xo^{55}pi^{53} ju^{35}wu^{31} pi^{53} li^{31}　　li^{55}gui^{31}si^{55} dʐɿ^{35}.
　　那个　　屋子　下面　　睡　助词个 话题助词 李国森　　是
　　那个屋子下面睡的就是李国森。

(2) ti^{31} li^{55}　　gie^{35}wu^{31} la^{31} ko^{55}tʂu^{55} dʐɿ^{35} tsɿ^{31}?
　　这　话题助词　好　　连词　坏　　是　语气词
　　这是好是坏呢？

(3)ɑ³⁵　　li⁵⁵gui³¹si⁵⁵　dɑ³¹ji³¹he³⁵　wu³¹　dzɿ³⁵.
　　连接词 李国森　　　趋向趋向来　助词 是
　　李国森又过来了。

下文讨论的，是系词在句中居尾做示证标记的用法。为方便说明该用法，以下展开用例的对比，例如：

(4) wu³¹zi⁵⁵ phø⁵⁵ji⁵³ do³⁵ kø³⁵wu³¹ jẽ⁵⁵ le³¹ dzɿ³⁵.
　　我们　家乡　米　吃助词　有　助词　是
　　我们家乡有饭吃呢。（说话人亲知该信息）

(4′) wu³¹zi⁵⁵ phø⁵⁵ji⁵³ do³⁵ kø³⁵wu³¹ jẽ⁵⁵ le³¹.
　　我们　家乡　米　吃助词　有　已行体助词
　　我们家乡有饭吃了。（从前没有）

(5) ti³¹ sɔ̃⁵⁵khɑ⁵³wu⁵⁵ li³¹ bi³⁵ le³¹li³¹, ŋə³⁵ ji³⁵ le³¹ dzɿ³⁵ mo³⁵tsɿ³¹.
　　这　三　件　　　话题助词 做 连接词 我 去 助词 是　语气词
　　这三件事做到，我就会去的。

(5′) ti³¹ sɔ̃⁵⁵khɑ⁵³wu⁵⁵ li³¹ bi³⁵ le³¹, ŋə³⁵ ji³⁵ le³¹.
　　这　三　件　　　话题助词 做 已行体 我 去 已行体助词
　　这三件事做了，我也去了。

例句 4、5 是系词做示证标记的句子，例句 4′、5′ 是普通动词句，通过比较可以发现，句子的语法意义迥然不同。普通动词句 4′、5′ 中，le³¹ 是已行体助词，句子对已经发生事件做出客观陈述；而系词居尾的动词句 4、5，句子或者表示对已然信息的亲知确认，或者表示对未然信息的亲知确认，le³¹ 则不再是已行体助词。系词做示证标记的句子如何对已然信息或未然信息表示亲知确认，以下通过例句 4、5 出现的上下文语境说明：

(4″) ɑ³⁵　　mɯ³⁵ʂɑ⁵⁵tɕɑ⁵⁵dzui³¹mø⁵³ ɕe⁵⁵, ɑ³⁵　nũ³⁵li⁵⁵　e³¹li⁵⁵wu³¹ bi³⁵? zi³⁵ ʃɿ⁵⁵
　　连接词 萨迦珠姆　　　　　　说　连接词你 语气 怎么样　做　饭　先
　　这时萨迦珠姆说，你会怎么做呢？
kø³⁵ lɑ⁵⁵ li⁵⁵, ɑ³⁵　zɿ³¹mu⁵⁵ tɕi⁵⁵ ʃɿ⁵⁵ tɔ̃⁵⁵ tɕiẽ⁵⁵ ə³⁵ tsɿ³¹?
吃 连词 语气连接词 花纹　点 先 画 要 语气助词
先吃饭呢还是先画点花纹？
ɑ³⁵jo³¹, zi³⁵ li³¹ tu³⁵ lɑ³¹ kø³⁵ le³¹ tɕy⁵⁵ mø³¹ kø³⁵ le³¹ tɕy³⁵.
叹词　饭 助词 这样 连词 吃 连词 好　不　吃　连词 好

啊哟,饭吃不吃都行。

wu³¹zi⁵⁵ phø⁵⁵ji⁵³ dɔ³⁵ kø³⁵wu³¹ jɛ̃⁵⁵ le³¹ dʐ³⁵.
我们　家乡　米　吃　助词　有　助词　是
我们家乡是有大米吃的。

  从例句4的上下文来看,第三人称系词示证句中,系词作为句尾助词添加在动词后,表达说话人对已然事件的可靠性做出的确认,其语用效果类似于保证或强调。与该语法意义相应,主语采用第三人称,句中动词 jɛ̃⁵⁵ 是一个静态动词。

(5″) ji³⁵ li³¹　ji³⁵ kɔ̃³¹ li³¹, ŋə³⁵ mɛ³¹mo⁵⁵ kɯ³¹ mɛ³¹ zi³⁵ mɛ⁵⁵ ʃ⁵⁵ tɕiɛ̃⁵⁵
去　语气去　助词语气,我　竹丛　里　不　长　助词弓　要
去是要去呢,我要并非在竹丛里长大的竹子做的弓,

mo³⁵tsɿ³¹, ŋə³⁵zə⁵⁵ mɛ⁵⁵ tɕhu⁵⁵wu³¹ xo⁵⁵pi⁵³ ma³¹ ba⁵⁵ mɛ⁵⁵ dʒi³⁵ tɕiɛ̃⁵⁵
语气　铁匠　助词铁锤　下面　没　锤炼助词箭　要
要并非铁匠的铁锤下炼出来的箭,

mo³⁵tsɿ³¹. ndʒ³⁵tɛ̃⁵⁵tɕhə⁵⁵nũ⁵³ mɛ³¹ bi³⁵ mɛ⁵⁵ ŋui⁵⁵tɕhi³¹ tɕiɛ̃⁵⁵ mo³⁵tsɿ³¹.
语气　凡间　私处　没　做　助词　妻子　要　语气
要一个没结婚的女孩儿做妻子。

ti³¹ sɔ̃⁵⁵khɑ⁵³wu⁵⁵ bi³⁵ le³¹li³¹, ŋə³⁵ ji³⁵ le³¹ dʐ³⁵ mo³⁵tsɿ³¹.
这三件　　　做　连词　我　去　助词是　语气
这三件事做得到,我就会去的。

ɑ³⁵ phei⁵⁵ li³¹gi⁵⁵ kɔ̃³¹, tɕyɔ̃³⁵ lɑ⁵⁵, ŋə³⁵ mɛ⁵⁵ tsi⁵³ ŋə³⁵ mɛ⁵⁵
连接词 父亲 想　　助词 对　语气　我　助词儿子我　助词
父亲想,好,我的儿子肯听我的话,

khə⁵⁵ nɛ⁵⁵ le³¹, tɕyɔ̃³⁵ lɑ⁵⁵.ɑ³¹ ti³¹ lɑ⁵⁵ li³¹ ŋə³⁵ lu⁵⁵ ji³⁵ le³¹ dʐ³⁵.
话 听 连词 对 语气连接词这 语气助词我　找　去　助词是
很好。我就去找寻那三件(事物)吧。

  从例句5的上下文来看,第一人称系词示证句中,系词作为句尾助词添加在动词后,表示说话人对未然事件做出承诺或者确认,其语用效果类似于口头立约。为达成该语法意义,主语采用第一人称,句中动词也受到特定的语义制约,要求该动词由动作发出者主观决定和自由支配,即具有[＋自主性]语义特征。如果句中动词不具有[＋自主性]语义特征,则是普通动词句。例如:

(6) ŋə³⁵ ndzø³⁵ le³¹ dʐɿ³⁵.
　　我　看　　助词　是
　　我要看一下。

(6′) ŋə³⁵ tɕi⁵⁵tɕyɔ̃⁵³ le³¹　　dʐɿ³⁵.
　　我　看见　　　已行体助词　是
　　我看见了。

第 6 句是系词示证句,表示说话人对事件可靠性做出确认或承诺。而第(6′)句虽然也符合语法要求,但只是系词的常规用法,表示对所述事实作出判断。因此,像 bi³⁵ 做、kø³⁵ 吃、tɕha³⁵ 喝、ndzø³⁵ 看、ɕe⁵⁵ 说、tʃɿ³⁵ 这样的具有可以出现在第一人称系词示证句里,而 me³¹ʂɿ⁵⁵ 知道、tɕhi⁵⁵ 病、ʃo³¹mu⁵⁵ta³¹ 忘记、tɕi³¹tɕyɔ̃⁵³ 看见、tɕa⁵⁵ 听见等不具有[＋自主性]语义特征的词语,不能进入第一人称系词示证句。

综上,贵琼语系词作为证素表达亲知示证的语用意义,需要满足几个条件:第一、主语人称以第一人称为主;第二、第一人称句中动词需要具有[＋自主性]语义特征;第三、系词前需要添加特殊句尾助词 le³¹。

二　存在动词做证素的用法

贵琼语有三个表示存在的动词:nɔ̃³⁵、jẽ⁵⁵ 和 bʉ³⁵,其中:nɔ̃³⁵ 表示有生事物的存在;jẽ⁵⁵ 表示对金钱等贵重物体或者罕见物体的拥有,或者宝贵事物的存在;而 bʉ³⁵ 表示不能随意移动的物体的存在。例如:

(7) zʉ³⁵ tsi⁵³ te³¹ pi⁵³ nɔ̃³⁵.
　　他　儿子　一　个　有
　　他有一个儿子。

(8) a³⁵　　kø³⁵ tshø⁵⁵ ma³¹qo⁵⁵qo⁵³, tɕha³⁵ tshø⁵⁵ ma³¹qo⁵⁵qo⁵³ jẽ⁵⁵ wu³¹.
　　连接词 吃　完成体 不　行　　 喝　　完成体 不　行　　 有　助词
　　有吃也吃不完,喝也喝不完的东西了。

(9) ti³¹ pɔ̃⁵⁵tɕa⁵⁵ dzə³¹thɔ̃⁵³ me⁵⁵ zũ³⁵ li³¹ tɕhyi⁵⁵tẽ⁵⁵ tɕho⁵⁵ bʉ³⁵.
　　这　草坝　　坪子　　　助词 中间 助词 塔子　　　尊　有
　　这个草坪中间有尊塔子。

上述存在动词除了表示领有、存在以外,还有虚化为示证标记的用法。如表 2 所示:

表2 存在动词的基本用法

存在动词	存在或领有	新用法	语法意义
nɔ̃³⁵	有生命的人或动物	动词 + le³¹ + nɔ̃³⁵	证实信息确知早晓
jẽ⁵⁵	金钱等贵重物体、无生名词	动词 + le³¹ + jẽ⁵⁵	证实信息确知早晓
bʉ³⁵	不能随意移动的物体	—	—

由于存在动词jẽ⁵⁵作证素的用例少见，以下主要讨论存在动词nɔ̃³⁵做示证标记的情况。例如：

（10）ti³¹ dzuɔ̃³¹dzuɔ̃³¹ mɛ⁵⁵ zʉ³⁵ di³¹ uø³⁵　　ji³¹ndzu³⁵ tshø³¹ le³¹　nɔ̃³⁵.
　　　这 真　　 助词 她 敌 处所助词 趋向变 完成体 已行体 有
　　她真的在敌人那里蜕变了。（信息为说话人确知早晓）

（10′）ti³¹ dzuɔ̃³¹dzuɔ̃³¹ mɛ⁵⁵ zʉ³⁵ di³¹ uø³⁵　　ji³¹ndzu³⁵ tshø³¹ le³¹.
　　　这 真　　 助词 她 敌 处所助词 趋向变 完成体 已行体
　　她真的在敌人那里蜕变了。

（11）a⁵⁵　　 ti³¹ ɕe⁵⁵wu³¹li³¹　　　tu³⁵ bi³⁵ le³¹ ɕe⁵⁵ le³¹　nɔ̃³¹.
　　连接词 这 说助词 话题助词 这样做 连词说 已行体 有
　　人们就是这么说的啊。（信息为说话人确知早晓）

（11′）a⁵⁵　　 ti³¹ ɕe⁵⁵wu³¹li³¹　tu³⁵ bi³⁵ le³¹ ɕe⁵⁵ le³¹.
　　连接词 这 说助词 语气 这样 做 连词 说 已行体
　　人们就这样说了。

存在动词在动词已行体之后，作为句尾助词，表示句中信息为说话人确知早晓的信息，说话人（从材料来看主要是故事讲述人）对信息加以确证，使其成为下文大家关注的话题。以下是一段包含存在动词示证句的例子：

（10″）zʉ³⁵ ji³¹kø⁵¹kẽ⁵⁵ uə³¹　　ndzu³⁵ tshø³¹ le³¹　nɔ̃³⁵ kɔ̃³¹, gui³¹si⁵⁵
　　　她 那里　　 处所助词变 完成体 已行体 有 助词 格萨尔
　　tsɿ⁵⁵pu⁵⁵ zʉ³⁵ tɕhi³¹phɔ⁵⁵ le³¹, zʉ³⁵ phø⁵³ li³¹　　ta³¹ kua⁵⁵
　　脾气 发作 程度 助词 她 助词 话题助词 一 脚
　　ji³⁵ho⁵⁵ le³¹ ba³⁵ le³¹ tsa³¹ wu³⁵nda⁵⁵ku³¹ le³¹.
　　趋向捉 连词 去 连词 岩石 趋向扔 已行体
　　因为她（的确）在那里蜕变了的缘故，格萨尔就大发脾气，把她往岩石上扔过去了。

从例句 10 的上下文来看，存在动词居尾示证的句子表现了说话人确认前述信息为确知早晓的信息，并以此为话题，提醒听众格萨尔大发脾气惩治爱妻的事出有因。例 11 的上下文中，作为示证标记的存在动词确定前述信息为确知信息，萨迦珠姆确实已经蜕变，并以此为话题，具体展开萨迦珠姆蜕变之后的所遭受的境遇。

(11″) ṣa³¹tɕa⁵⁵dzui³⁵mø⁵³ ji³¹kø⁵⁵kɛ̃⁵⁵ le³¹ di³¹ ə³¹ ndzu³⁵ tshø³¹ le⁵⁵ nɔ̃³⁵
萨迦珠姆　　　　那处　　语气 敌处所助词变　完成体已行体有
正因为萨迦珠姆在敌人那里蜕变了的缘故，

kɔ̃³¹, tɕu³¹ kɛ̃³⁵ko³⁵ lə³¹ wu³⁵piɛ̃⁵⁵ku³¹ le³¹, wũ³¹pu⁵⁵ n̠ĩ³¹xĩ³¹,
助词 就汉借 红嘴鸟　对象 助词趋向变使动 连词 嘴巴 红
就被变成了红嘴鸟，嘴巴红是喝血的记号，

tsɿ⁵⁵tɕha⁵⁵ me⁵⁵ ta⁵³, ŋga³⁵ n̠ĩ³¹xĩ³¹ li⁵⁵, tsɿ⁵³kɯ³¹ dzø³⁵ me⁵⁵ ta⁵³.
血　喝 助词 记号 脚　红色 助词 血里 踩 助词 记号
脚红呢是踩在血里的记号。

a⁵⁵ ti³¹ ɕe⁵⁵wu³¹li³¹ tu³⁵ bi³⁵ le³¹ ɕe⁵⁵ le³¹ nɔ̃³⁵.
连接词 这 说 助词 话题助词 这样做 连词 说 已行体有
人们就是这么说的啊。

存在动词示证，对句中动词的语义有要求：这些动词从语义上看，有的是活动动词，有的是达成动词，有的是完结动词，但是都要和完成体助词 tshø³¹、已行体助词 le³¹ 连用，以达成语义的完结性，如：da³¹dzui⁵⁵tshø³¹le³¹ 完全到了，ndzu³⁵tshø³¹le³¹ 全变了，ɕi⁵⁵tshø³¹le³¹ 送完了，ɕe⁵⁵le³¹ 说了等，才能表示对事件信息的确知。

此外，存在动词示证的句子，要求主语是第三人称代词或者事物名词。这和系词示证句的主语以第一人称为主明显不同。例如：

(12) ji⁵³tɕi⁵⁵ hə⁵⁵gu³³gə⁵³ dzø⁵⁵pu⁵³ tɕhi⁵⁵tɕi⁵⁵ nda³⁵ he⁵⁵ tshø³¹ le⁵⁵ nɔ̃³⁵.
已经　浩古革　土司　　病　点　粘　来 完成体 已行体 有
浩古革土司(本来)已经染恙了。(说话人确知早晓句中信息)

(13) a³¹ ti³¹ la⁵⁵li³¹ ŋə³⁵ lu⁵⁵ ji³⁵ le³¹ dzɿ³⁵.
连接词 这 语气助词 我　找 去 助词 是
我就去找寻那三件(事物)吧。(说话人亲证句中未然信息的确定性)

综上，存在动词做证素，需要满足几个条件：主语人称以第三人称为主；句中动词需要具有[+完结性]语义特征。

三 存在类动词示证的类型与个性

贵琼语存在类动词的示证用法，在藏缅语族语言中具有共性和个性。就同语支的语言来看，羌语支语言示证的语法形式主要是动词趋向前缀、体后缀和附加成分以及助词[12]，而不是系词。系词示证的用法主要出现在与羌语北部方言麻窝话当中，刘光坤《麻窝羌语研究》指出[13]：羌语北部麻窝话有一种较为常用的语法现象，就是在原形谓词后面加 s 再加 ŋuə（是），表示所要进行的动作是受环境或条件制约的，或者表示所进行的动作是预先预定或规定好的。例如：

（14）tsəχɑ ɑsqu tɕhu tətəs   ŋuə.
　　　我们   明天   球   比赛后加 是
　　　我们明天赛球。（已经约好）

在"藏彝走廊"的诸民族语言中，以藏语的系词示证用法最为典型。自20世纪80年代以来，金鹏（1979）、江荻（2005）、张军（2005）、王诗文（2013）先后撰文论述了藏语系词在将来时句子中用以表示"自知"的示证用法。以和贵琼语有接触关系的藏语康方言为例：

（15）ŋa³¹ ndzo³¹ le⁵⁵   ji³¹.
　　　我   走   时态附加成分 是
　　　我要走。

（16）ŋə³⁵ ji³⁵ le³¹ dʐ ³⁵.
　　　我   走   助词 是
　　　我要走。

如张军（2005）所论，例15采用第一人称表示说话人对未然信息的确认，而从例16来看，贵琼语的系词示证从句法结构到语用意义都与康方言一致。从语用意义来看，都表示说话人对未然事件的安排、承诺或主观确认。两句话都可以根据上下文翻译为：我确定是要走的。从句法结构来看，都是动词＋助词 le＋系词，但德格藏语中 le⁵⁵ 是将来时的时态附加成分，而在贵琼语中 le³¹ 是特定的助词。

贵琼语采用存在动词做证素的用法，在藏缅语族语言中也具有个性。就同语支的语言来看，羌语支语言存在动词大多有示证的用法，但并不都表示确知周晓的示证意义。史兴语中存在动词居尾可以表示说话人亲自验证过结果的事件[14]。嘉绒语中存在动词居尾可以表示说话人亲眼看见事件发生[15]。采用存在动词做证素表示确知的用法在藏语中最为典型[16]。王诗文在《藏语康方言语法研究——德格话语法》一书中指出：藏语康方言存在动词可以表示亲验、亲见和确知的示证意义。康方言有存在动词 jøʔ[13]、ŋgi[31] 和 the[53]，其中 jøʔ[13] 用于第一人称表示亲验，the[53] 用于第三人称表示亲见，ŋgi[31] 用于第三人称表示确知[17]。贵琼语存在动词 nɔ̃[35] 并没有如此丰富的示证意义，其用法仅和 ŋgi[31] 相同。例如：

(17) kho⁵³ khɿ   ji³¹ge³¹ tʂi³¹   ŋgi³¹.
　　他　虚词　字　　写(过去时)　有
　　他写有字。(确知)

(18) ti³¹ tsɿn³¹mi⁵³ zʉ³⁵ ȵyɔ̃⁵⁵mu⁵³ nɔ̃³⁵ le³¹   nɔ̃³⁵.
　　这 女子　　他 一起　　　住　已行体助词 有
　　这女子(早已)和他住在一起了。(确知)

可见，贵琼语存在类动词做证素，从形式到语法意义都在同语支语言和藏缅语族语言中具有一定的个性。对于藏缅语族语言中存在类动词做证素的情况，不少学者认为是藏语的影响所致，张军(2005，2013)、黄成龙(2013)认为藏缅语族语言中藏语的存在类动词语法化为证素的特点是其区别于其他藏缅语的重要特点。从地理位置上看，贵琼语分布在汉藏之间大渡河中游的狭长谷地上，长期受到汉藏两种语言和文化的浸润，与藏语康方言有较为密切的接触关系。张军曾撰文讨论过贵琼语系词和羌语支语言的系词具有同源的性质[18]但这些具有同源关系的系词没有发展出示证用法，藏缅语存在动词及其概念结构属于各自独立发展起来的，而在这个进程中贵琼语却发展出和藏语相同的示证用法[19]，可以认为系词和存在动词的示证用法并非同语支语言的共同创新，而是语言接触的产物。正如 Aikhenvald 在《Evidentiality》中提到的：证素的获得和失去常归因于语言间的密切接触。在同一个语族的语言中未必有相同的证素，而同一语言片区却会存在[20]。但在同一语言片区中的语言，也未必都会有获得证素，证素的传播和扩散往往和当地的文化传统以及双语制有密切的关系[21]。

贵琼语分布的康定市东北的古"鱼通"片区，历史上作为一个行政机构由中央王朝和其他民族势力分别掌控：元时隶属吐蕃，明代隶属四川，清中期隶木坪土司归明正土司辖治。同时，文化深受藏传佛教的影响。据民国时期入康区考察的学者的记录，"鱼通、孔玉之西番，无文字。其信奉佛教之虔，则与藏人同。经典用藏文，契约用汉文，仍遣子弟学喇嘛，亦延师学习汉文。"[22]在藏传佛教的影响下，当地一度流行贵藏双语制。喇嘛译介藏文经典并用贵琼语翻译，宗教执业者公嘛往往在占卜、测算、取名、祭祀之余用贵琼语讲唱源于藏语经典的故事，如《文成公主入藏》、《李国森(格萨尔)的传说》等。在贵藏双语的接触环境中,存在类动词示证是否可以视为贵琼语在主观语法范畴领域受到藏语影响的例证呢?倘若如此,贵琼语存在类动词示证用法的讨论不单可以丰富藏缅语族示证语法范畴的研究内容,而且还可以作为语言接触研究的一个课题加以深入讨论,即:示证范畴从藏语借入到了贵琼语中。至于通过怎样的途径借入,接触后发生了怎样的变化,我们将另外行文加以讨论[23]。随着因垦荒、开矿、避难、修建、求学而涌入的汉族移民的增加,贵藏双语人口减少而贵汉双语人口增多,在新的双语环境下存在类动词的示证用法会不会像 Aikhenvald 所揭示的:示证范畴在有的接触环境下减弱或消失呢?[24] 这是有待进一步观察并得出结论的问题。

附　注

1　Alexandra Y, Aikhenvald. 2004. *Evidentiality*. New York: Oxford University Press, p. 3.

2　Chafe 认为传信范畴的内涵包括知识的来源和对知识的态度,这是广义的传信范畴。转引自胡壮麟《语言的可证性》,《外语教学与研究》,1994 年第 1 期,第 9 页。

3　Nicolas Tournadre and Randy J. LaPolla. 2014. Towards a new approach to evidentiality. In *Linguistics of the Tibeto-Burman Area* 37:2, 240-263. John Benjamins Publishing Company.

4　Alexandra Y, Aikhenvald. 2004. *Evidentiality*. New York: Oxford University Press, p. 17.

5　黄布凡《藏缅语的情态范畴》,《民族语文》,1991 年第 2 期,第 22—30 页。

6　证素的提法早见于胡壮麟《语言的可证性》一文,文中引述 Boas 遗作《Kwakiutl 语法》中 evidential 的提法,将其译为"证素",《外语教学与研究》,1994 年第 1 期,第 9 页。

7　趋向前缀示证的例子见于木雅语,铃木博之《新龙木雅语中带方向前缀的判断动词》,《语言学论丛》第四十五辑,2012,第 247—264 页。

8　动词后缀或后加成分示证的例子分别见于藏语:江狄《藏语拉萨话的体貌、示证及自我中心范畴》,《语言科学》,2005 年第 1 期;扎巴语:龚群虎《扎巴语研究》,北京:民族出版社,2007,第 84—85 页;史兴语:孙宏开、徐丹、刘光坤、鲁绒多丁《史兴语研究》,北京:民族出版社,2014,第 124 页;道孚语和扎坝语:戴庆厦、黄布凡、傅爱兰、仁增旺姆、刘菊黄《藏缅语十五种》,北京:北京燕山出版社,1991,第 36 页,第 83—84 页;曲谷羌语:黄布凡、周发成《羌语研究》,成都:四川人民出版社,2006,第 152—156 页;麻窝羌语:刘光坤《麻窝羌语研究》,成都:四川民族出版社,1998,第 176—177 页。

9　助词示证的例子见于木雅语,戴庆厦、黄布凡、傅爱兰、仁增旺姆、刘菊黄《藏缅语十五种》,北京:北京燕山出版社,1991,第 118—119 页,第 188 页。

10　存在动词和判断动词示证的例子见于藏语:金鹏《论藏语拉萨话口语动词的特点与语法结构的关系》,《民族语文》,1979 年第 3 期。

11　存在类动词的提法沿用黄成龙《藏缅语存在类动词的概念结构》一文中的术语。除了存在类动词,贵琼语还有其它示证方式,见于《贵琼语的几种示证方式》,《常熟理工学院学报》,2018 年第 4 期，第 49—53 页。此处恕不便展开。

12　林向荣先生在论著《嘉戎语研究》中曾提到："嘉戎语在叙述句中，常在判断动词 ŋos 是前加前缀 nə- 表示叙述者对该动作是晓知而十分肯定的。加前缀 na- 表示叙述对该动作只是转述前人的语句而不十分肯定。"林向荣《嘉戎语研究》，成都：四川民族出版社，1993，第 262 页。

13　刘光坤《麻窝羌语研究》，成都：四川民族出版社，1998 年，第 175—176 页。

14　戴庆厦、黄布凡、傅爱兰、仁增旺姆、刘菊黄《藏缅语十五种》，北京：北京燕山出版社，1991，第 188 页。

15　林向荣《嘉绒语研究》，成都：四川民族出版社，1993 年版，第 258 页。

16　金鹏《论藏语拉萨话口语动词的特点与语法结构的关系》，《民族语文》，1979 年第 3 期。

17　王诗文《藏语康方言语法研究——德格话语法》，北京：民族出版社，2013，第 173—179 页。

18　张军《藏缅语系词的分布与来源》，《民族语文》，2013 年第 4 期，第 23 页。

19　黄成龙《藏缅语存在类动词的概念结构》，《民族语文》，2013 年第 2 期。

20　Alexandra Y, Aikhenvald. 2004. *Evidentiality*. New York: Oxford University Press, p288.

21　Alexandra Y, Aikhenvald. 2004. *Evidentiality*. New York: Oxford University Press, p293.

22　王业鸿《康定概况》，见《新西藏》1938 年第 1 卷，转引自赵心愚、秦和平《康区藏族社会历史调查资料辑要》，成都：四川民族出版社，2004 年。

23　宋伶俐《贵琼语系词的示证用法》，《民族语文》，2020 年第 5 期，第 67—76 页。

24　Alexandra Y, Aikhenvald. 2004. *Evidentiality*. New York: Oxford University Press, p296.

参 考 文 献

戴庆厦、黄布凡、傅爱兰、仁增旺姆、刘菊黄　1991　《藏缅语十五种》，北京：燕山出版社。

龚群虎　2007　《扎巴语研究》，北京：民族出版社。

胡壮麟　1994　语言的可证性，《外语教学与研究》第 1 期。

胡壮麟　1995　汉语的可证性与语篇分析，《湖北大学学报》第 2 期。

黄布凡　1991　藏缅语的情态范畴，《民族语文》第 2 期。

黄布凡、周发成　2006　《羌语研究》，四川人民出版社。

黄成龙　2006　《蒲溪羌语研究》，北京：民族出版社。

黄成龙　2013　存在类动词的概念结构，《民族语文》第 2 期。

江　狄　2005　藏语拉萨话的体貌、示证及自我中心范畴，《语言科学》第 1 期。

金　鹏　1979　论藏语拉萨话口语动词的特点与语法结构的关系，《民族语文》第 3 期。

林向荣　1993　《嘉戎语研究》，成都：四川民族出版社。

铃木博之　2012　新龙木雅语中带方向前缀的判断动词，《语言学论丛》第四十五辑。

刘丹青　2008　《语法调查研究手册》，上海：上海教育出版社。

刘光坤　1998　《麻窝羌语研究》，成都：四川民族出版社。

孙宏开　2016　《藏缅语族羌语支研究》，北京：中国社会科学出版社。

孙宏开、徐丹、刘光坤、鲁绒多丁　2014　《史兴语研究》，北京：民族出版社。

邵明园　2016　中古藏语的系动词，《民族语文》第 2 期。

宋伶俐　2011　《贵琼语研究》，北京：民族出版社。
宋伶俐　2018　贵琼语的几种示证方式，《常熟理工学院学报》，2018 年第 4 期。
王诗文　2013　《藏语康方言语法研究——德格话语法》，北京：民族出版社。
张　军　2005　汉藏语系语言判断句研究，中央民族大学博士论文。
张　军　2013　藏缅语系词的分布与来源，《民族语文》第 4 期。
Alexandra Y, Aikhenvald 2004 *Evidentiality*, New York: Oxford University Press.
Tournadre, Nicolas and LaPolla, Randy J. 2014 Towards a new approach to evidentiality. In *Linguistics of the Tibeto-Burman Area*, John Benjamins Publishing Company.

粤语助词"亲"的体貌用法及演化路径*

冯海敏　陈前瑞

（中国人民大学文学院）

提要　本文把粤语助词"亲"的体貌用法分为结果体、完成性条件句标记和惯常性条件句标记三种类型。参照类型学的概念框架，结合历时语料，运用"连续环境理论"探讨其演化过程，总结出"亲"的演化路径为："至"义 > "接触"义动词 > "触及"义结果补语 > 结果体 > 完成性条件句标记 > 惯常性条件句标记。该路径具有多方面的类型学意义，如源于动态"至"义的结果体较为少见；具有消极义的结果体不常见等。

关键词　粤语助词"亲"　体貌用法　演化路径

一　引言

"亲"字在粤语广府片中可用作虚词，根据白宛如（1998），"亲"的虚词用法有三种，分别是：1）放在动词、形容词之后，表示前者的结果，相当于"着了"，撞~个头（撞着了头）；2）一……（就），郁~就痛（一动就痛）；3）每次、每逢，去~街都撞到佢（每次上街都碰到他）。詹伯慧（1958）认为"亲"还可以表示动作、行为在急剧地接触到某一事物的过程中完成，如佢撞亲石头（他撞着了石头）。

目前学界对"亲"的研究虽然比较多，但都散见于语法讲义等著作，未曾有专门的论著对其进行更为系统的研究。在研究内容方面，多偏重于对其语法意义进行界定，对其体貌类型的归属存在争议。部分学者认为"亲"没有典型的体貌用法，如张洪年（1972）把它放在其他谓词词尾一类，区别于体貌词尾。彭小川（2010）认为广州话的体助词所表示的体貌意义有八种，但没有把"亲"归入其中。有的学者对"亲"的体貌用法做了一些讨论，如詹伯慧（1958）认为"亲"并不表示完成貌，它与单纯表示完成貌的"咗"有区别。袁家骅等（2001：217）认为"亲"是一种特殊的完成体，但很难找到一个单纯表动作已经完成的"亲"，因此不能把"亲"说成是"完成体"的词尾。

---

* 本研究得到北京市社科基金重点项目"汉语体貌、时制与情态范畴的互动研究"（16YYA002）的支持。

甘于恩(2010:97)把"亲"归为遭遇体,指动作招致某种消极的结果或影响。詹文和袁文都看到了"亲"与完成体的区别,但没有进一步说明它属于什么体貌类型;而遭遇是由动作赋予的,不是"亲"本身具有的意义,因此归为遭遇体不够准确。另外,现有成果对"亲"的演化路径的研究也还有欠缺,"亲"的体貌研究还有一定的空间。

本文将从体貌类型学的角度入手,结合历时语料和"连续环境理论",探讨广东粤语"亲"的用法和演化路径。本文首先考证"亲"的本字,并对"亲"的非体貌用法进行描写;其次对"亲"的体貌用法进行描写;最后分析"亲"的演化路径。

二 "亲"的本字及其非体貌用法

2.1 "亲"的本字考证

"亲"在粤语里的读音是[tʃʰɐn⁵⁵],在客家话、潮汕话中暂时没有发现"亲"用作虚词的情况,也没有发现与"亲"功能相似的虚词,因此无从比较其在其他方言中的读音差别,只能根据它在粤语中的读音来查找对应的本字。根据中古精、知、庄、章四组字在粤语中对应 tʃ 组,可推断"亲"的声母来源于这几组字的送气声母清、彻、初、昌母;又,这几组字的全浊声母在粤语中依据"平上送气、去入不送气"的原则进行归派,平声字今多读送气音,因此"亲"也可能来源于这四组字的全浊声母从、澄、崇母(章组的船母字在粤语中读作清擦音 ʃ,因此可排除)。[tʃʰɐn⁵⁵]的韵母是 ɐn,来源于中古臻摄真、臻韵,山摄痕韵。声调为 55 调,对应中古阴平字[1]。而"亲",《广韵》七人切,清母真韵平声,与[tʃʰɐn⁵⁵]音相符。从字义方面看,《广韵》"爱也近也,说文至也"。[2] 段玉裁《说文解字注》的注解是"至也,至部曰,到者,至也。到其地曰至,情意恳到曰至。父母者,情之冣至者也,故谓之亲。"据此,可知"亲"相当于"至",有"到"的意思。该义与[tʃʰɐn⁵⁵]放在动词后面,表示动作结果的意义有一定的关联,"至"本身也是一种结果;而且,"亲"还有作为动词的用法,表示接触。这与"我撞[tʃʰɐn⁵⁵]道门。"中作为动作补语表示触及义的[tʃʰɐn⁵⁵]意思有较大联系。因此,我们认为"亲"应是[tʃʰɐn⁵⁵]的本字,本义为"至"。

2.2 "亲"的结果补语用法

粤语中"亲"可放在动词和无生命的宾语之间,詹伯慧(1958)认为这类"亲"用来表示一种动作、行为在急剧地接触或影响到某一事物的过程中完成。这类"亲"的后面一定跟着一个前面动作、行为的接触者或影响者。把它们对译为普通话时,一般都可以在动作的后面加上一个"着(了)"。这个"着"可以理解为"触及(触着)",在概念结构上仍然起到指示位移方向的含义。我们虽然不认同"亲"有"急剧地"的意思，但同意詹文关于"亲"表示触及的看法。这类"亲"放在动词后面，表示触及，是对动词的结果进行补充说明，是结果补语用法，如例(1)"撞"是一个位移动词，"亲"表示"撞"这个动作在触及门的过程中完成。例(2)"亲"表示"踢"这个动作在触及石头的过程中完成，是对"踢"的结果进行补充说明，不涉及石头的状态，也不(或不明显地)涉及主语的状态。

(1) 我　　撞　　亲　　道　　门。³（袁家骅等 2001：217）
　　 ŋo¹³　tsoŋ²²　tsʰɐn⁵⁵　tou²²　mun²²
　　 我　　撞　　结补　　扇　　门
　　 '我撞着了一扇门。'

(2) 佢　　踢　　亲　　嚿　　石。（张洪年 2007：166）
　　 kʰœy¹³　tʰɛk³³　tsʰɐn⁵⁵　kɐu²²　ʃɛk²²
　　 他　　踢　　结补　　块　　石
　　 '他踢到了一块石头。'

"亲"的这种用法用例很少，现在不常用。邓思颖(2015)把这两例看作是特例，但我们在19世纪末20世纪早期的粤语语料中发现三个同样用法的例句，如例(3)的"亲"表示动作"碰"的结果是触及桌子，瓶子全破了("全破了"虽然涉及主语的状态，但这个结果能够取消，比如，还好没有碰坏，或还好只是受到轻微的损伤)。因此"亲"的这种用法不应视为特例，而应单独归为一类。

(3) 我　拧　嗰个　玻璃樽　　来要　擦　过　佢，　碰
　　 ŋo¹³ leŋ⁵⁵ ko³⁵ ko³³ po⁵⁵ lei⁵⁵ tsœŋ⁵⁵ lɔi²¹ iu³³ tsʰɐt³³ kwo³³ kʰœy¹³ pʰoŋ³³
　　 我　拿　那个　玻璃瓶　　来要　擦　补　它，　碰

　　 亲　　嗰　　张　　台　　破　　唒　　咯。
　　 tsʰɐn⁵⁵　ko³⁵　tsœŋ⁵⁵　tʰɔi³⁵　pʰo³³　hiu¹³　lo³³
　　 结补　　那　　张　　桌子　　破　　完结　　语气

（早期粤语标注语料库）
　　 '我拿那个玻璃瓶来要重新擦擦它，碰着那张桌子全破啦。'

值得注意的是，"亲"用作补语时，它前面的动词，如撞、碰、踢等，都有明显的空间移动义，并且是较为急速的动作，其后一定要接宾语，并且宾语是无生命物体。

2.3 "亲"的动词用法

我们从历史语料中还找到了"亲"用作动词的例子，表示"接触"。如例(4)意为

为了避免泥土接触死者的肌肤(而用厚棺椁),对于孝子之心岂不是感到慰藉的事吗?例(5)意为现在师旷认为平公的行为不对,不去陈述臣子的忠告,而用君主才能使用的惩罚,拿琴去碰平公的身体,这是颠倒了君臣的位置,因而失掉了臣下的礼节。

(4)且比化者,无使土<u>亲</u>肤,于人心独无恔乎。(《孟子·公孙丑下》)

(5)今师旷非平公之行,不陈人臣之谏,而行人主之诛,举琴而<u>亲</u>其体,是逆上下之位,而失人臣之礼也。(《韩非子·难一》)

这两例的"亲"都可理解为"接触;触及",与"亲"的触及义结果补语之间存在明显的演化关系。当"亲"放在其他动词后面,与其他动词连用时,其触及动作义会减弱,变成对前面动作触及结果的补充说明,这种用法的演变是由其所处位置所导致的。

而"亲"的接触义是"至"义在空间上移动的自然结果。"至"表示"到",一个物体到达终点其实就是与某地"接触",可从这个抽象的"接触"引申出事物之间实质性的接触。

三 "亲"的三种体貌用法

3.1 "亲"的结果体用法

詹伯慧(1958)认为"亲"多少带有动作、行为虽已结束,但是动作、行为的影响却还存在着的意思。詹文的说法比较准确,这种影响其实就是前面动作行为所带来的结果状态,并且这种状态是不如意的。承受状态的大多是人,也可以是动物。如例(6)[4]"亲"表示人因跌倒在地而处于受伤的状态,手按在地上支撑身体,还无法站起来。例(7)表示如果人被打了,而且"打"这个动作造成人处于受伤的状态,那时就要报警。

(6)点　　　知　　　有　　　人　　　都　　　跌　<u>亲</u>,　撑　　　只　　　手
tim^{35}　tʃi^{55}　jeu^{13}　jen^{21}　tou^{55}　tit^{33}　tʃʰen^{55}　kem^{22}　tʃɛk^{33}　ʃeu^{35}
怎么　　　知　　　有　　　人　　　也　　　跌　结果　　按　　　只　　　手

喺　　　地　　　下。
hei^{35}　tei^{22}　ha^{35}
在　　　地　　　下

'谁知道有人也跌伤了,手撑在地面上。'

(7)如　　果　　佢　　　打　<u>亲</u>　　你,　　你　　　就　　　讲　　畀
y^{21}　kwo^{35}　kʰœy^{13}　ta^{35}　tʃʰen^{55}　nei^{13}　nei^{13}　tʃeu^{22}　koŋ^{35}　pei^{35}

| 如果 | 他 | 打 | 结果 | 你 | 你 | 就 | 讲 | 给 |

差人　　　知。(粤语开放词典网站)

tʃʰai⁵⁵jɐn²¹　　tʃi³³

警察　　　知

'如果他打伤了你,你就告诉警察。'

Nedjalkov & Jaxontov(1988:6)认为结果体(resultative)应用于那些暗含先前事件的动词形式,它是由先前动作产生的一种状态,"亲"的用法符合结果体定义。但与一般的结果体不同的是,"亲"带有不如意、消极的色彩,张洪年(1972:165)认为"亲"表示的是谓词所引起的一种不如意的感受。李新魁(1994:258)认为"亲"表示行为已经造成了某一种结果,这种结果是当事人所不乐意出现的,它表示所受的遭遇。我们认为,"亲"的不如意色彩是由前面的动词带来的,"亲"前面多为表示感受的动词和形容词,如"吓、冷、饿、伤"等,以及一些会对人体施加较大作用力的动词,如"跌、咬、扭、打"。当这些动作、行为与身体触及时,很容易对人体带来不利的影响。

粤语四邑片也有类似"亲"用作结果体的用法,在鹤山沙坪、龙口、雅瑶等地用"着"来表示动作带来的消极状态,如下例(8)⁵:

(8)整　　　着　　　只　　　脚

tʃɐŋ⁵⁵　　tʃyk²²　　tʃik³³　　kyk³³

弄　　　着　　　只　　　脚

'弄伤了脚。'

甘于恩(2010:96)也提到四邑话用其他助词来表示消极后果,"恩平、新会用'紧';台山、开平则用[tiau³¹]或[tiu³¹]",本字为"住"或"着"。

3.2 "亲"的完成性条件句标记用法

"亲"还出现在"V亲……就""V亲……都"两个构式当中。⁶这两个构式的"亲"有共同的地方,也有各自的独特意义。詹伯慧(1958)认为"亲"表示一种被动动作行为一经完成,马上就要引起一个相应的后果,袁家骅等(2001:217)做了补充,认为它表示某个动作(主动、被动)一经完成,马上就会引起某种相应的后果,说话时这个动作不一定已经完成或进行,也可能是过去经验的复述,或是带真理性的事实说明。李新魁(1994:258)则认为"亲"表示接触到某事物之后就有所反应。从以上描述中,可看出"亲"无论与"就"还是与"都"搭配,都有"马上引起反应"的意思,可概括为"只要、一旦",它后面必须接一个后续小句,表示其结果状态,两个分句之间构成宽泛的条件关系。如例(9)是说话人警告听话人,以后只要坐他的车,他就打那个人一顿,"亲"

放在"坐"后面,表示"坐(车)"这个动作一旦发生,就会有什么后果。

(9) 你　　搭　　亲　　　　我　　架　　车　　呢, 我　　捻

nei¹³　tap³³　tʃʰɐn⁵⁵　　ŋo¹³　ka³³　tʃʰɛ⁵⁵　nɛ⁵⁵　ŋo¹³　nin³⁵

你　　搭　　完成.条件　我　　架　　车　　呢　我　　打

你　　一　　煲!

nei¹³　jɐt⁵⁵　pou⁵⁵

你　　一　　量词

(20世纪中期粤语语料库)

'你(以后)一坐我的车,我就打你一顿。'

接着再来看"亲"在"V亲……就""V亲……都"构式中的区别。Bybee et al.(1994:81、98)认为"完成体指情状发生在参照时间之前,并与参照时间的情状相关。"与此相符,"V亲……就"的"亲"表示前事件一旦发生就会造成某种结果,前后事件具有明显的相关性。如例(10)"亲"的作用是说明"返去"这个情状是先发生的,并且会直接导致"出不来"这个结果,前后事件具有很大的相关性。"因为"的存在也可以表明这是已然发生过的事实。例(11)"狗见到陌生人"这个前事件一发生,就引起"拼命吠"这个后果。前事件肯定先于后事件发生,并且具有直接相关性。

(10) 因为　　　我　　返　　亲　　　　去, 唔　　出　　得　　嚟　　嘞!

jɐn⁵⁵wei²²　ŋo¹³　fan⁵⁵　tʃʰɐn⁵⁵　　hœy³³　m²¹　tʃʰot⁵⁵　tak⁵⁵　lei²¹　ka³³　la³³

因　为　　我　　返　　完成.条件　去　　不　　出　　得　　来　　的　　啦

(20世纪中期粤语语料库)

'因为只要我一回去,(就)出不来的啦!'

(11) 只　　狗　　见　　亲　　　　生暴　　　　人　　就　　死　　咁　　吠。

jɛk³³　kɐu³⁵　kin³³　tʃʰɐn⁵⁵　　ʃaŋ⁵⁵pɐu³⁵　jɐn²¹　tʃɐu²²　ʃei³⁵　kɐm³³　fɐi²²

只　狗　　见　　完成.条件　陌生　　　人　　就　　死　　那样　吠

(粤语开放词典网站)

'这只狗一旦见到陌生人就死命吠。'

这种以条件关系为主的现时相关性与普通话表完成体的"过""来着"很相似,陈前瑞(2008)统计发现因果关系始终是完成体标记"来着"句与上下文之间最基本的语义关系。表完成的动词前"一"与后续事件以因果关系为主,也可以表示条件关系。因果关系往往是特定的已然事件,而条件关系往往是非特定的事件,也不受过去时间的限制。时间参照关系方面,"亲"所在的事件一般发生在后事件之前,符合完成体

的时间参照关系,因此"亲"在这里是完成体用法,但是,它不是高度语法化的完成体,体现在早期结果用法的滞留:"亲"不能用在动补结构之后,说明其自身还带有一定的结果性;也不能与"死"搭配,因为"死"本身可以是一种结果状态;不能说"红亲",这是因为"红"是形容词,与形容词共现是完成体后期的用法;"亲"只能出现在条件分句中,不能独立存在。所以说"亲"的完成体用法仍然受到较多的限制,还处于完成体演变的早期阶段。

3.3 "亲"的惯常性条件句标记用法

在"V 亲……都"构式的句子中,"亲"除了条件句标记作用外,还带有"每次"的意思,表示一段时间内的某种习惯性行为,如例(12)表示的是从今以后很长一段时间内,每次只要说话人出去,对方总要帮他收拾房间,这里的"亲"不单指某一次行为,还带有"每次"的意思,构成一个包括所有可能次数的集合。例(13)的"亲"不是指具体的某一次吃虾蟹会过敏,而是每一次都会这样。

(12) 从　　今　　以后　我　出　　亲　　　　街　　你　　总　　要
　　　 tsʰoŋ²¹ kɐm⁵⁵ i¹³ hɐu²² ŋo¹³ tsʰot⁵⁵ tsʰɐn⁵⁵　kai⁵⁵ nei¹³ tsoŋ³⁵ iu³³
　　　 从　　今　　以后　我　出　　惯常.条件　街　　你　　总　　要

　　　 将　　房　　里头　执　　拾　　企理。
　　　 tsœŋ⁵⁵ foŋ³⁵ lœy¹³ tʰɐu²¹ tsɐp⁵⁵ ʃɐp²² kei¹³lei¹³
　　　 将　　房　　里头　收拾　拾　　有条理

(早期粤语标注语料库)

'从今以后每次只要我出街,你总要把房里收拾整齐。'

(13) 佢　　　食　　亲　　　　虾　　蟹　　都　　皮　　肤　　过　　敏　　嘅。
　　　kʰœy¹³ ʃek²² tsʰɐn⁵⁵　ha⁵⁵ hai¹³ tou⁵⁵ pʰei²¹ fu⁵⁵ kwo³³ mɐn¹³ kɛ³³
　　　他　　食　　惯常.条件　虾　　蟹　　都　　皮　　肤　　过　　敏　　的

(粤语开放词典网站)

'他每次吃虾蟹都皮肤过敏的。'

Bybee et al.(1994)引用Comrie(1976)对惯常体的定义,认为惯常体描述的是情状在一段较长时间内的典型特征,事实上,是这种长时间使得所指情状不被视作某一时刻的偶然属性,准确地说,它被视作整个时间段的典型特征。显然,"亲"在"V亲……都"构式里带有"每次"义,强调的是某种抽象的规律、属性,不针对某一次事件,符合该定义,属于惯常体用法。但是"亲"的惯常性用法不像粤语惯常体"开"那么典型,它的惯常意味来源于语境,当"亲"经常与"都"等表惯常的词搭配时,便会逐渐吸收其惯常义,成为自身的一部分,由于"亲"表示惯常还需要依托一定的语境,因此称之为惯常性条件句标记。

四 "亲"的演化及其类型学意义

4.1 "亲"的体貌用法在不同时期的分布状况

我们搜集到的关于"亲"的语料可分为三个典型的时期,分别是19世纪末20世纪早期、20世纪中期以及20世纪末21世纪初。

在早期粤语标注语料库(时间从1872至1931)和清末粤方言学话课本《粤语全书》《粤音指南》中一共找到"亲"的结果体用法17例,完成性条件句标记用法1例,惯常性条件句标记用法1例。

从二十世纪中期粤语语料库中共检索到结果体用法23例,完成性条件句标记用法15例,惯常性条件句标记用法7例。

从粤语开放词典网站、广州话口语有声语料库中搜索到的关于"亲"的语料有66例,时间介于20世纪末和21世纪初,其中结果体、完成性条件句标记和惯常性条件句标记用例分别是39、12、15例。

对三个时期"亲"用例和动词种类进行量化统计,可得到表1、表2。

表1 "亲"三种体貌用法在不同时期的用例情况[7]

时期	体貌类型(占比)		
	结果体	完成性条件句标记	惯常性条件句标记
19世纪末20世纪早期	94.4 (17)	5.6 (1)	5.6 (1)
20世纪中期	51.1 (23)	33.3 (15)	15.6 (7)
20世纪末21世纪初	59.1 (39)	18.2 (12)	22.7 (15)

表2 "亲"三种体貌用法在不同时期前接动词种类情况

时期	体貌类型(占比)		
	结果体	完成性条件句标记	惯常性条件句标记
19世纪末20世纪早期	84.6 (11)	7.7 (1)	7.7 (1)
20世纪中期	43.3 (13)	43.3 (13)	13.3 (4)
20世纪末21世纪初	52.1 (25)	22.9 (11)	25 (12)

"亲"的结果体用法在19世纪末20世纪早期无论是用例还是前接动词种类数量都占绝对优势，20世纪50年代以后占比虽有下降，但仍接近一半。完成性条件句标记19世纪末20世纪初刚产生，20世纪中期用例占比仅次于结果体，20世纪末21世纪初用例和前接动词种类占比稍有下降。惯常性条件句标记产生于19世纪末20世纪初，随后用例和前接动词种类占比都逐渐增加，在20世纪末21世纪初略微超过完成性条件句标记。

由此可推出，结果体用法产生的时间最早，完成性条件句标记和惯常性条件句标记都产生于19世纪末20世纪早期，但完成性条件句标记发展速度更快，在不到50年的时间里就在用例和前接动词类型占比上超出惯常性条件句标记一倍。目前，结果体用法是"亲"的最主要用法，完成性条件句标记和惯常性条件句标记次之，而且比重大致相当。

4.2 "亲"几种用法的演化过程

彭睿(2008)综合Heine(2002)和Diewald(2002)的观点，整合出包含四类环境的语法化"连续环境理论"，我们运用这一理论框架来分析"亲"三种用法的演化过程。主要从历时层面分析"亲"的不同用法，找出体现其语法化连续变化特征的一系列语义语用环境，并通过语用推理分析其演化的动因。

4.2.1 "亲"从结果补语到结果体

结果补语产生的时间早于结果体，有三个层面的依据：第一，结果补语蕴含"触及"义，与"亲"的本义"至"更为接近；第二，19世纪末20年代初期，发现结果补语用法4例，结果体用法17例，结果补语用法在数量上远少于结果体用法，并且呈逐渐减少的趋势，现在已基本不用，而结果体依然是"亲"的主要用法。如果结果补语是后来产生的，其保存的用例应该更多，使用的时间也应该更长，但事实与此相反；第三，语法化链中，语法化程度更高的语法化项，其同构项类型往往更广泛。19世纪末20世纪早期粤语语料中，"亲"的结果体与结果补语前接动词类型比例为10∶3，与结果体搭配的动词类型更加丰富，应该是语法化程度更高的语法化项。

下面我们结合实例，运用连续环境理论来分析"亲"从结果补语到结果体的语法化过程。

（一）非典型环境。在该环境中，来源义是唯一解释，且目标义无法以会话隐含的形式产生。例(14)"踢"是空间位移明显的动词，"亲"在这里表示动作触及到了宾语，其受事是无生命的物体"石"，非常坚硬，触及后也很难使之受损，而且与人的关系不大，无法诱发消极义。因此该语境没有蕴含目标义。

(14) 临　　转　　弯　　个　　时　　踢　　<u>亲</u>　　嚿　　石。
　　 lɛm²¹　tʃyn³³　wen⁵⁵　ko³⁵　ʃi²¹　tʰɛk³³　tʃʰen⁵⁵　kɐu²²　ʃɛk²²
　　 临近　转　弯　那　时　踢　结补　块　石
（早期粤语标注语料库）
'临近转弯时踢着了一块石头。'

（二）临界环境。来源义和目标义都是可能的解释。例(15)有两种理解方式：第一，"亲"表示"触及"，这个句子表示托箱子的人（不小心让箱子）擦到了说话人的衣服，后面的"烂哓（全烂了）"是对"扩亲我件衫"所带来结果状态的进一步补充。第二，句子可以理解为箱子擦到了衣服，并且使衣服处于损坏的状态，后面的"烂哓（全烂了）"是对这种状态的具体描述，即使不加后面的小句，也可知道衣服损坏了。这个例子包含了原始义和目标义，属于临界环境。

(15) 托　　箱　　个　　人　　扩　　<u>亲</u>　　　　　我　　件　　衫
　　 tʰɔi³³　ʃœŋ⁵⁵　ko³³　jɐn²¹　kʰaŋ³³　tʃʰen⁵⁵　　ŋo¹³　kin²²　ʃɐm⁵⁵
　　 托　箱子　个　人　刮　结补/结果　我　件　衣服
　　 烂　　哓。
　　 lɐn²²　hiu³⁵
　　 烂　完结
（早期粤语标注语料库）
'托箱子那个人刮到 / 坏我的衣服，全烂了。'

例(14)中结果体补语的宾语"石头"是与人关系不大的无生命物体，不容易受损，并且即使受损了，人也不会觉得可惜，因而不会对其损害赋予消极的感情色彩。而例(15)的受事是衣服，虽然也是无生命物体，但它是人身上的东西，人在主观上对其较为重视，它的破损会影响人的情绪，从而对其受损赋予主观上消极的感情色彩，"亲"便有了消极的含义在里面。

可看出结果补语和结果体之间的语用推理在于：当"亲"作为补语放在动词和有生命的物体之间时，由于人、动物相对于石头等无生命物体而言较为脆弱，当动作"触及"人和动物时，会带来进一步的"侵害"，导致其处于不如意的状态，从而产生了结果体用法。

（三）孤立环境。原始义被排除；语法化项获得新的语法意义，其语法化基本实现，且不可逆。例(16)表示先生跌倒并处于受伤状态，不知现在好了没有。"亲"表示"跌"这个动作所带来的持续受损状态，有受伤才会有下文的康复，因此只能理解为结果体，原始义被排除了，属于孤立环境。

(16) 我 听 见 先生 先 排 跌 <u>亲</u>, 现时 好 翻 啲 未 呢？
ŋo¹³ tʰɛŋ⁵⁵ kin³³ ʃin⁵⁵ ʃaŋ⁵⁵ ʃin⁵⁵ pai³⁵ tit³³ tʃʰen⁵⁵ in²² ʃi²¹ heu³⁵ fan⁵⁵ ti⁵⁵ mei²² nɛ⁵⁵
我 听 见 先生 先前 跌 结果 现时 好 返 点 没 呢

(20世纪中期粤语语料库)

'我听见先生前阵子摔着了，现在好点没有呢？'

4.2.2 "亲"从结果体到完成性条件句标记

Bybee et al.(1994:104)指出结果体作为完成体的来源可见于诸多罗曼语和日耳曼语，包括西班牙语、法语、意大利语、英语等，所以可以肯定现代完成体的前身在功能上最初表结果体意义。Nedjalkov & Jaxontov(1988:41)对结果体进行了类型比较研究，明确指出结果体会进一步发展成完成体。陈前瑞(2009)指出普通话"着"的完成体用法是从其表示"动作有了结果"的结果体用法发展而来的。[8]因此"亲"的完成体用法从其结果体用法发展而来这一演化过程更加符合类型学的普遍规律。第二，从历时语料的角度看，结果体在19世纪末20世纪初已经有大量实例，而完成性条件句标记用法只有一例，从语料上也可以验证这一演变路径。第三，完成性条件句标志还存在一些早期结果用法的滞留，例如"亲"不能用于述补结构后面，也不能放在表示结果状态的"死"等词后面，说明其自身带有一定的结果性。第四，来自其他方言的佐证，前面提到粤语四邑话中用"紧""着"或[tiau³¹]、[tiu³¹]来表示结果体，但表示完成和惯常用法时都用"亲"来表示，很可能是从广府片借来的用法，说明"亲"的完成和惯常用法来源于用作结果体的"亲"，而非从其他方言借用而来。

下面主要分析"亲"从结果体发展到完成性条件句标志的连续环境及语用推理。

(一)非典型环境。例(17)的"亲"是结果体用法，表示"烧"对手指造成的伤害状态。后面没有后续小句，还不具备产生完成用法的条件。

(17) 佢 烧 <u>亲</u> 只 手 指。
kʰœy¹³ ʃiu⁵⁵ tʃʰen⁵⁵ tʃɛk³³ ʃeu³⁵ tʃi³⁵
他 烧 结果 只 手 指

(早期粤语标注语料库)

'他烧伤了手指。'

(二)临界环境。例(18)的"亲"除了表示"冷"所带来的不如意状态，还为后续的"咳嗽"动作做铺垫，是"冷亲"导致"咳"的发生，有时间上的先后顺序，"亲"带有了完成用法。在这个句子中，说话人更强调自己现在咳嗽是因为前几天弄湿了身体而冷着了,"冷亲"是背景性事件,具有现时相关性。

(18) 我　有　一　日　整　湿　个　身,　冷　　亲　　　　　嗽
　　 ŋo13　jɐu13　jɐt55　jat22　tʃeŋ35　ʃɐp55　ko33　ʃɐn55　laŋ13　tʃʰɐn55　　kɐm35
　　 我　有　一　日　弄　湿　个　身　冷　结果/完成　那
　　 就　起　咳　咯。
　　 tʃɐu22 hei35　kʰɐt55 lo55
　　 就　起　咳　语气
(《粤语全书》,1919)[9]

'我有一天弄湿了身体,冻着了然后就开始咳嗽咯。'

"亲"的完成用法是由话语环境所赋予的,当说话人着眼于结果体状态所带来的影响时,结果体便作为背景事件,为后续行为做铺垫,这一转变导致与结果体阶段相联系的一些具体意义的磨损,使得"亲"结果体意义泛化,不仅表示产生状态的行为,而且用于表示先于其他动作的行为,从而产生了完成意义。

(三)孤立环境。例(19)意思是把小孩抱了出来,很容易吓着他,"亲"的作用是为了引出后面"吓着他"这个结果,"抱亲"已经没有了致使受事处于不如意状态的意思,不是结果体用法,但整个句子还带有说话人不如意的感觉在里面,"亲"处于孤立环境,未发展出条件句用法,未扩展到新的语义语用环境当中。

(19) 你　抱　亲　佢　出　嚟,　容　乜　易　吓
　　 nei13　pʰou13　tʃʰɐn55　kʰœy13　tʃʰot55　lei21　joŋ21　mɐt55　i22　hɐk33
　　 你　抱　完成　他　出　来　容　什么　易　吓
　　 亲　佢　喫?
　　 tʃʰɐn55　kʰœy13　ka33
　　 结果　他　的
(20世纪中期粤语语料库)

'你抱了他出来,不是很容易吓到他吗?'

(四)习用化环境。例(20)意思是一动就会没命,是说话人威吓对方的话,没有不如意的意思在里面。"亲"不仅表示"动"这个情状对后事件的影响,而且与"就"形成了固定搭配,成为条件句的标记,说明"亲"已经进入习用化环境。

(20)唔　好　郁!郁　亲　　　　就　　冇　命!
　　 m21　hou35　jok55 jok55 tʃʰɐn55　tʃɐu22　mou13　mɐŋ22
　　 不　好　动　动　完成.条件　就　没　命
(20世纪中期粤语语料库)

'不要动！一动就没命！'

4.2.3 "亲"从完成性条件句标记到惯常性条件句标记

"亲"的惯常用法是来源于结果体还是完成用法呢？从用法共性上看，惯常性条件句标记与完成性条件句标记都是条件句的标记，只是一个表示完成，一个表示惯常，它们之间的共性相较于结果体来说更大。从语义上看，"亲"的惯常体含义是完成用法的抽象概括，当完成用法所指向的事情每次发生都导致同样的结果时，"亲"很容易从语境中吸收"每次"义，到后来完成意义逐渐消失。因此惯常性条件句标记从完成性条件句标记发展而来的可能性更大。

下面运用连续环境理论来分析"亲"从完成性条件句标记到惯常性条件句标记的演化过程。

（一）非典型环境。例(21)表示一走就打死你们，是对说话对象的警告，其结果"打死"只会发生一次，不会重新发生，无法发展为惯常性的行为，说话人也只是强调当下的这一次举动，没有惯常的意思，是非典型环境。

(21) 咪　郁！　你　哋　想　走　呀？哼！　走　亲　就
　　 mei³⁵ jok⁵⁵ nei¹³ tei²² ʃœn³⁵ tʃeu³⁵ ja³³ hɐŋ⁵⁵ tʃeu³⁵ tʃʰɐn⁵⁵ tʃeu²²
　　 别　动　你　复数　想　走　呀　哼　走　完成.条件　就

　　 打　瓜　你　哋　吓？
　　 ta³⁵ kwa⁵⁵ nei¹³ tei²² ha³⁵
　　 打　死　你　复数　语气

（20世纪中期粤语语料库）

'别动，你们想走呀？哼，一走就打死你们！'

（二）临界环境。例(22)有两种理解方式，一个是表示凡是摸到他的病人，个个都好了。这里的"亲"是完成性条件句标记，句子中惯常的意味是由"凡是"所带来的。这个例子还可以理解为，由于"摸"他的人很多，"摸"这个动作一直在重复发生，并且带来相同的结果，也就是大家都康复了，这样的语境便会给"亲"带来"每次"义。这时句子中"凡是"和"亲"都有总括的意思，把这两个意义接近的词放在一起可以起到强调的作用。

(22) 凡　系　摩　亲　　　　 佢　　 嘅, 个　个　都　得　好　番。
　　 fan²¹ hɐi²² mo⁵⁵ tʃʰɐn⁵⁵ kʰœy¹³ kɛ³³ ko³³ ko³³ tou⁵⁵ tɐk⁵⁵ hɐu³⁵ fan⁵⁵
　　 凡　是　摸　完成/惯常.条件　他　的　个　个　都　得　好　返

（早期粤语标注语料库）

'凡是摸到他的，个个都好了。'

"亲"从完成性条件句标记发展出惯常性条件句标记，与事件在一段时间内重复发生有很大的关系，惯常性条件句标记表示的是情状在一段较长时间内的典型特征，是这种长时间使得所指情状不被视作某一时刻的偶然属性。如果完成性条件句标记所指的情状不是某一次偶然发生的，而是在一段时间内有非常明显的规律性，那么这种语境就会赋予"亲"惯常体含义。

（三）孤立环境。例(23)表示每次开口都总是讲钱，"开口"与"讲钱"是动作和内容，不具有先后关系。"梗系"意为"总是"，指的是一段时间内的惯常性行为，只能理解为惯常用法，属于孤立环境。只是"亲"与表示"经常、总是"的词一起使用，还依赖于一定的语境，用法没有完全固定下来。

(23) 家　姐，点解　　你　　开　亲　　　口　　梗　　系　讲　　钱
　　　 ka^{55} tʃɛ^{55} tin^{35}kai^{35} nei^{13} hɔi^{55} tʃʰɐn^{55} hɐu^{35} kɐŋ^{35} hei^{22}kɔŋ^{35} tʃʰin^{35}
　　　 家　姐　为什么　你　开　惯常.条件　口　总　是　讲　钱
　　　 嘅　　呢？
　　　 kɛ^{33} nɛ^{55}
　　　 的　呢

（20世纪中期粤语语料库）

'姐姐，为什么你每次开口总是讲钱的呢？'

（四）习用化环境。"亲"扩展到习用化环境典型地表现为："亲"所在句子描述的情状是事物本身具有的一种性质，而非偶然行为的多次重复。例(24)说话声音小不是一时一刻的行为，而是一个人某种与生俱来的特质，"讲话"与"声音小"具有伴生关系。"亲"不需要再依赖于特定的表示惯常的词，进入习用化环境中。

(24) 佢　　　讲　　亲　　　嘢　　都　　系　阴　　声　　细　　气。
　　　 kʰœy^{13} kɔŋ^{35} tʃʰɐn^{55} jɛ^{13} tou^{55} hei^{22} jɐm^{55} ʃɛŋ^{55} ʃɐi^{33} hei^{33}
　　　 他　　讲　　惯常.条件　东西　都　是　阴　　声　　细　　气

（粤语开放词典网站）

'他每次说话都是声音很小。'

4.2.4 "亲"的演化路径及类型学意义

根据前面对"亲"演化过程的分析，总结出"亲"的演化路径为：

(25) 表空间移动的"至"义→"接触"义动词→触及义结果补语
　　　　　　　　　　　　　　　　　　　　　　　↓
　　　 惯常性条件句标记←完成性条件句标记←（消极义）结果体

吴福祥(2002)指出"至"义演变成为补语标记"来"的语法化路径为：

"至"义动词→趋向补语→动相补语→完成体标记→状态补语标记
　　　　　　　　　　　　　　　　↘持续体标记

"至"义动词表示"由彼处到此处"的位移动作,汉魏六朝时期演变为趋向补语"来",唐代演变为动相补语,表示动作已实现并有结果,后来语法化为完成体助词。该演化路径与表空间移动的"至"义演变为触及义结果补语,到结果体(相当于动相补语),再到完成性条件句标记的路径基本一致。

该演变路径具有多方面的类型学价值：

第一,"亲"的结果体用法可能源于动态"至"义,较为少见。Bybee et al.(1994:103)指出结果体已知的词汇来源倾向于与静态意义有关,如 have、be 之类的助动词,该书所调查的 76 种语言中只有卡努里语的结果体可能与"来"义动词有关。

第二,具有消极义的结果体较为少见。

第三,古今汉语及汉语方言的完成体一般来自结束义动词(如句尾"了"来源于完成义动词)及完结体,仅有少数来自附着义动词及广义结果体。而粤语"亲"的完成用法来自表示动作带来的状态持续的狭义结果体,在汉语中极为少见。

第四,明显依附于条件构式的完成性用法较为少见。根据陈前瑞、王继红(2006),普通话非结句的"一 V"是紧促完成体用法,开始也依附于条件构式,但"一 V"后来还演化成了结句的"一",不再接后续小句。而"亲"则没有发展出可以独立使用的用法。

第五,基于所搜集到的语料,"亲"所在构式从完成用法发展出了惯常用法,该演变路径未见报道[10]。Bybee et al.(1994:80—252)指出完成体会进一步发展成为完整体,而与之对立的是,进行体和惯常体会进一步发展成为未完整体,但完成到惯常的演变路径却与此形成差异。陈前瑞(2009)提出了关于结果体兼有完成体与进行体用法的双重演变路径,与"亲"的结果体兼有完成和惯常用法的演变路径看似一样,实质不同。"着"的结果体有两种不同的意义,一个是表示动作有了结果,一个是表状态持续,它们分别发展出了完成和进行用法,是双重路径。而"亲"只有狭义结果体用法,并且从狭义结果体发展出完成用法,再从完成用法发展出惯常用法,是单向路径。

五　结　语

本文考证"亲"的本字很可能是"亲",本义是表示"到"的"至"义。战国时期的两个例子表明,"亲"可用作接触义动词,这种动词用法很可能是从"至"义发展而来的。"亲"还可用作结果补语,表示动作在触及物体的过程中完成,如"我撞亲道门(我撞着了一扇门)"。"亲"有三种体貌用法,分别是结果体、完成性条件句标记和惯常性条件句标记。"亲"的结果体用法表示动作作用在人或动物身上,并且致使其处于受损状态,强调的是前面动作带来的结果状态。"V亲……就""V亲……都"两个构式中"亲"都带有"一旦、只要"的意思,必须接后续小句,是条件句标记。"亲"在"V亲……就"构式中还有完成性,它用在前一个小句中,为后事件做铺垫。但它又不是典型的完成体,表现在早期结果用法的滞留。"V亲……都"构式中"亲"带有"每次"的意思,表示的是一段时间内的惯常典型行为,属于惯常用法。

论文统计了19世纪末至21世纪初广东粤语语料中"亲"的不同用法的用例,分析了不同用法之间存在的语法化的连续环境,构拟出"亲"演化的路径,即:"至"义>"接触"义动词>"触及"义结果补语>结果体>完成性条件句标记>惯常性条件句标记。该演化路径具有多方面的类型学价值,同时,本文也存在一些不足之处,一是关于"亲"的本字考证还有待加强;二是"亲"的早期语料还需要进一步补充;三是"亲"表结果体用法时是独立使用的,而表完成和惯常时必须依附于条件构式,那么"亲"是怎么进入"V亲P就/都VP"这一条件构式的?粤语不同方言在此类语素和构式的用法上存在哪些异同?黄美新(2020:296)把桂东南粤语和壮语中"亲"的用法概括为"设然体",其条件用法更丰富,但惯常用法不明显。这些问题还有待进一步研究。

附　注

1　参考中国社会科学院语言研究所编,《方言调查字表》,北京:商务印书馆,2002。

2　周祖谟校,《广韵校本》,北京:中华书局,2011。

3　本文例句尽量引语料库的语料,必要时自拟,第一作者熟练掌握四邑话和广府粤语。原因:从小一直看香港电视台和广州本地电视台,听力无障碍,自初中后说粤方言,发音十分地道。因此粤方言也可以算母语。本文的国际音标注采用詹伯慧(2002:7—10)的广州方言语音系统。

4　本句为作者自拟。

5　本句为作者自拟。

6　有的句子没有以"就""都"作为连接,但是小句之间隐含着顺承或全称量化关系,是对"就""都"的省略,因此本质上也属于"V亲……就""V亲……都"构式。

7　括号中数字为具体数值,下同。

8　在陈前瑞(2009)的概念系统中,结果体的狭义用法表示动作"有了结果",与广义用法"状态持续"是对立的关系,这种处理对于"着"的分析而言相对简便。但在Nedjalkov & Jaxontov(1988)中,表示动作带来的状态的持续为狭义结果体,它是泛指状态持续的广义结果体的一部分。该文另有状态体的术语,大致相当于陈文的广义结果体。所以,两种处理方式各有得失,应注意其中的差别。

9　该例来自杨敬宇(2006)附录。

10 陈前瑞、杨育欣(2018)发现从惯常到经历的演变具有一定的普遍性,而经历属于类型学中完成体的经历性用法。本文的"完成"主要相当于完成体的结果性用法。可见,在类型学研究中,完成体与惯常具有更加复杂的演化关系,本文的研究有助于深入认识两者之间演化关系的多样性。

参 考 文 献

白宛如　1998　《广州方言词典》,南京:江苏教育出版社。
陈前瑞　2008　《汉语体貌研究的类型学视野》,北京:商务印书馆。
陈前瑞　2009　"着"兼表持续与完成用法的发展,《语法化与语法研究》(四),北京:商务印书馆。
陈前瑞、王继红　2006　动词前"一"的体貌地位及其语法化,《世界汉语教学》第3期。
陈前瑞、杨育欣　2018　惯常义演变为经历义的多样性——以英语、马来语和古汉语为例,《外语教学与研究》第6期。
邓思颖　2015　《粤语语法讲义》,香港:商务印书馆。
甘于恩　2010　《广东四邑方言语法研究》,广州:暨南大学出版社。
黄美新　2020　《桂东南粤语与壮语体貌范畴的比较研究》,北京:中国社会科学出版社。
李新魁　1994　《广东的方言》,广州:广东人民出版社。
彭　睿　2008　"临界环境-语法化项"关系刍议,《语言科学》第3期。
彭　睿　2009　共时关系和历时轨迹的对应——以动态助词"过"的演变为例,《中国语文》第3期。
彭小川　2010　《广州话助词研究》,广州:暨南大学出版社。
吴福祥　2001　南方方言几个状态补语标记的来源(一),《方言》第4期。
吴福祥　2002　南方方言几个状态补语标记的来源(二),《方言》第1期。
袁家骅等　2001　《汉语方言概要》,北京:语文出版社。
杨敬宇　2006　《清末粤方言语法及其发展研究》,广州:广东人民出版社。
詹伯慧　1958　粤方言中的虚词"亲、住、翻、埋、添",《中国语文》第3期。
詹伯慧　2002　《广东粤方言概要》,广州:暨南大学出版社。
张洪年　1972　《香港粤语语法的研究》,香港:香港中文大学出版社。
中国社会科学院语言研究所编　2002　《方言调查字表》,北京:商务印书馆。
粤语开放词典网站,http://kaifangcidian.com/han/yue。
早期粤语标注语料库,http://pvs0001.ust.hk/WTagging/。
香港20世纪中期粤语语料库,http://corpus.eduhk.hk/hkcc/。
广州话口语有声语料库,http://huayu.jnu.edu.cn/corpus6/Index.aspx。
Bybee, Joan, Revere Perkins and William Pagliuca　1994　*The Evolution of Grammar: Tense, Aspect and Modality in the Languages of the World*. Chicago: University of Chicago Press.
Nedjalkov, Vladimir P. & Sergej Je. Jaxontov　1988　The typology of resultative constructions. In Nedjalkov (ed.) (1988), 3-62.
Nedjalkov, Vladimir P. (ed.)　1988　*Typology of Resultative Constructions*. Amsterdam: John Benjamins. Translated from original Russian, (1983), English translation edited by Bernard Comrie.

广西客家话人称代词复数标记的类型及来源[*]

唐七元

(广西大学文学院)

提要 客家话在广西分布较广,近九成的县市区都有客家话。文章在前人研究的基础上,结合自己多年来的调查,对广西客家话106个方言点的人称代词复数标记(个别点有两种复数标记)进行了较全面的考察,结果表明:广西客家话人称代词复数标记形式多样,主要有以下几种形式:一是"-㴗"类复数标记,有52个方言点属于此类,占一半左右;二是"-人"类复数标记,有23个方言点;三是"-兜"类复数标记,有13个方言点;四是"-兜人"类复数标记,有11个客家话方言点;五是"-们"类复数标记,有3个客家话方言点;六是其他一些特殊复数标记,有9个客家话方言点。文章并对这些复数标记的来源进行了初步探讨。

关键词 广西客家话 人称代词 复数标记

客家话在广西分布较广,几乎所有汉族聚居的地方都有客家话。根据调查,广西近80个县市(广西共有90个县市区)有客家话的分布。广西使用客家话总人口490多万(邓玉荣,2008),占广西汉语人口的15%,占广西总人口的10.2%。就使用人口而言,客家话位于粤语和官话之后,堪称广西第三大汉语方言,从而使广西与广东、江西、福建一样,成为客家话的主要分布地之一(谢建猷,2007)。广西客家话较为密集分布的地区是玉林、贵港、钦州、贺州、柳州等地。本文在前人研究的基础上,结合自己多年来的调查,对广西客家话人称代词复数标记的类型和来源进行了较全面的考察。

一 广西客家话的分布及来源

在广西的90个市县单位中,共有80个县市有客家话(刘村汉,2011)。没有客

---

[*] 本文的研究获教育部人文社科规划项目"不同语言接触视角下的广西客家方言岛研究"(19YJA740050)支持。

家话的10个县市是：隆安、兴安、资源、全州、西林、乐业、东兰、凤山、那坡、巴马等。不过，根据李谱英(1995)的调查，广西客家话分布的县市有87个，没有客家话的县市是全州、兴安、资源等地。不管上述说法是否正确，总而言之，客家话在广西分布非常广泛，这是无疑的。有人曾将广西的五种话"官平壮白客"的分布县市进行了初步统计，结果表明：客家话分布的县市数(80)位于第二，仅次于壮语的分布县市数(82)，其他方言的分布县市都不及客家话(其中官话为71、平话52、白话72)。

广西客家话，虽然分布较广，但各县市的使用人口多寡不均。根据刘村汉(2011)的统计，其中有50个县市不足万人，占客家话市县的63%，除了宾阳外，大部分客家话分布的县市主要在湘桂铁路以东。说客家话超过20万人的，仅有6个市县，分别是贵港、浦北、陆川、博白、贺州、合浦等地，占客家市县的7.5%，几乎全部靠近广东。由此可见，广西客家话主要来源于广东等地。

此外，跟我国其他各地客家话分布情形一样，客家话主要分布在广西县级城市，较少分布在广西地级以上城市。广西三大城市南宁、柳州、桂林等地，说客家话的人数各为8万人、4万人、0.2万人，分别占全市总人口的2.8%、2%、0.4%等，可见，客家话在这三大城市并不占优势。而广西客家话分布最多的县市分别是博白县(83万)、陆川县(53万)、贵港市(原为贵县，32万)、合浦县(30万)、贺州市(原为贺县，25万)、浦北县(23万)等，这些城市基本上都是县级城市。(刘村汉，2011)

关于客家话是什么时候进入广西的，目前众说纷纭，莫衷一是。现在主要有三种观点：一种观点认为广西客家话是明清以后陆续从广东及江西迁入的(邓玉荣，2008)；一种观点认为早在唐末宋初已有客家人从今福建、江西、广东迁入(李谱英，1995)；第三种观点指出早在元末明初客家人即由今福建、江西、广东等地陆续迁入广西东南部(广西地方志编纂委员会，1998)。不过，这三种观点一致认为清代康熙、乾隆年间是客家话进入广西的兴盛期。从客家人的五次大移民来看，广西客家话主要是由第四次移民带过来的。

客家人进入广西，主要通过陆路和水路。陆路主要从粤西、粤北进入桂东的贺州、桂东南的北流、容县、玉林、陆川、博白等地，或者从湖南南部进入广西富川再到桂北的兴安、桂林、柳州一带。水路主要从广东封开入桂，然后溯注入珠江的各个支流而上，通过贺江、桂江、浔江、北流江、柳江、郁江、左江、右江、红水河等水系，渗入广西各地(谢建猷，2007)。从广西客家话的主要分布地和使用人数来看，陆路是广西客家人移民的主要方式。但水路方式的移民，使客家人在广西分布范围更大，分布的县市更多，从而形成了各地大小不一的方言岛。

二 广西客家话人称代词复数标记的类型

从目前广西客家话的研究来看，主要着眼于语音部分，词汇部分和语法部分研究成果还比较匮乏。单就语法研究而言，广西客家话还刚刚开始。本文在前人研究的基础上（语料来源随文标注，未标明来源者，皆为本文作者调查所得），结合自己的调查，对广西客家话的人称代词复数标记的类型和来源进行了探讨。根据我们的初步研究，广西客家话的人称代词复数标记比较复杂，共有以下六种主要表现形式：

（一）"哋"类复数标记

"哋"类人称代词复数标记，共有52个方言点，占所有方言点数一半左右。包括"哋""地""啲""的""里""呢""内"等形式。该类人称代词复数标记主要分布在博白大坝、博白双旺、博白龙潭、博白那卜、博白合江、博白大垌、陆川县城、陆川温泉、陆川乌石（里 li^{213}，罗舒殳2011）、陆川马坡、陆川滩面、陆川沙湖、马山片联（谢建猷2007）、马山老那兴（哋 ti^{33}，曾珊2012）、上林、荔浦双堆屯（哋 tie^{35}，凡艳艳2016）、平南国安、平南大鹏、平南思旺、河池罗城龙岸、河池罗城东门、玉林北流（陈晓锦2004）、玉林陆川（陈晓锦2004）、玉林博白（陈晓锦2004）、玉林兴业（陈晓锦2004）、兴业山心、玉林沙田、桂平江口、桂平金田、桂平木圭、桂平垌心、桂平紫荆、桂平大湾、桂平木乐（第二人称复数）、桂平石龙（第一人称复数）、桂平社坡（第一人称、第三人称复数）、贵港桥圩、贵港湛江、贵港五里、贵港大圩、贵港瓦塘、防城港东兴、东兴马路、防城港扶隆、崇左凭祥、崇左江州、宁明亭亮、武宣三里（啲 ti^{21}，杨蔚2015）、武宣东乡、宾阳古辣、平乐同安（的 ti^{45}，袁鑫2016）、来宾凤凰（里 li^{44}，仅表示第一人称复数，方娜嫒2015）等地的客家话。"里""呢""内"应该是人称代词复数标记"哋"声母弱化及韵母裂化的结果，它们本身应该是同源的。

（二）"人"类复数标记

此类人称代词复数标记，共有23个方言点。主要分布在昭平黄姚、昭平樟木林、贺州公会、博白沙河（人 nin^{13}，韩霁2008）、博白东平、博白江宁、博白宁潭、博白菱角、博白新田、博白沙陂、桂平木乐（第一人称、第三人称复数）、桂平社坡（第二人称复数）、桂平石龙（第二人称、第三人称复数）、玉林福绵（陈晓锦2004）、玉林兴业高峰（李城宗2013）、灵山旧州、钦州浦北、浦北龙门、浦北石冲、浦北白石水、浦北大成、浦北张黄、恭城莲花（李辞2016）等地的客家话。

（三）"兜"类复数标记

"兜"类人称代词复数标记,共有 13 个方言点。有"兜""等""丁""登"等不同形式的写法,主要分布在玉林容县(陈晓锦 2004)、玉林沙田、贺州桂岭(兜 tɛu⁴⁵,郝鹏飞 2011)、贺州莲塘、贺州黄田、梧州蒙山、蒙山文圩、柳城大埔(兜 tɛu³⁵,蔡芳 2015)、宾阳大桥、来宾凤凰(丁 tɛŋ⁴⁴,用于第二、第三人称复数,方娜嫒 2015)、平南大鹏、宾阳王灵(丁 tɛŋ³⁵,邱前进 2008)、融水怀宝(登 tɛŋ⁴⁴,韦炜 2015)等地的客家话。这类人称代词复数标记,应该是保留广东梅县一带客家话人称代词复数标记的原来形式。"兜"与"等"(包括丁、登等字)两字主元音相同,只是韵尾不同,两者可能存在同源关系。

(四)"兜人"类复数标记

这类人称代词复数标记主要有 11 个方言点,包括"-兜人""-兜佬""-个佬""-佬""-哋人"等形式,以双音节为主。主要分布在博白沙河(兜人、兜佬,主要用于第一人称复数)、博白三滩(兜人、兜佬、佬)、博白东平(兜人、人、佬)、博白顿谷(佬、兜佬)、博白江宁(兜佬、人)、博白旺茂(兜人)、博白凤山(兜佬)、博白黄凌(个佬)、博白宁潭(个佬)、博白新田(哋人)、博白径口(哋人)等地的客家话。

(五)"们"类复数标记

这类人称代词复数标记,有 3 个方言点。主要分布在陆川大桥(广西地方志编纂委员会,1998)、博白县城、博白文地(们)等地的客家话。

(六)其他类复数标记

这类人称代词复数标记比较特殊,主要有不同于上述类型的复数标记,有 9 个方言点。如北流塘岸的"□ tɛt⁵⁵"(谢建猷 2007),融安大将的"□ ŋiɛn⁴⁵",阳朔金宝的"□ tiɛn⁴⁵",来宾蒙村的"□ tʰiɛn⁴⁵",临桂小江"□ ŋiã³⁵";平乐同安的"侪 sa²¹³"(第二人称、第三人称复数标记,袁鑫 2016);其次还有用变调方式形成复数标记。如合浦公馆、合浦闸口、合浦白沙等地的客家话人称代词复数标记主要通过变调来实现。表单数时读阳平 13,表复数时读为阴平 45。

从以上六类人称代词复数标记来看,比较常见的是第一类、第二类、第三类和第四类。不过,第一类"哋"类复数标记,并不是客家话本身固有的人称代词复数标记,而是可能借自于广西的粤语。

三 广东、江西、福建等地客家话的人称代词复数的标记类型

为了与其他客家话的人称代词复数标记进行比较,我们考察了广东、江西、福建

等地客家话的人称代词复数标记,以此来反映广西客家话人称代词复数标记的最初来源。主要材料来源是李如龙、张双庆的《客赣方言调查报告》、刘纶鑫的《客赣方言比较研究》、李如龙的《粤西客家方言调查报告》等三本著作。为了更直观表示,我们综合了这三本书中各地的材料,按照广东、江西、福建等省份来列表说明(见表1、表2、表3)。

表1 广东客家话方言点复数标记

客家话方言点	第一人称复数标记	第二人称复数标记	第三人称复数标记
梅县	兜人	等人	等人
翁源	等	等	等
连南	哩	哩	哩
河源	□ lie⁶	□ lie⁶	□ lie⁶
清溪	兜	兜	兜
揭西	兜畲	兜畲	兜畲
阳西塘口	□ ti²¹	□ ti²¹	□ ti²¹
阳春三甲	□ ti³⁵	□ ti³⁵	□ ti³⁵
信宜思贺	□ ti³¹	□ ti³¹	□ ti³¹
信宜钱排	□ ti³¹	□ ti³¹	□ ti³¹
高州新垌	人	□ tət² 人	□ tət² 人
电白沙琅	人	兜佬	兜佬
化州新安	人	呢人	呢人
廉江石角	兜人	兜人	兜人
廉江青平	□ ti³¹	□ ti³¹	□ ti³¹

表2 江西客家话方言点复数标记

客家话方言点	第一人称复数标记	第二人称复数标记	第三人称复数标记
上犹(社溪)	支人	支人	支人
南康	人	人	人
安远	众人	众人	人
于都	人	支人	哩
龙南	等	等	等
全南	等	等	等
定南	等人	等人	等人
铜鼓	等	等	等
澡溪	等	等	等
井冈山	兜	兜	兜
宁都	朵(多)	朵(多)	朵(多)
石城	人	多人	多人
三都	人	人	人
赣县	们	们	们
大余	□ tɕiən¹	□ tɕiən¹	□ tɕiən¹

表3　福建客家话方言点复数标记

客家话方言点	第一人称复数标记	第二人称复数标记	第三人称复数标记
秀篆	哩兜	哩兜	哩兜
武平	□ mɛŋ⁵ 人	□ nɛŋ⁵ 人	□ nɛŋ⁵ 人
长汀	侪们	侪们	侪们
宁化	多人	多人	多人

从表1、表2和表3可以看出，广东、江西、福建等地的客家话人称代词复数标记类型也比较丰富，单音节人称代词复数标记主要有"等""哩""咃""兜""人""多""们"等几种形式，双音节人称代词复数标记有"兜人""等人""兜畬""侪们""多人""支人""众人"等形式。双音节人称代词复数标记应该是由单音节人称代词复数标记组合而成的。从上述各地客家话复数标记出现的频率来看，"等""兜""人""等人""兜人"应该是客家话常用的人称代词复数标记。而"咃""哩""们""多""朵"等人称代词复数标记，可能是受到其他方言的影响而形成的。

对于客家话人称代词复数标记的来源，李如龙(1999)指出：梅县话的"𠊎等"可能是"𠊎兜人"的合音，"兜"可能是"多"音变而来的，在江西南城和福建的邵武一带，人称代词的多数式都是单数式加"多"构成的。因此，可以说"等""兜人"是客家话常用的人称代词复数标记。

四　广西客家话人称代词复数标记的来源

广西客家话六类人称代词复数标记的来源，主要有四方面。

(一)保留了客家话本身常用的人称代词复数标记，如第二类、第三类、第四类。不过，这三大类复数标记又包括两种情况：一是"兜""等""丁""登""人""兜人"之类的人称代词复数标记，完全保留了江西、广东、福建等地客家话人称代词本身固有的复数标记，正如袁家骅(1980:171)指出：客家方言人称代词单数变复数形式，是在单数式的后面加上"等"(或"兜")，或"等人"，可见，"兜""等""等人"等复数标记是客家话本身固有的人称代词复数标记，上文中的表1和表2所列广东东部和江西客家话方言点常用的人称代词复数标记便是如此。

(二)完全借自广西其他方言的人称代词复数标记，如粤方言、官话等方言。第一类"咃"和第五类"们"。其中"咃"类的复数标记主要借自粤语，这里的粤语，有可能是广东西部的粤语(见表2)，也有可能借自广西东南部的粤语。因为广西客家话人称代词复数标记为"呲"的分布区域,主要在玉林、博白、陆川等地,而这些地方的客家人基本是从粤西地区移民过来的,而广西玉林、博白、陆川等地又是双方言区,客家话(当地叫新民话)和粤语(当地叫地佬话),两者互相接触,相互影响,当地新民话(客家话)人称代词复数标记也有可能借自于地佬话(粤语)。由于方言语音的关系,"呲"类复数标记还有"里""呢""内"等不同字形的变体。由于"呲"在粤方言中的声调是阳去调,调值念21或22,借入客家话后,根据声调近似原则,调值一般念为31调。

广西客家话"们"类的复数标记,主要借自官话,根据其出现的区域,如陆川大桥、博白县城、博白文地的"们",此复数标记也许是后起的,可能受桂柳话和普通话的影响而形成。表2的赣县和表3的长汀也有"们"类的复数标记,应该也是受到官话的影响所致,因为赣县的县城就是一个官话方言岛。另外,根据黄雪贞(1986)记载的成都市郊龙潭寺的客家话,其人称代词的复数标记也是用"们",很明显也是受西南官话成都话的影响所致。

(三)来源于客家话本身人称代词复数标记与当地其他方言人称代词复数标记的混用。这里还可以分四种情况,第一种情况是客家话复数标记和粤语复数标记的合璧形式,如"呲人",主要出现于博白新田等地。"呲"是粤语的人称代词复数标记,"人"是客家话本身复数标记。第二种情况是客家话本身的复数标记和当地粤语方言语素的融合,如"兜佬""个佬"是客家话语素"兜""个"与粤语语素"佬"的融合。

第三种情况是广西客家话人称代词复数标记存在第一人称代词与第二、三人称代词复数标记不同的情形。如来宾凤凰客家话,第一人称代词复数标记用"呲"表示,第二、第三人称代词复数标记用"兜"表示;北流西埌客家话,第一人称复数标记为"呲",第二、第三人称代词复数标记为"样"。

桂平一些粤客双方言地区,当地客家话的复数标记也存在着不同的人称代词使用不同类型复数标记的现象。比如桂平木乐客家话,第一人称代词和第三人称复数标记使用"人",而第二人称复数标记则使用"呲";桂平社坡客家话则是"偓呲、渠呲、你人";桂平石龙客家话是"偓呲、你人、渠人"。

第四种情况是广西客家话不论是哪一种人称代词,其复数标记都可以用两种不同类型来表示。如博白三滩可以用"兜人、兜佬、佬"三种人称代词复数标记,博白东平可以用"兜人、人、佬"三种人称代词复数标记,博白江宁可以用"兜佬、人"两种人称代词复数标记。

(四)广西客家话人称代词复数标记本身的创新变化。如第六类其他类复数标记。

值得一提的是，广西合浦客家话，人称代词复数标记是通过变调实现的，这是其他客家话方言点比较少见的。

余　　论

李蓝(2008)曾对汉语方言的复数标记进行了全面的统计，他归纳出来的汉语方言复数标记共有 63 种类型。这 63 种类型，有些可以视为同一个复数标记形式，由于读音不同，而写成了不同的文字形式，如"哩""俚""推""队"等。在这 63 种复数标记中，并没有提到我们上面论及的广西客家话复数标记"侐人""兜佬""兜人""佬""个佬"等。

曹志耘主编的《汉语方言地图集》提到的"人称代词复数表示法"共有 41 种表示法，但这些表示法，并没有提供上述所说的"侐人""兜佬""佬""个佬"等复数标记。由此可见，广西的客家话复数标记由于语言接触的关系，类型较多，值得更进一步探讨和分析。客家话人称代词复数标记的多种表现形式，为地理语言学和类型学研究提供了丰富的素材和很好的切入点，值得我们更深入地研究。

语　料　来　源

博白沙河(韩霏，博白沙河镇客家话研究，广西师大硕士学位论文，2008)；宾阳王灵(邱前进，广西宾阳客家话研究，广西大学硕士学位论文，2008)；恭城莲花(李辞，恭城县莲花镇客家话研究，广西师大硕士学位论文，2016)；贺州桂岭(郝鹏飞，广西贺州市桂岭镇客家话研究，广西师大硕士学位论文，2011)；来宾凤凰(方娜嫄，来宾市凤凰镇客家话研究，广西师大硕士学位论文，2015)；荔浦双堆屯(凡艳艳，桂林市荔浦县双堆屯客家话研究，广西师大硕士学位论文，2016)；临桂小江(陈辉霞，广西临桂小江客家方言岛研究，广西大学硕士学位论文，2008)；陆川大桥(广西地方志编纂委员会，广西通志·汉语方言志，广西人民出版社，1998)；陆川乌石(罗舒殳，广西陆川县乌石镇客家方言词汇与普通话词汇比较研究，广西民大硕士学位论文，2011)；柳城大埔(蔡芳，柳城县大埔镇客家话研究，广西师大硕士学位论文，2015)；马山片联(谢建猷，广西汉语方言研究，广西人民出版社，2007)；马山老那兴(曾珊，广西马山老那兴村客家方言研究，广西大学硕士学位论文，2012)；平乐同安(袁鑫，广西平乐县同安镇客家话研究，广西师大硕士学位论文，2016)；融安大将(杨针，融安县大将镇客家话研究，广西师大硕士学位论文 2015)；融水怀宝(韦炜，融水县怀宝镇客家话研究，广西师大硕士学位论文，2015)；武宣三里(杨蔚，武宣县三里镇客家话研究，广西师大硕士学位论文，2015)；玉林兴业高峰(李城宗，玉林市高峰镇客家方言研究，广西大学硕士学位论文，2013)；玉林福绵、兴业、北流、容县、陆川、博白(陈晓锦，广西玉林市客家方言调查研究，中国社会科学出版社，

2004)。

参 考 文 献

曹志耘　2008　《汉语方言地图集》，北京：商务印书馆。
邓玉荣　2008　广西壮族自治区各民族语言间的互相影响，《方言》第 3 期。
广西地方志编纂委员会　1998　《广西通志·汉语方言志》，南宁：广西人民出版社。
黄雪贞　1986　成都市郊龙潭寺的客家话，《方言》第 2 期。
李　蓝　2008　汉语的人称代词复数表示法，《方言》第 3 期。
李谱英　1995　广西区境内客家方言字音韵母的主要差别，《玉林师专学报》第 4 期。
李如龙　1999　《粤西客家方言调查报告》，广州：暨南大学出版社。
李如龙、张双庆　1992　《客赣方言调查报告》，厦门：厦门大学出版社。
李如龙、张双庆　1999　《代词》，广州：暨南大学出版社。
刘村汉　2011　《广西客家方言研究论文集》，桂林：广西师范大学出版社。
刘纶鑫　1999　《客赣方言比较研究》，北京：中国社会科学出版社。
谢建猷　2007　《广西汉语方言研究》，南宁：广西人民出版社。
袁家骅　1980　《汉语方言概要》(第二版)，北京：文字改革出版社。

云浮白话会话构式"好之……又……"的话语功能及其语法型式动因[*]

严丽明

(广东第二师范学院中文系)

提要 云浮白话会话构式"好之……又……"在语义上相当于普通话的"既然 p（如此），为什么却非 q"，它有三种话语功能，分别是质疑 p 的真实性或合理性，凸显非 q 的怪异或不合理，表达不满、愤怒或谴责。话语功能分布和使用频率的统计结果表明，"好之……又……"和"噉……又……"两个会话构式在云浮白话口语中语义和话语功能互补，语言形式相互区别，说明云浮白话在语法型式选择上优先遵循"接受者设计原则"，但广州话中"噉……又……"的使用情况则支持经济原则优先的结论。会话过程中主导语法型式选择的制约条件在不同语言社群中的优先等级排序不尽相同。

关键词 云浮白话 会话构式 话语功能 语法型式动因 优先等级

一 引言

云浮白话与广州话同属粤语广府片，但二者无论在语音、词汇还是语法上都有一些明显的区别特征，表示诘问的会话构式"好之……又……"就是云浮白话的特色语法项目之一。本文将以云浮白话自然口语语料为基础，通过与"噉……又……"构式的话语功能和使用情况的统计对比，重点探讨"好之……又……"构式的话语功能及其出现的典型语境，并在此基础上进一步讨论"好之……又……"与"噉……又……"对立互补的语法型式动因。

---

[*] 本文为教育部人文社科青年基金项目《互动视角下云浮粤语特色虚词及相关构式研究》（批准号：18YJC740123）阶段性成果之一，曾在中国语言学会第十九届年会（广州 2018）上宣读。

二 "好之……又……"的核心语义和结构性质

2.1 "好之……又……"的核心语义

"好之……又……"是云浮白话日常口语常用的一种结构,其表达的意思相当于普通话中包含逆接关系的"既然如此(p),却为什么非q?"。例如:

(1)甲:阿姨,伊家係你自己係都要行入来嚟喔,而且睇你都无咩事啫。

（大妈,现在可是你自己硬要闯进来的,而且看你的样子也没什么事啊。）

乙:成枝树枝砸落个头度,噉都仲话无事?

（整根树枝砸到头上,这样都还敢说没事?）

甲:如估你话有事,我同你去睇医生咧。（如果你说你有事,我陪你去看医生啊。）

乙:我唔使你同我去。（我不用你陪我去。）

甲:好之你又话有事?（既然这样,那你为什么却又说自己有事呢?）

乙:总之你要赔我医药费。（总之你要赔我医药费。）

甲:无端端凭咩赔畀你啊?你咪好过去抢?

（无缘无故的凭什么赔你?你这样不是比抢钱还狠吗?）

例(1)的对话背景是市政园林的工人正在路边进行修剪树枝作业,但有一名大妈不听劝阻,非要从拉起的警戒线处穿行过去,结果被落下的树枝砸到头。大妈要求施工方赔偿医药费,而施工方则认为主要责任在大妈,其次大妈看起来也并无大碍,所以拒绝了大妈的赔偿要求。对话过程中,涉事双方对对方的要求和处理方式都很不满意,当乙（大妈）表示因被树枝砸到而身体"有事"时,甲（施工方）提出带乙去医院就医的处理办法,可乙却不同意。就在这时,甲使用了"好之……又……",对乙之前提出的身体"有事"的表态提出了诘问,质疑该表述的真实性,同时也表达了自己的不满。

该例子中,在甲看来,既然身体不适(p),按理就应该及时到医院就医(q),可乙却不愿意去(非q)。乙的这种行为(非q)有悖常理,因此其提出的"身体不适"(p)的真实性也就比较可疑。于是,对话中甲使用了"好之……又……"结构对乙进行了诘问,是对"好之……又……"句命题内容的否定。因此,我们认为"好之……又……"结构的核心语义是表诘问。

2.2 "好之……又……"结构的性质

从形式上看,"好之……又……"两个组构成分之间的结构序列是固定的;从语义来看,"好之……又……"所表达的是一个复句的语义内容,同时该语义内容并不能从其组构成分语义的简单加合中获取,因此其符合"非组合性'形式-功能(意义)'配对"的构式判断标准。另一方面,也因为"好之……又……"是云浮白话日常会话中反复使用的语言型式,满足人们对有悖常理的言行提出诘问的交际需求,因此,我们认为"好之……又……"是一个表诘问的紧缩复句型会话构式。

三 "好之……又……"的话语功能

在表"诘问"这一核心语义的基础上,"好之……又……"在具体的语境中有以下三种话语功能。

3.1 对理由或要求"p"的真实性或合理性提出质疑

对话中,互动的一方针对某事提出了理由或要求"p",按照常理,根据"p"可以推理出"q",但事实却是"非q"。在此情况下,互动的另一方往往会使用"好之……又……"对"p"的真实性或合理性提出质疑。如例(1)中甲运用"好之……又……"质疑了乙提出的"p"("身体不适")的真实性。再如:

(2)甲:呐,阿姨,呲菜唔可以噉拣㗎喔!(欸,阿姨,这些菜不可以这样挑的哦!)

乙:好之头先嗰个人拣又得?(既然这样,为什么刚才那个人又可以挑?)

甲:要拣㗎话就唔系呢个价嘞喔。(要这么挑的话就不是这个价格了啊。)

例(2)对话的背景是,买菜大妈(乙)把面前的一堆蔬菜翻来翻去,进行精挑细选,对此,菜摊摊主(甲)提出了"菜不能挑"的要求("p")。如果菜摊一直有这样一个要求,就应该一视同仁,任何人买菜的时候挑三拣四都应该被制止("q");但事实是,大妈之前的那个人挑菜时摊主却并没有予以制止("非q")。于是乙使用"好之……又……"构式对要求"p"的合理性提出了质疑。

3.2 凸显事实"p"和"非q"之间的逆反性,强调"非q"的怪异或不合常理

在这一用法中,"p"和"非q"都是已然事实,且二者之间有明显的逆反性因果联系,且作为结果的"非q"明显不合常理。例如:

(3)甲:头先伟哥喺群度话畀黎局□[san^{35}]咗一朝?

(刚才伟哥在群里说被黎局骂了一个早上?)

乙:咪嗰班施工队啰!都话紧唔好揾嗰班人做咯,唔听咧!

(还不是因为那个施工队的事情!早说了不要找那些人来做,不听吧!)

甲：好之佢之前又拍晒心口话绝对无问题嘅？

（可他之前为什么却又拍着胸脯说绝对没问题呢？）

乙：呵呵，呢啲嘢就只有佢自己先知喇。

（呵呵，这些事儿就只有他自己才知道了。）

例(3)是某单位职工的微信语音聊天记录。对话中的乙显然对所谈论事情的来龙去脉非常清楚，相对而言甲对有关事情则不甚了解。也正因为这样，当甲听到乙说早就预料到施工队会出问题时，才会大感惊讶，并使用"好之……又……"构式凸显早前有人提出反对意见（"p"）和项目负责人"伟哥"打包票不会有问题（"非q"）之间的逆反性，从而强调"非q"的怪异和不合常理。

3.3 表达对有关对象的某种强烈的主观情绪——或不满和愤怒，或有所责怪

在另外一些语境中，作为结果的"非q"的怪异和不合常理并不是说话者表达的重点，而是要借此表达对造成"非q"的人的不满、愤怒或谴责。例如：

(4)甲：叫佢畀钱帮个仔交培训班嘅学费哦，佢就话无钱喔。好之去打麻雀又有钱？正一人渣来嚟！（让他给钱帮儿子交培训班的学费，他就说没钱。可为什么去打麻将却又有钱？就是人渣一个！）

乙：……你呢种情况，我觉得你都系长痛不如短痛咯。（你这种情况，我觉得你还是长痛不如短痛吧。）

(5)甲：阿宝，有听嚟嘛？过来睇住个妹啊！我要翻去煮饭喇。

（阿宝，听见了吗？过来看着妹妹！我要回去做饭了。）

乙：好之你又唔叫细佬？（那你为什么又不叫弟弟？）

甲：细佬仲细咕咧。（弟弟还小嘛。）

乙：好之我细个嗰时你又唔讲我仲细？

（既然如此，那我小的时候为什么你却又从不说我还小？）

甲：啊你个死女包，叫你做啲嘢就喺度驳嘴驳舌。

（哎呀你这个死丫头，让你干一点点活就跟我顶嘴。）

例(4)的背景是甲向乙控诉自己丈夫的恶行。对话中，甲通过"好之……又……"构式凸显"给孩子交培训班学费时说没钱"和"去打麻将却有钱"的逆反性，目的是为了表达其对丈夫不履行照顾家庭的义务、自私自利行径的愤怒与谴责。例(5)是祖孙俩在小区中的对话。大孙女对奶奶重男轻女、只使唤女孩干活的行为感到不满，连用了两个"好之……又……"构式，对奶奶进行了一环紧扣一环的诘问。

综上,"好之……又……"构式都是针对句子命题内容的诘问,在不同的语境中,该构式呈现出不尽相同的话语功能,或者对对方提出的理由或要求进行质疑,或者凸显结果的怪异与不合常理,或者表达对有关对象的不满、愤怒或谴责。

四 云浮白话"好之……又……"与"噉……又……"的语义和话语功能对比

云浮白话中除了"好之……又……"外,还有一个"噉……又……"构式,二者在所表语义和话语功能上有一定的相似性,但同时又区别明显,分工明确。

4.1 疑问形式的语义和话语功能对比

云浮白话中构式"噉……又……"也可以有疑问形式,但与"好之……又……"相比,二者在语义重心、具体话语功能和使用频率上都有明显的区别。例如:

(6)甲:喂,买咗年货未啊?(哎,买年货了吗?)

乙:寻日买咗啦。(昨天买了呀。)

甲:咁爽手?去边度买㗎?(这么快?去哪儿买的呀?)

乙:网上面买啰。(到网上买呀。)

甲:家下先买,可能要出年先收倒喔。(现在才买,可能要明年才能收到吧。)

乙:唔好意思,人哋过年唔打烊,市内保证第二日送到,仲唔收运费。

(不好意思,人家过年不打烊,市内保证第二天送到,还不收运费。)

甲:咁着数?噉你又唔早讲?(这么划算?那你为什么不早点说?)

乙:噉你又唔早啲问?(那你为什么不早点问呢?)

甲:□[jiu^{35}]!边个网啊?(废话少说!哪个网啊?)

例(6)来源于当地自媒体"潮叹云浮"的广告视频。甲和乙在讨论买年货的话题,甲在了解到有方便又实惠的网购途径时,埋怨乙没有早点告诉他,而乙反过来追问甲为什么不早点问。整个对话过程中双方的语气语调都是平和而略带调侃的。而从第三部分的分析中我们可以知道,所有"好之……又……"例子中使用"好之……又……"的一方都带有愤怒、不满或惊讶的语气。可见,"好之……又……"句在表义上更侧重贬斥的责问,而构式"噉……又……"的疑问形式则往往更侧重于中性的追问,主观性较不明显。

由于"好之……又……"与"噉……又……"在语义上的差异,各自的话语功能及其使用频率也存在区别。疑问形式的"好之……又……"和"噉……又……"的话语功能分布情况统计如表1。

表1 疑问形式的话语功能分布情况统计表

好之……又……				嗷……又……			
质疑P的真实性或合理性	凸显非q的怪异和不合常理	表达不满、愤怒或谴责	表示中性追问	质疑P的真实性或合理性	凸显非q的怪异和不合常理	表达不满、愤怒或谴责	表示中性追问
5	1	3	0	0	0	3	11

由表1的数据可知,"好之……又……"以疑问句形式出现的有9例,而且这9例也是我们所收集到的"好之……又……"的全部例子。而"嗷……又……"用于疑问句形式的有14例,约占其全部用例(共48个)的29.2%;[1]14个疑问句例子中,与"好之……又……"一样带有明显的主观负面情绪的有3个,例如:

(7)甲:我部电脑你帮我重装完未啊?(我的电脑你帮我重装了没?)

乙:未得闲啊。(还没空。)

甲:成个星期咯喔!过两日出差要用㗎。(快一个星期了!过两天出差要用呢。)

乙:嗷你之前又话唔等用?一个二个都系得把口噶!日日加班瘰到成只狗嗷,我识分身都无力同你装啦!

(那你之前不是说不着急用吗?一个个都只知道使唤人!我天天加班累成狗,就算会分身术也没力气帮你重装啊!)

例(7)中乙使用"嗷……又……"反问句表达了对甲不合时宜地催要电脑的不满和责怪。不过这种情况在全部14个"嗷……又……"疑问句例子中的占比只有21.4%左右,而在"嗷……又……"总用例数中更是只占6.25%,说明在云浮白话中"嗷……又……"的这一话语功能并不常见,属于比较次要的类型。

综上,"嗷……又……"的疑问形式在话语功能上倾向于表中性追问,在语义上的主观性较不明显,与"好之……又……"带有强烈主观情绪的诘问存在明显区别。

4.2 非疑问形式的话语功能对比

"嗷……又……"虽然可以用于疑问形式表示中性的追问,但更多情况下还是以非疑问句的形式出现的。相反,"好之……又……"则只能以疑问形式出现,表示责问,主观性强。

非疑问形式"嗷……又……"句的话语功能可以概括为修正观点或决定。根据具体语境的不同又可以细分为两种情况。一种是根据某一确然事实提出不同观点,以期修正会话中另一方提出的相关观点，其在语义上相当于普通话的"即使 p（如此），也 q"；另一种是根据未然或待定情况提出不同观点，以期修正对方或已方之前提出的观点或打算，其在语义上相当于假设复句"如果 p（这样），那么 q"。

4.2.1 基于确然事实的修正

在会话过程中双方提及了某一确定已经发生的事实，根据这一事实，会话的一方发表了自己的观点或看法，另一方不同意或不完全同意时，往往会通过非疑问形式的"嗷……又……"句提出不同看法，以期修正对方的观点。其基本语义相当于表虚拟让步的实言型复句"即使 p（如此），也 q"[2]。其中的"p"是对话中已经提及的某个事实，"q"是会话中的另一方提出的不同观点；另外，为了增强修正对方言行的合理性，"嗷……又……"句之后往往还会补充说明提出修正意见的依据或理由。此外，这里的"p"和"q"在逻辑语义上通常是逆接关系。例如：

(8) 甲：听讲何姨个女搵到朋友咯喔。（听说何姨的女儿找到男朋友了。）

乙：喺石厂打工㗎咧。（说是在石材厂里打工的。）

丙："工字无出头"，收入又唔高，指意佢喺度买楼睇怕都几难。

（"工字不出头"，收入也不高，指望他在这里买房估计够呛。）

甲：嗷你又唔好嗷讲。肯挨终须会有出头天嘅。

（那你也不要这么说。肯干始终会有出头的一天的。）

(9) 甲：你个仔又话考啊咩师㗎？有无考倒啊？

（你儿子不是说要考那个什么师吗？考上了没有？）

乙：考造价工程师喇。又衰咗啦。佢自己都考到无瘾咯。

（考造价工程师呗。又挂喽。他自己都不好意思再考了。）

甲：嗷你又唔使咁灰心嘅。我个仔考嗰个司法证都考咗几匀先攞倒啦。

（那你也不用这么灰心。我儿子考那个司法证也是考了几次才考过的。）

例(8)和(9)都是小区里大妈们的闲聊对话。例(8)中"嗷……又……"句的基本语义是"即使何姨女儿的男朋友是在石材厂打工(p)，但也不要瞧不起他(q)"，其中的"p"为事实，整个"嗷……又……"句有让步意味，针对何姨女儿的男朋友在石材厂打工这一事实，"甲"提出了与"丙"相反的观点，以期修正"丙"的不恰当言论，并辅以修正的理由。而例(9)中，针对"乙"的儿子考造价工程师再次失败这一事实，"甲"通过"嗷……又……"表达与"乙"相反的意见，同时还以自己儿子考司法证书的例子为例证，以期修正和改变"乙"的消极态度和看法。

4.2.2 基于未然或待定情况的修正

围绕某个话题，会话的一方提出了一个观点、决定或疑问，如果另一方有不同看法，也会通过非疑问型"噉……又……"句提出，直接或者间接地表明自己的立场。此时"噉……又……"句的语义相当于普通话中的"如果p（这样），那么q"。其中的"p"是对方提出的观点、决定或疑问，这些情况都是未然或有待进一步确定的；而"q"则是说话方提出的不同观点，其目的或者是为了修正对方提出的观点或决定，或者为了修正自己之前提出的观点或决定。例如：

(10) 甲：等阵你点翻去啊？（一会儿你怎么回去啊？）

乙：落咗车再重新打滴滴啰。（下了车再重新打滴滴呗。）

甲：噉你又要畀多次起步费喔。（如果这样，那你又得多给一次起步费哦。）

乙：冇所谓啦！（无所谓了！）

(11) 甲：华仔今晚临时加班唔得闲喔，你同阿细讲讲改到听晚得嘛？

（华仔今天晚上临时加班没空啊，你跟阿细说说改到明天晚上行吗？）

乙：噉佢又唔知得闲冇喔。（如果这样的话，那她不知道有没有空哦。）

甲：你问问先啦，今晚真係唔得咧。（你先问问她吧，今天晚上实在不行啊。）

(12) 甲：二十蚊得嘛？（二十块行吗？）

乙：呢只就得。（这个就行。）

甲：呢只二十蚊？噉我又唔买佢噜。（这个二十块？那我肯定不买啦。）

上述3个例子中，例(10)和(11)都体现了说话方不太认同对方的打算和决定，企图通过"噉……又……"句促使对方做出改变。如例(10)，针对乙提出的下了车后再重新打滴滴回家的打算，甲通过"噉……又……"说明重新打滴滴要再付一次起步费的情况，间接表明了自己不赞同的立场，并希望借此促使对方修正这一打算。而例(12)中通过甲与乙讨价还价的情况可以看出，甲本来是打算买某个玩具的，但当乙表示二十块不行时，甲则通过"噉……又……"句明确表示不会买，也就是改变了自己之前的决定。

4.3 两种构式使用频率和典型语境的统计对比

4.3.1 两种构式使用频率的统计对比

本分析基于云浮白话的日常口语，语料来源于小区遛娃妈妈、大妈的日常聊天，玩具店买卖双方的对话，家人朋友间的日常聊天和微信语音聊天记录，菜市场和街头见闻等。在15天的时间里，我们于当地共收集了57个实际用例，具体数据、功能分布及其比例如表2所示。

表2 两构式使用频率和功能分布情况统计表

好之……又……			嗷……又……		
疑问形式		非疑问形式	疑问形式		非疑问形式
主观诘问	中性追问	修正观点或决定	主观诘问	中性追问	修正观点或决定
9	0	0	3	11	34
15.79%	0	0	5.26%	19.30%	59.65%
15.79%			84.21%		

表2的数据显示,"好之……又……"只有表主观诘问的疑问形式,且使用频率比"嗷……又……"低得多,在57个例子中只出现了9个,占比只有15.79%。总体而言,"嗷……又……"的使用频率是"好之……又……"的5倍多,其中以非疑问形式出现的"嗷……又……"在使用频率上表现出绝对优势。我们认为,"好之……又……"使用频率偏低与其出现的典型语境相对少见有密切关系。

4.3.2 两种构式出现的典型语境

有关语料分析统计的结果显示,9个"好之……又……"例子中有8个出现在负能量型会话中。如果会话互动中双方或一方带有明显的负面情绪,或愤怒,或不满,说话过程中语气相对强烈,情绪相对激动,这样的会话互动我们就称之为负能量型会话。具体而言,8个出现于负能量型会话的"好之……又……"例子里有7个的会话情景是争吵或争论,如例(1)、(2)和(5),1个出现于对第三方表示愤怒并进行单方面谴责的情景中,如例(4)。还有1个"好之……又……"例子的目的是表达说话人的惊讶和不解,会话的负能量并不明显,如例(3),但我们认为这种惊讶和不解还是由某结果怪异而不合常理所导致的,谈论该话题的会话多少也带有一些负面因素。

可见,"好之……又……"出现的典型语境是负能量型会话。这一会话类型无论是从理论上看还是从实际调查结果看,其在日常生活中出现的频率都会相对低一些,也正因为这样,"好之……又……"在自然语言交际中的使用频率也就相应较低。

表3 "嗷……又……"的使用语境和功能分布情况统计表

嗷……又……		
负能量型会话	非负能量型会话	
主观诘问	中性追问	修正观点或决定
3	11	34
6.25%	22.92%	70.83%
6.25%	93.75%	

相反,"嗷……又……"出现的典型语境是非负能量型会话,即会话过程中听说双方都不带有明显的负面情绪、语气比较和缓、情绪比较稳定的会话情景。其具体的功能分布和统计数据详见表3。

综上,云浮白话中"好之……又……"和"嗷……又……"在语义和话语功能上都存在明显差异,统计数据显示二者的话语功能和所出现的典型语境两方面基本呈现互补分布。"好之……又……"的核心语义是表主观责问,在实际使用中只能以疑问形式出现,其出现的典型语境为负能量型会话;"嗷……又……"在实际使用中更倾向于以非疑问形式出现,其话语功能为修正观点或决定,当"嗷……又……"以疑问形式出现时,主要表示中性追问,与"好之……又……"一样表示主观责问的情况比较少见,而且我们认为"嗷……又……"表主观责问的用法很可能是受到广州话影响的结果,对于这一问题我们将在后面内容中加以探讨。

五 "好之……又……"与"嗷……又……"并存的语法型式动因

5.1 广州话"嗷……又……"话语功能简介

根据我们对广州话相关构式使用情况的调查分析,发现广州话中与云浮白话"好之……又……"和"嗷……又……"话语功能相对应的只有一个"嗷……又……"构式。换言之,在云浮白话中分别由"好之……又……"和"嗷……又……"承担的语义功能和话语功能在广州话中全部由"嗷……又……"一个构式来承担。具体对应关系详见表4。

表4 两构式在云浮白话和广州话中的功能对应情况一览表

功能 与相应构式	疑问形式				非疑问形式	
	主观诘问			中性追问	修正观点或决定	
	质疑P的真实性或合理性	凸显非q的怪异和不合常理	表达不满、愤怒或谴责		基于确然事实	基于未然或待定情况
嗷……又…… (广州)	+	+	+	+	+	+
好之……又…… (云浮)	+	+	+	−	−	−
嗷……又…… (云浮)	(+)[3]	(+)	(+)	+	+	+

近年来，由于广播电视、网络等声像媒体的发展，广州话对云浮白话的影响范围不断扩大，其影响程度也不断加深。我们在调查搜集语料的过程中发现，当地年轻人都会说广州话，其中有许多人还能够指出广州音和本地音、广州词汇与本地词汇的区别。这说明当地人对云浮白话和广州话的区别有比较清晰的理性认识。然而，这种理性认识带来的却是当地人（尤其是年轻人）对本地特色语言现象的有意回避和对广州话的模仿。这也从一定程度上反映了广州话对云浮白话的强势渗透和影响。另外，我们搜集到的3个"嗷……又……"用于主观责问的例子都是当地年轻人的语言用例。因此，我们有理由相信，云浮白话的"嗷……又……"具有表主观责问的话语功能是受广州话影响的结果。

5.2 有关构式语法型式的动因分析

关于会话中主导语法型式选择的制约条件，Sack & Schegloff（1979）和 Levinson（2007）都认为在可识别原则（recognition）和经济原则（economy）不冲突时，起主导作用的总是经济原则；而 Helasvuo（2014）通过考察芬兰语人称代词在口语中的隐现规律，发现会话中使用双重标记的情况占绝对优势，也就是说，在与可识别原则不冲突的情况下，"接受者设计原则"（recipient design）优先于经济原则，因为在会话过程中对话语含义的识解更为重要。云浮白话"好之……又……"和"嗷……又……"在语义和话语功能上互补分布，语言形式相互区别，使受话人能够摆脱语境的限制而轻松识解说话人的表达意图，说明云浮白话在语法型式选择的过程中倾向于优先遵循"接受者设计原则"，这与 Helasvuo（2014）得出的结论是一致的。然而，广州话只用一个"嗷……又……"构式表达相应的全部语义和话语功能，这表明在语境可以帮助听话人识别说话人表达意图的情况下，广州话倾向于优先遵循经济原则，以最少量的语言形式，表达尽可能多的语义和话语功能。这与 Sack & Schegloff（1979）和 Levinson（2007）的结论相同。

从云浮白话和广州话的语言事实看，即使属于同一语言类型的不同方言次类，会话中主导语法型式选择的制约条件在不同语言社群中的优先等级排序也并不相同。当生成性制约条件（如"经济原则"）和解释性制约条件（如"接受者设计原则"）相互矛盾并形成竞争关系时，究竟是何种因素最终决定这些制约条件的优先等级，目前似乎仍需要结合更多的语言事实做更深入的探究。

六　结　语

本文对云浮白话"好之……又……"的构式义及其话语功能进行了详细的分析和概括，通过对话语功能分布和使用频率的统计，对"好之……又……"和"噉……又……"进行了对比，发现在云浮白话中，"好之……又……"与"噉……又……"在核心构式义、句法分布、话语功能以及所出现的典型语境四个方面都存在明显区别。"好之……又……"的核心语义表示主观诘问，只能以疑问句形式出现，具有质疑 P 的真实性或合理性、凸显非 q 的怪异和不合常理、表达不满、愤怒或谴责三种话语功能，其出现的典型语境为负能量型会话。而当"噉……又……"以疑问形式出现时，语义上的主观性较弱，话语功能为中性追问，当"噉……又……"以非疑问句形式出现时，其话语功能为修正对方或己方之前的观点或决定；无论以何种句法形式出现，使用"噉……又……"的典型语境都是非负能量型会话。云浮白话"好之……又……"与"噉……又……"语法型式二分，话语功能互补，说明其优先遵循"接受者设计原则"，但广州话以"噉……又……"一个语法型式承担所有相应的语义和话语功能，则说明广州话在同一问题上优先遵循经济原则。云浮白话和广州话在语法型式选用的问题上分别优先遵循不同原则的现象，表明会话互动过程中主导语法型式选择的制约条件在不同语言社群中的优先等级排序不同，有关问题仍然有待深入探讨。

附　　注

1　其他有关数据在本文 4.3 中有详细说明。
2　见邢福义(2002)P468—470。
3　"(+)"表示使用频率较低的非常用话语功能。

参　考　文　献

邢福义　2002　《汉语复句研究》，北京：商务印书馆。
谢心阳　2016　互动语言学的理论探索——《面向互动语言学的语法研究》介绍，《互动语言学与汉语研究》(第一辑)，北京：世界图书出版公司。
Goldberg, A. E　2013　Construction:A new theoretical Approach to language,《外国语》第 3 期。

Helasvuo, Marja-Liisa   2014   Searching for Motivations for Grammatical Patternings, *Pragmatics* 24(3): 453—476.

Levinson, S. C.   2007   Optimizing person reference: Perspective from usage on Rossel Island, In N. J. Enfield & T. Stivers(eds.), *Person Reference in Interaction: Linguistic, Culture, and Social Perspectives*, Cambridge: Cambridge University Press:29-72.

Sacks, Harvey and Emanuel A. Schegloff   1979   Two Preferences in the Organization of Reference to Persons in Conversation and Their Interaction, In George Psathas(Ed.) *Everyday Language: Studies in Ethnomethodology*, New York: Irvington Publishers: 15-21.

山西晋语区"双言"的使用态度调查*

王 利 袁露丹

(长治学院中文系)

提要 文章从山西晋语区入手,运用社会语言学理论及方法,并采用问卷调查和归纳分析法,从年龄、职业、受教育程度等方面对山西晋语区人们对普通话和方言的使用态度情况进行调查与研究,从而进一步了解在多年推广普通话之后晋语区人们对"双言"的使用态度问题。研究结果表明:从理性角度出发,人们在生活中更倾向于使用普通话;从情感角度出发,人们因强烈的情感认同使用方言,年龄、职业以及受教育程度是影响山西晋语区人们普通话使用态度的重要因素。

关键词 山西晋语区 普通话 方言 双言 使用态度

一 引言

从语言特征上看,山西晋语与普通话的差别较大,至今仍保留着入声的特点,人们在学习普通话的过程中难度也较大。但近些年来,随着经济的发展、新闻媒体的发达、基础教育的普及、推普力度的加大,山西晋语区也出现了"双言"格局。在双言使用中,人们的语言态度对于"如何制约人们对标准语的学习和使用,以及如何制约方言的演变方向等问题至关重要"(唐叶 2006:2)。目前,据我们所掌握的材料,讨论其他地区人们语言态度的研究成果不少,如《广州市中学生语言态度研究》(唐叶 2006)、《青岛年轻人语言态度研究》(张倩 2003)、《常州市民语言态度调查分析》(冯霞 2012)、《平遥古城居民语言态度及语言使用调查》(赵志莲 2014)等。但关于山西晋语区"双言"使用态度方面的研究并不多见。鉴于此,文章采用问卷调查、访谈等方法对山西晋语区内 77 个县市人们普通话和方言的使用态度进行调查分析,从而进一步了解在多年大力推广普通话之后山西晋语区人们使用"双言"的态度问题。

---

* 基金项目:国家哲学社会科学一般项目(编号:17BYY198);山西省高等学校优秀成果培育项目(编号:2019SK013)。2018 年山西省高校优秀学术带头人支持计划。

这不仅可以填补这方面的研究空白,还可为之后的相关研究提供一定的材料支持。

二 样本结构分析

本次调查范围涉及山西晋语区 77 个县市,包括东南部地区 18 个县市、西部地区 13 个县市、北部地区 25 个县市、中部地区 21 个县市,共发放问卷 12694 份,收回问卷 12694 份,其中有效问卷 11295 份,无效问卷 1399 份。样本的性别、年龄、受教育程度、职业分布情况如表 1、表 2、表 3、表 4:

表 1 性别分布

男	女
4677	6618
41.4%	58.6%

表 2 年龄分布

12 岁以下	12~18	19~30	31~45	46~60	60 以上
376	1618	4266	2586	1880	569
3.3%	14.3%	37.8%	22.9%	16.6%	5%

表 3 职业分布

教师	公务员	企事业单位人员	商业、服务人员	个体户	农民	学生	无业人员	其他
997	428	1513	384	1179	1384	4505	179	726
8.8%	3.8%	13.4%	3.4%	10.4%	12.3%	39.9%	1.6%	6.4%

表 4 受教育程度分布

没上过学	小学	初中	高中	大专	本科及本科以上
293	1181	2235	2032	1552	4002
2.6%	10.5%	19.8%	18.0%	13.7%	35.4%

三 山西晋语区人们"双言"使用态度调查数据分析

据调查,目前,在山西晋语区已形成"双言格局",但人们对普通话和方言的使用态度则不尽一致。

(一)对本地话和普通话的情感态度

在调查问卷中"您个人更喜欢说哪种话"一题的调查统计结果反映了人们对本地话和普通话的情感态度。如表5:

表5 本地话和普通话,个人更喜欢说哪种

本地话	普通话
6425	4870
56.9%	43.1%

由上表数据可知,在山西晋语区,喜欢本地话的人数所占比例比普通话大,表明大多数人更喜欢说本地话。这说明大多数人还是有乡音情结,说本地话会使自己有种归属感。

同时,在调查的过程中,我们也发现人们对本地话和普通话的情感态度因年龄、职业和受教育程度的不同而有所不同。

从年龄因素来看,年龄与普通话的喜爱程度成反比关系,而与本地话的喜爱程度成正比关系,即年龄越大,越不喜欢说普通话,越喜欢说本地话;年龄越小,越喜欢说普通话,越不喜欢说本地话。具体情况如表6:

表6 不同年龄段更喜欢说本地话还是普通话的情况分布

	12岁以下	12～18	19～30	31～45	46～60	60以上
本地话	129	826	2106	1518	1364	482
	34.3%	51.1%	49.4%	58.7%	72.6%	84.7%
普通话	247	792	2160	1068	516	87
	65.7%	48.9%	50.6%	41.3%	27.4%	15.3%

从职业因素来看,公务员、企事业单位工作人员、商业服务人员、个体户、农民这些人群喜欢说本地话的比例偏高一点,而教师、学生则喜欢说普通话的比例偏高一点。这说明职业不同,使用某种语言的场合和频率也就不同,那么则会影响个人对所使用语言的喜欢程度。具体情况如表7:

表7 不同职业更喜欢说本地话或普通话的情况分布

	教师	公务员	企事业单位人员	商业、服务人员	个体户	农民	学生	无业人员	其他
本地话	420	222	883	218	831	1185	2110	122	434
	42.1%	51.9%	58.4%	56.8%	70.5%	85.6%	46.8%	68.2%	59.8%
普通话	577	206	630	166	348	199	2395	57	292
	57.9%	48.1%	41.6%	43.2%	29.5%	14.4%	53.2%	31.8%	40.2%

从受教育程度的因素来看，本科及本科以上的高学历人群更喜欢说普通话的比例超过了50%，而本科以下的人群更喜欢说本地话的比例超过了50%。这说明高学历的受教育程度与对"双言"的情感态度具有一定的正比关系。具体情况如表8：

表8 不同受教育程度更喜欢说本地话或普通话的情况分布

	没上过学	小学	初中	高中	大专	本科及本科以上
本地话	256	819	1567	1216	864	1703
	87.4%	69.3%	70.1%	59.8%	55.7%	42.6%
普通话	37	362	668	816	688	2299
	12.6%	30.7%	29.9%	40.2%	44.3%	57.4%

（二）对本地话和普通话的社会地位的评价

在调查问卷中"您认为在生活中是本地话重要还是普通话重要？"一题的调查统计结果反映了人们对本地话和普通话的社会地位的评价。具体情况如表9：

表9 认为在生活中是本地话重要还是普通话重要

本地话	普通话	都重要	都不重要
1370	2305	7508	112
12.1%	20.4%	66.5%	1.0%

由表9数据可知，大多数人认为在生活中本地话和普通话同样重要，其次是认为普通话重要的比例比认为本地话重要的比例稍高。这说明大家认为在生活中虽然方言和普通话都重要，但普通话的实用价值相对于方言来说要稍大一些。

同时，在调查的过程中，我们也发现人们对本地话和普通话的社会地位的评价因年龄、职业和受教育程度的不同而有所不同。

从年龄因素来看，不管哪个年龄段的人群，多数人都认为本地话和普通话都重要，其比例都超过了50%。从人们对普通话的社会地位评价来看，30岁以下的人群认为在生活中普通话重要的比例明显高于30岁以上的人群。具体情况如表10：

表10 年龄对"双言"社会地位评价的影响分布

	12岁以下	12～18	19～30	31～45	46～60	60以上
本地话	20	106	339	333	374	198
	5.32%	6.55%	7.95%	12.88%	19.90%	34.80%
普通话	125	389	847	555	330	59
	33.24%	24.04%	19.85%	21.46%	17.55%	10.37%

续表

	12岁以下	12~18	19~30	31~45	46~60	60以上
都重要	223 59.31%	1106 68.36%	3031 71.05%	1683 65.08%	1159 61.65%	306 53.78%
都不重要	8 2.13%	17 1.05%	49 1.15%	15 0.58%	17 0.90%	6 1.05%

从职业的因素来看，教师、公务员、企事业单位的工作人员以及学生认为在生活中普通话更重要，个体户以及农民则认为在生活中本地话较为重要一些。总的来看，认为方言和普通话都重要的比例主要分布在学生中，这也说明学生在普通话与方言的关系中起到一定的调和作用。具体情况如表11：

表11 不同职业对"双言"社会地位评价的影响分布

	教师	公务员	企事业单位人员	商业、服务人员	个体户	农民	学生	无业人员	其他
本地话	75 7.5%	46 10.8%	187 12.4%	41 10.7%	176 14.9%	414 29.91%	290 6.4%	36 20%	105 14.5%
普通话	251 25.2%	108 25.2%	323 21.3%	73 19.0%	184 15.6%	170 12.28%	1012 22.5%	35 19.6%	149 20.5%
都重要	661 66.3%	271 63.3%	990 65.4%	265 69.0%	807 68.5%	791 57.15%	3152 70.0%	105 58.7%	466 64.2%
都不重要	10 1.0%	3 0.7%	13 0.9%	5 1.3%	12 1.0%	9 0.66%	51 1.1%	3 1.7%	6 0.8%

从受教育程度的因素看，认为生活中方言和普通话都重要的所占比例在各个受教育程度中都相对较高，认为在生活中本地话更重要所占比例较高的人群以初中及初中以下的为主，认为在生活中普通话重要所占比例较高的人群以初中以上的为主。具体情况如表12：

表12 不同受教育程度对"双言"社会地位评价的影响分布

	没上过学	小学	初中	高中	大专	本科及本科以上
本地话	134 45.7%	259 21.9%	360 16%	211 10.4%	120 7.7%	286 7.2%
普通话	32 10.9%	215 18.2%	415 18.6%	411 20.2%	324 20.9%	908 22.7%
都重要	121 41.3%	693 58.7%	1443 64.6%	1389 68.4%	1096 70.6%	2766 69.1%
都不重要	6 2.1%	14 1.2%	17 0.8%	21 1.0%	12 0.8%	42 1%

（三）使用本地话或普通话的原因

在调查问卷中"您使用本地话的原因是什么？/您使用普通话的原因是什么？"两个题的调查统计结果反映了人们使用本地话和普通话的原因。具体情况如表13：

表13 使用本地话的原因

对方言有感情	普通话不标准	好听	不会说普通话	其他
7533	2453	2068	1348	2177
74.0%	24.1%	20.3%	13.2%	21.4%

由上表数据可知，74%的人们使用本地话的原因是对方言有感情，其次是感觉本地话好听或因普通话不标准而使用本地话，不会说普通话所占的比例较低。这说明人们使用本地话大都从情感角度出发，对方言感觉亲切。

同时，我们也统计了人们使用普通话的原因，如表14：

表14 使用普通话的原因

方便与人交流	强制规定使用	方言不好听	其他
8586	1858	582	998
88.2%	19.1%	6.0%	10.3%

由上表数据可知，88.2%以上的人们使用普通话的原因主要是因为普通话方便与人交流并具有一定的社会影响力。这说明人们使用普通话的原因大都是出于实用角度的考虑，也表明普通话在如今生活中日渐发挥着越来越重要的作用。

（四）对本地话发展前途的评价

在调查问卷中"您对本地话今后的前途持什么态度？"一题的调查统计结果反映了人们对本地话发展前途的态度。如表15：

表15 对本地话今后的前途持什么态度

期望，应该积极保护	乐观，使用范围和频率上升	悲观，使用范围和频率下降	绝望，应该会逐渐消亡	无所谓
5288	2777	1986	257	987
46.8%	24.6%	17.6%	2.3%	8.7%

由上表数据可知，大多数人对于方言今后的前途还是持"期望，应该积极保护"的态度，这说明在推普力度不断加强的同时，方言却在不断淡出人们的视线，但多数人仍希望在普及普通话的时候，也要积极保护方言，不要忽视方言对于保持文化多样性的重要性。

(五) 对自身普通话水平的期待

在调查问卷中"希望自己的普通话达到什么程度?"一题的调查统计结果反映了人们对自身普通话水平的期待。如表16:

表16 希望自己的普通话达到什么程度

和新闻联播主持一样标准	能流利准确地使用	能进行一般交际	没什么要求	无法回答
1825	6187	2333	792	158
16.2%	54.8%	20.6%	7.0%	1.4%

由上表数据可知,50%以上的人期望自己"能流利准确地使用普通话",这说明半数以上的人群对自身普通话水平的要求较高,也从侧面说明了人们对普通话的认可度较高。

而且,从年龄分布上看,45岁以下的人群大都希望自己的普通话能够准确流利地使用,而45岁以上的人群特别是60岁以上的人群则比较偏向于能进行一般交际即可或对普通话没什么要求。具体情况如表17:

表17 希望自己的普通话达到什么程度在不同年龄中的情况分布

	和新闻联播主持一样标准	能流利准确地使用	能进行一般交际	没什么要求	无法回答
12岁以下	97	213	44	16	6
	25.8%	56.6%	11.7%	4.3%	1.6%
12~18	355	1006	215	32	10
	21.9%	62.2%	13.3%	2.0%	0.6%
19~30	847	2751	538	102	28
	19.9%	64.5%	12.6%	2.3%	0.7%
31~45	339	1426	649	153	19
	13.11%	55.14%	25.09%	5.92%	0.74%
46~60	149	691	720	272	48
	7.93%	36.76%	38.29%	14.47%	2.55%
60以上	38	100	167	217	47
	6.7%	17.6%	29.3%	38.1%	8.3%

从职业分布来看,希望自己的普通话"能够准确流利地使用"在教师和学生中所占的比例都已达60%以上,而农民和无业人员则在"能进行一般交际和没什么要求"两方

面所占比例相比于其他职业来说偏高。这说明像教师和学生这类职业的人群,因为在生活中经常使用普通话,则对普通话有更高的要求,而农民这类职业的人群因为在生活中使用方言的机会更多一些,因此对普通话的要求则比较低。具体情况如表18:

表18 希望自己的普通话达到什么程度在不同职业中的情况分布

	和新闻联播主持一样标准	能流利准确地使用	能进行一般交际	没什么要求	无法回答
教师	250 25.1%	621 62.3%	104 10.4%	18 1.8%	4 0.4%
公务员	95 22.2%	251 58.64%	69 16.12%	9 2.1%	4 0.94%
企事业单位人员	208 13.7%	889 58.8%	323 21.3%	86 5.7%	7 0.5%
商业、服务人员	37 9.6%	227 59.1%	91 23.7%	23 6.0%	6 1.6%
个体户	78 6.62%	521 44.19%	452 38.34%	109 9.25%	19 1.6%
农民	66 4.8%	310 22.4%	564 40.8%	376 27.2%	68 4.9%
学生	987 21.91%	2913 64.66%	491 10.9%	84 1.86%	30 0.67%
无业人员	19 10.6%	77 43.0%	52 29.1%	24 13.4%	7 3.9%
其他	85 11.71%	378 52.07%	187 25.75%	63 8.68%	13 1.79%

(六)认为本地中小学最好用哪种话教学

在调查问卷中"您认为本地中小学最好用哪种话教学?"一题的调查统计结果反映了人们对教学语言的期望。具体数据见表19:

表19 认为本地中小学最好用哪种话教学

普通话	本地话	外语	无所谓	无法回答
10067	494	271	310	153
89.1%	4.4%	2.4%	2.7%	1.4%

由上表可知,在山西晋语区,认为本地中小学最好用普通话进行教学的人数高达近90%左右,本地方言或是外语都占极少数。这说明随着推普力度的加强,普通话现已在不同场合特别是学校发挥着越来越重要的作用,人们对后代能够学好普通话的愿望也在不断加深,普通话已成为人们之间交流的重要工具。

四 山西晋语区人们"双言"使用态度调查的初步结论

在山西晋语区的"双言"格局中,从语言态度上看,人们一方面有着浓郁的乡音情结,从情感上比较认同使用方言,而且希望在推广普通话的过程中积极保护方言;另一方面出于交际实用的需要,从理性上又认为普通话和本地话都很重要,而且为了更好地方便与外地人交流,很多人对自己的普通话水平也有更高的要求。

(一)本地话在山西晋语区的潜在声望、普通话在山西晋语区的显在声望

陈松岑先生(1991)认为语言的情感态度往往与交际双方从小的语言环境、语言经历有密切的关系。从调查结果可以看出,山西晋语区人们在感情上对本地话有着强烈的认同感和语言忠诚,当地人普遍具有浓郁的乡土情结,虽然有一部分人认为本地话不太好听,但普遍认为本地话听起来有很强的亲和力。同时,在与被试近距离接触的调查过程中,我们发现当地人在一些诸如公交车上、家里、本地朋友聊天时等非正式场合常常使用本地话,人们认为这样可以拉近人与人之间的距离,让人感觉很亲切。

但我们在实际调查中也发现普通话在当地人心目中的地位却是很高的,人们普遍认为说普通话的人各方面的素质较高、社会地位也较高。他们普遍在与外地朋友交谈时、工作单位、金融场所、医院、学校、文化场所等正式场合不自觉地使用普通话,他们认为普通话更有利于不同地方的人相互交流,从这个角度来看,普通话在人们的生活中具有很明显的官方权威,具有显在的声望。同时,这种对普通话的态度并没有让人们在平时更多地使用普通话,相反,他们在日常生活的非正式场合有时会有意地使用本地话来强调自己的本地身份,可以说本地话是深处在人们内心的一种情结,在一定程度上具有较高的潜在的声望。

总而言之,在评价普通话和本地话时,人们总是将理性因素和情感因素交融在一起。从理性的、实用的角度来看,本地话在实际的交际使用上是存在一定的局限性的,但当地的人们仍在一定场合、对一定的人群使用本地话,这说明他们不仅仅将本地话看作是一种交际工具,更把它当作了一种地域身份的标志,表现出他们对本地话的一种强烈的情感认同。

(二)年龄是影响人们语言态度的显著因素

年龄是影响人们对"双言"使用态度的显著因素。年龄越大,人们对普通话的认可度和使用率越低,反之,年龄越小,人们对普通话的认可度和使用率越高。俞玮奇先生(2012)认为"小孩在进入学校或幼儿园以后,他们大部分的时间都是在校园里度

过。在学校里，大量的知识、信息以及对社会的认识都是以普通话为载体，再加上社会上广播、影视等传媒也主要是使用普通话，早期的普通话接触与教育一方面使他们具备了良好的普通话能力，另一方面也促使他们从小就形成了说普通话的习惯和对普通话的情感认同。在家里，家长在孩子小的时候也会迁就和适应孩子的语言选择，经常对孩子说普通话，更有不少家长在当前普通话普及的社会大趋势下，意识到普通话在当今社会的实用价值和重要性，更是主动对孩子说普通话，营造说普通话的家庭氛围，以培养孩子的普通话能力。"因此，年龄越小，人们使用普通话的频率越高。

（三）普通话水平有待进一步提高

调查数据显示，人们对普通话水平的期待以"能流利准确地使用普通话"的占比较高，这说明目前人们的普通话水平还尚未完全达到这一水平。如前文所述，从理性的角度来看，人们对普通话的认可度较高，但在实际使用中，人们的普通话水平有待进一步提高。尤其是45岁以上人群或者是农民、无业人员等，不仅他们的普通话现有水平较低，而且他们对自身普通话的期待水平也较低。这说明很多人的普通话意识淡薄，他们认为在日常生活中自己使用的语言能够完成基本交际就可以了，没有必要对自己的普通话水平有太高要求。这一现状告诉我们在当下普通话广泛普及的大背景下，普通话的普及范围较大，但普通话的普及程度不高，人们普通话的水平还有待进一步提高。鉴于此，提高山西晋语区人们的普通话水平是日后推普的一个重点工作。

五　从"双言"使用态度看方言与普通话的发展趋势

语言使用者的年龄、职业以及受教育程度这些社会因素都会使人们对同一种语言具有不同的态度，而不同的语言态度又会影响着人们对于这种语言的学习和使用。但是为什么年龄、职业以及受教育程度会对人们使用某种语言的态度产生影响呢？归其原因，还是人们的社会生活环境和经历在起作用。从上述分析我们可以看出，山西晋语区内年龄在45岁以上尤其是60岁以上，职业是个体户或是农民，受教育程度是初中或者初中以下的人群，往往对方言有着很深的情感倾向，相比起普通话他们更喜欢说方言，而像公务员、教师、学生这类人群，我们可以明显地看出他们更趋向于使用普通话，这是因为在学校或是社会中，普通话较方言而言更为普及，适用于更正式的场合，而且大多数人都能够听得懂，易于交际使用。由此可知，对语言态度的考察，是预测一个地区普通话及其方言今后发展趋势的重要参数之一。

一方面，调查数据表明，虽然年龄在 45 岁以下、受教育程度较高、工作是教师这类职业的人们在生活中更倾向于使用普通话，但是不管在山西北部、西部、中部还是东南部，这类人群个人更喜欢说方言的所占比例并不在少数，他们普遍认为方言听起来好听、亲切。除此之外，尽管年龄、职业、受教育程度不同，但人们对方言今后的态度大都持期望应该积极保护的态度。由此说明，从情感角度出发，人们对于自己的方言往往有着一种强烈的语言忠诚感，他们愿意使用方言与家人和朋友交谈，因为这样更容易拉近彼此之间的距离，更有亲近感，这是一种对方言的情感认同。我们都知道，语言是人类的文化遗产，值得我们珍惜和保留，但不可否认的事实是，一种语言能否有生命力，关键要看它是否能适应历史潮流和时代转变的需要。虽然如今推普力度的不断加强对方言造成了一定程度的影响，但我们可以看出，方言仍然是人们喜欢的交流方式之一，仍然具有很高的使用价值和很强的生命力，特别是在广大农村地区，对于农民来说方言就是生活中的主要交际工具。方言有其自身的存在价值，它是社会文化的重要遗产和人们的精神纽带，世代相传并根深蒂固，在一定的社会领域中持续发挥着具有沟通效应的桥梁作用，从人们对方言今后的前途所持期望保护的态度中可知，方言是人们生活中必不可缺的一部分，它在一定时期和范围内将长期存在。

另一方面，我们从调查数据中可看出，尽管年龄、职业以及受教育程度不同，但并不影响人们对于普通话实用价值的认知，即便是年龄在 60 岁以上或是没有上过学的人群，他们也都希望本地中小学最好使用普通话教学，认为普通话方便与人交流并具有社会影响力。由此表明，随着社会的不断发展和推普工作的不断加强，人们的交流范围日益扩大，交流程度不断加深，大多数人已明显地认识到普通话在如今现实生活中的重要性，不管从事何种职业，也不管文化程度高低，他们都希望自己的后代可以学好普通话，普通话的使用已然成为人们语言生活中的一种必然趋势。因此，普通话作为国家通用语言，它的官方地位不容动摇，而且随着国家的大力推行与人们在实际生活中的切实需要，其通用程度和普及程度也是其他任何一种方言所无法比拟的。

总而言之，从对山西晋语区人们普通话使用态度的调查数据我们可以得出：大多数人已普遍认识到普通话在如今社会中的重要性，其使用频率在今后会逐渐增加，但同时，对方言的情感认同会使人们继续保持对方言的使用，人们也并没有忽视方言对于保护文化多样性的重要性。因此，在今后的生活中，"双言"现象将会长期存在，而我们要做的，是要在推广普通话的同时，积极保护方言，保护语言多样性，协调好普通话与方言之间的关系，使之并存并用，相互吸收，相互补充，从而逐步形成以普通话为主导的多元化语言交际局面。

参 考 文 献

陈松岑 1991 新加坡华人的语言态度及其时语言能力和语言使用的影响,《语言教学与研究》第1期。
冯 霞 2012 常州市民语言态度调查分析,《江苏技术师范学院学报》第5期。
刘 虹 1993 语言态度对语言使用和语言变化的影响,《语言文字应用》第3期。
李 燕、武玉芳 2011 山阴县语言使用及语言态度调查研究——兼论普通话的推广与方言的保持,《北方工业大学学报》第4期。
李咏梅 2012 《关于地方普通话的产生动因、价值及未来趋势的探讨—以"南宁普通话为例"》,广西大学硕士学位论文。
瞿继勇 2012 湘西地区苗族语言态度探析,《贵州民族研究》第3期。
唐 叶 2006 《广州市中学生语言态度研究》,暨南大学硕士学位论文。
王爱君 2006 《语言态度的社会实践研究》,华东师范大学硕士学位论文。
王德春、孙汝建、姚 远 1995 《社会心理语言学》,上海:上海外语教育出版社。
肖丽娜 2017 《通辽市科尔沁区蒙古族的语言态度调查及分析》,西安外国语大学硕士学位论文。
徐大明 1993 《当代社会语言学》,北京:中国社会科学出版社。
徐晖明、周 喆 2016 广州青少年语言使用与语言态度调查与分析,《语言文字应用》第3期。
俞玮奇 2012 城市青少年语言使用与语言认同的年龄变化,《语言文字应用》第3期。
赵志莲 2014 《平遥古城居民语言态度及语言使用调查》,山西师范大学硕士学位论文。
张 倩 2003 《青岛年轻人语言态度研究》,北京语言大学硕士学位论文。

语句在语篇和会话中的连贯顺序探讨

郭 安 邢 欣

（中国传媒大学人文学院，北京华文学院培训部）（新疆大学文学院）

提要 在构建话语或语篇时，总会将各个句子联系起来排列，而不是随意的堆积在一起。这就涉及语句的连贯方式，比如因果、时间顺序、评述、对比等。语句的排列顺序有特定的连贯规律。这种排列规律反映出语句之间的各种语义或逻辑连贯关系。通过对语篇连贯顺序的分析，本文探讨出在语篇段落中存在着顺序规律，即有外延结构组成的顺序属于无标记顺序，有内涵结构组成的顺序属于有标记顺序。此外，连贯顺序有可接受度的等级差别。同时本文还说明了互动会话中重复在连贯顺序中的作用。

关键词 语篇连贯顺序 有标记顺序 连贯顺序可接受度 互动连贯 会话重复

引 言

在构建话语或语篇时，并不是把语句随意地堆积在一起，而是将各个句子联系起来排列。这就涉及语句的连贯方式，比如因果、时间顺序、评述、对比等。语句的排列顺序有特定的连贯规律，这种排列规律反映出语句之间的各种语义或语用上的连贯关系。在汉语中，有关连贯顺序的研究集中在复句的逻辑关系方面，根据分句之间的关系将复句分为联合复句与偏正复句两大类（参见胡裕树 1995、邢福义 2001），由此探讨复句关系中的内在规律。随着语篇研究和话语研究的深入，有关语篇连贯顺序的研究也越来越多，汉语篇章语法研究开始关注交际参与者的主观化表现手段，以及交际因素对语法结构的影响和塑造（方梅 2005）。据张德禄（1999）介绍，有关语篇连贯的理论主要有韩礼德和哈桑的语域衔接理论、Van Dijk 的宏观结构理论、Widdowson 的言外行为理论、Mann & Thompson 的修辞结构理论、Brown & Yule 的心理框架理论，以及 Danes & Fries 的主位推进理论等。有关连贯顺序（sequential

---

* 基金项目：本研究是国家社会科学基金重点项目"'一带一路'战略背景下的中亚语言文化状况调查研究"（16AZD050）的阶段性成果。

coherence）也叫作"序列连贯"和"序次"（韩红、陈忠华1996），或"话语序列"（sequence of discourse）（苗兴伟、翟红华2000）等。据李佐文（2003）介绍，话语连贯的建立有两种认识，一是Van.Dijk（1977）和Brown & Yule（1983）所说的话题构建话语单位的连贯关系；另一种是Mann & Thompson（1983）和Schiffrin(1987)所说的话语语句之间隐含的各种语义关系，包括因果、详述、对比等。此外，语篇中的连贯顺序还包括语境和广义关联推理（Sperber,D. and Wilson. 2001）的连贯关系以及言语行为理论（Searle 1969）的语用推理，这种连贯顺序往往需要特殊的语境或更大的语篇来推出连贯顺序。本文所说的连贯顺序是指语段中语句的连接顺序，在分析中包括连贯关系、语义关系和关联理论中的连贯以及语用推理中的连贯顺序；包括无标记的逻辑语义顺序、有标记的语用连贯顺序以及口语会话中用重复表达的连贯顺序。

一 连贯顺序的可接受度

1.1 连贯顺序与现实世界的对应关系

Van.Dijk（1977）把语篇中语句连贯关系的语义结构分为了外延结构和内涵结构两种。外延型结构就是指语句的连贯顺序跟现实世界里的顺序是相对应的；而内涵型结构是指语句形式的顺序在真实世界里找不到相对应的顺序[1]。例如：

(1) a1 张三没赶上火车，a2 没去成上海。　　（外延结构）
　　 b1 张三没去成上海，b2 <u>因为没赶上火车</u>。　（内涵结构）

例（1）a句中两个分句，a1和a2的排列顺序在时间上有先后关系，同时表达了一种时间上的因果关系，即因在前果在后；跟现实世界的顺序相对应，这就是外延结构的连贯关系。例（1）b中b1和b2两个分句正好相反，跟现实世界里的时间顺序不对应，同时在逻辑语义关系上也是先说结果后说原因，这就是内涵结构的连贯顺序。

刘春光（2018:438）总结出学界对偏正复句前后分句语序的常见格式是偏句在前，正句在后。如果偏句在后，则有一定的原因，比如后补、倒装等。这说明在语篇中，汉语复句前偏后正是外延结构的正常连贯顺序，前正后偏是内涵结构的特殊连贯顺序。

从连贯角度来看，外延结构是正常结构；内涵结构的连贯关系是有标记性的，往往通过标记传递出额外的语篇附加信息，比如解释、注释、因果等。例如：

(2) a. 戈壁滩很少下雨，b. 几乎见不到大树和绿草。（无标记外延结构，表示条件因果）

(3)a.戈壁滩几乎见不到大树和绿草,b.因为很少下雨。(有标记内涵结构,原因在后)

如果几个语句在语篇里变换语序后无法理解或造成理解混乱,就表示在语篇里只有外延结构,没有内涵结构。例如:

(4)a 知识的海洋是无限的,而人的生命却是有限的。b 怎样在有限的生命里更快、更好、更多地掌握知识。c 这是摆在我们每个人面前的难题。d 其实,这个难题并不难解决,这就是尽可能多地掌握一些读书的技巧。

例(4)里,连贯顺序是按照总述到详述的规律展开的,如果打乱这一段落的排列顺序语句就不顺畅,也不合逻辑了。其中 a 是由一个转折关系构成的复句,出现在段落的开头,表示对一般规律的揭示。b 句针对 a 句提出问题,c 句和 d 句给出答案。

1.2 连贯顺序接受度的等级差别

按照 Winter(1977)的分析,语句在话语或语篇中排列顺序有接受度的等级差别,接受度最高的连贯顺序就是与话语表达的现实世界或虚拟世界相一致的顺序,也就是常见的自然表达形式,没有接受度的顺序就是逻辑混乱或时间混乱的错序形式,介于之间的就是用特殊标记词语标注的表达形式(参见韩红、陈忠华 1996)。

从标记性(markedness)[2]角度来看,可以把语句连贯形式分为三类:

A. 无标记连贯形式

B. 有标记连贯形式

C. 不可接受形式,也可以叫作非连贯形式

例如:

(5)吃过午饭,奶奶要睡午觉,妈妈收了棉被铺到床上。(《棉鞋里的阳光》人教版小学语文第一册下)

 a 吃过午饭,奶奶要睡午觉,妈妈收了棉被铺到床上。(无标记,时间顺序)

 b 妈妈收了棉被铺到床上,因为吃过午饭,奶奶要睡午觉。(有标记,原因在后)

 c 奶奶要睡午觉,所以吃过午饭,妈妈收了棉被铺到床上。(有标记,因果关系)

 d 吃过午饭,妈妈收了棉被铺到床上,因为奶奶要睡午觉。(有标记,原因在后)

 *e 奶奶要睡午觉,妈妈收了棉被铺到床上,吃过午饭。(非连贯)

沈家煊(1997、1998)指出,标记现象是语言交流的"经济原则"和"象似原则"

两者"动因竞争"的结果。他认为这与人的认知方式有关,无标记组合关系简单,聚合关系复杂;有标记组合关系复杂,聚合关系简单。这也可以解释连贯顺序的标记形式。无标记形式跟外延结构吻合,符合一般的认知经济原则,如(5)a例;有标记形式是内涵结构,用了更多的标记词语,甚至在逻辑语义上用了更多的预设推理,受"象似原则"制约,如(5)b、(5)d例用了标记原因的连词"因为",(5)c用了表示结果的连词"所以";而非连贯形式违反了逻辑语义推理,无法表达出正确的结果,所以是不可接受的形式,如(5)e例。

二 语篇中的连贯关系

一般情况下,语篇在语义上有相应的排列语序来表示连贯关系,无标记的连贯顺序按照逻辑上的时间因果等顺序排列,而有标记的连贯顺序往往含有更大的语境知识或语用推理来推出,所以需要标记成分标识。总的来说,就是概括和详述[3]的区别,也是条件连贯和功能连贯[4]的区别。

2.1 无标记连贯模式

无标记连贯模式是符合逻辑语义顺序的模式,也是条件连贯和概括性的模式。秦洪武、崔蓉(2009)介绍了Smith(2003:67)在时体研究中分出的两类话语模式:时间模式和非时间模式。时间模式包括叙述、报道、描述,三者都把情状实体引入论域。非时间模式包括信息和议论,引入的是泛义状态、事实或命题,这些实体都不涉及时间,故称非时间模式。这种分类大致相当于韩红、陈忠华(1996)所说的活动事实与事件事实类和状态描述类。无标记连贯关系无论是在时间模式还是在非时间模式中都呈现出正态的分布特征。具体的连贯关系如下。

2.1.1 逻辑语义中的连贯关系

这主要指从偏正复句来说,就是偏句在前,正句在后;从联合复句来看,连贯复句和递进复句按照时间先后或句子语义的加深表示无标记顺序;其他复句如选择、并列等概括性分句在前是无标记顺序。在更大的语篇中,也按照这种规律展开。常见的有因果关系、条件关系、方式结果关系、对比关系等。例如:

(6)远眺群山环抱,层林叠翠,白云缭绕;近看小河流水,茶园葱绿,松竹并茂。(对比)(2001年高考语文全国统一卷)

(7)他穿着很旧的布马褂,破皮鞋,显得很寒素。(因果)(鲁迅《范爱农》)

(8)"挑战者"号在卡纳维拉尔角发射台起飞后,以三倍于音速的速度升到佛

罗里达五万英尺的蓝天时发生爆炸。爆炸后，航天飞机变成了熊熊燃烧的巨大火球。（方式结果）（人教版七年级语文下册）

2.1.2 认知模式中的连贯关系

在认知过程中，人们的认识遵循一般到特殊、整体到部分、从大到小、包含到被包含、从外到内等认知规律。例如：

（9）遍布华夏的古村落，作为乡土建筑的精华，具有很高的文物价值，生动地展现着民族文化的丰富多样，鲜明地折射出中国悠久的历史，成为了解中国文化和历史的一个重要窗口。它们看似陈旧，却辉映着辉煌的过去，承载着丰富的历史文化信息，对中国人的价值观念、生活方式的形成产生过深刻的影响。（总括在前，后续句是对"文物价值"的具体阐述。）（公务员考试题库）

（10）怎样的事物才能永存？阿房宫和华清池都已片瓦不留。李杜的名句和老庄的格言却一字不误地镌刻在每个华人的心里。世上延绵最久的还是非物质的——思想与精神。能准确地记忆思想的只有文字。所以说，文字是我们的生命。（由大"事物"到小"文字"，体现了包含和被包含关系或由大到小的关系）（公务员考试题库）

2.2 有标记模式

有标记模式是一种语用上的连贯模式，也是功能连贯和详述性的内涵结构模式。这种模式不符合现实世界的因果顺序和时间先后关系，因此需要标记词语表示结构的交际功能。这种有标记模式在语句中包含着语用关联性推理，比如预设推理，言语行为理论里的施为行为推论等。沈家煊（2003）举出以下三个有标记模式的例句来说明在言语行为中的功能连贯。

（11）张刚回来了，因为他还爱小丽。

（12）张刚还爱小丽，因为他回来了。

（13）晚上还开会吗？因为礼堂里有电影。

例（11）—（13）三句都是前果后因的有标记模式，都用了标记词语"因为"。但显然三句的功能连贯关系不同。例（11）反映的是一种事理因果关系，可以转换为无标记的前因后果形式。按照 Leech（1983：63）的说法，在语篇中，连贯顺序会受到信息结构的制约，将表示结果的已知信息或预设信息放在前边，未知信息放在后边（参见苗兴伟、翟红华 2000），正如例（11）句，前一分句是已知信息，后一句是推出的解释原因的新信息。例（12）和（13）虽然也是有标记句式，但不能转换成前因后果的无标记模式。其中（12）例中的表原因的后一句是事实，而表结果的前一句是说话人根据后一句的事实做的主观推测，其中隐含着一种意料之外的推理预期，所以不能转换成无标记的前因后果句。例(13)也不能转换成前因后果句，但这一句运用的是语用推理中的最大关联原则推出的原因。也就是言语行为中的言外之意或施为行为将不相关的两句连接成因果关系。

2.2.1 内涵语义结构中的连贯关系

这是与无标记模式相比而言，也就是对无标记模式里的连贯顺序相反的表达，但又构成了合格的连贯顺序。出现这种连贯顺序的原因主要是为了补充说明或解释前一个表示结果的语句，也是详述性的。例如：

(14)九十年代的中国，商品大潮汹涌而起，给社会经济生活带来无限生机。与此同时文化领域却有全然不同的景观。一方面，以娱乐为职能的大众文化得到蓬勃发展的机会。一方面，一部分"曲高和寡"的精英文化，则陷入举步维艰的境地。问题是怎样产生的呢？原因有多方面，其中之一就是文化的二重性。(公务员考试题库)

例(14)中最后一句表示前边整个语段产生的原因。属于原因在后，结果在前的有标记结构。

2.2.2 信息结构中的连贯关系

从语篇所表达的信息角度分析，从已知信息到未知信息也体现出连贯性。从已知到未知的排列顺序也是一种概括性的。在语篇中，时间连贯复句或句群一般表达出的是已知在前，未知在后的顺序，从已知中通过预设推理推出未知信息。如沈家煊(2003)所举的例(11)就是在句子中通过"张刚回来了"这一已知信息推测出"他还爱小丽"这一未知信息。例(3)句也是由已知信息"戈壁滩见不到大树和绿草"这一已知信息推出"很少下雨"这一未知信息的。这一类可以通过换位转换成无标记模式。再如：

(15)要想牢固地掌握好一门技术，只有平时勤学苦练，做到曲不离口，拳不离手才行。(2009年北京市宣武区中考语文1模试卷)

例(15)第一句当作已知的结果，根据这一结果，推出后边的未知信息。

2.2.3 言语行为中的连贯关系

有些有标记模式的连贯关系并不直接用关联词语表示，而是通过有标记的句式来反映语篇的连贯。也就是将语义上相对独立的语句连在一起表示话语中隐含的言外之意，以此达到语句的连贯。一般的言语行为连贯关系包含有辩解、解释、扩展、重复、评价、预备等。沈家煊(2003)所举的例(12)和(13)就属于言语行为中的关联推理。

例(12)根据"张刚回来了"这一结果,通过语用上的预设推出猜测性原因"他还爱着小丽",预设中包含了一个条件关系,即:"只有爱小丽才会回来"这一必要条件,也是唯一条件推理。例(13)是根据认知最大关联性经过更复杂的推理得出的,也就是需要语境知识来把不相干的语句关联到一起,其推理过程是:"在晚上同一时间以及礼堂同一地点要进行两个不相关的活动",即"开会"和"看电影";但是这违背了同时同地只能进行一个活动的事理逻辑规律,用逻辑推理来表示,就是"要么开会,要么看电影"这样一个不相容的选言推理,既然"有电影"是事实,就不可能"开会"了。再例如:

(16)不要大声喧哗,这里正在开会呢。(辩解)

(17)王磊在医院呢,他病了。(解释)

(18)他今天又提前下班接孩子去了,每个周五他都提前下班接孩子。(扩展说明)

三 口语会话中的连贯顺序互动标记

口语会话不同于书面语篇,口语会话的特点是至少有两人参加,在发话人和接话人的互动中完成;而书面语篇往往以篇章的形式呈现出来,缺少现场的话语互动,很少有互动的形式标记。在以往的语篇会话研究中,更多关注书面语篇的连贯顺序及特点,对互动标记在连贯顺序中的作用探讨不够。随着互动语言学的发展(参见方梅等 2018),对口语会话中的互动研究也逐渐多了起来(乐耀 2017,方迪、谢心阳 2018)。从互动角度来看,口语会话中的连贯顺序主要以话轮(turn-taking)[5]为单位,在一个完整话轮中必须包含说话人和接话人的话语互动才能构成。从话轮角度来看口语会话,有多种连贯顺序的互动表达。由于"重复"是构成口语会话话轮的最重要互动标记,所以这里所说的互动标记主要指重复。在现有的有关重复的研究里,主要的探讨集中在语篇中的词语和语句的重复。赵雪、纪莉(2013)根据广告语篇的内容,从形式上分出句内重复,跨句重复,名词重复,话语重复等,并进行了计量统计分析。王天华、黄萍(2014)从话语重复的评价功能角度分出两类,一是显性态度,二是隐性态度。蔡春驰、任冰文(2011)提出话语重复具有普遍性以及话语重复的结构,并提出话语结构的功能,主要是通过教师(说话人)用重复来表达重点和情感,通过重复引起注意等。学界在重复问题的研究中关注会话话轮中说话双方的互动重复研究较少。其中李艳(2010)注意到了会话中重复的明示作用,明示说话者的态度感情,明示进一步解释或补充说明,明示对信息的验证理解以及明示话题等;文中还提到了重复句中语气的作用、结构的作用、添加解释的作用以及语境的重复作用等,不过该文未明确提及重复的互动连贯作用。根据我们对语料[6]的分析来看,重复的互动连贯作用有以下几个方面。

3.1 话题延续型

接话人往往在接话话轮开头重复发话人的某一个语句或者词语。以此作为话题延续下去。例如:

(19)记者:久等久等,<u>这个地方</u>算不算是南洋理工大学当中一个相对具有标志性的地点?

　　高华声:的确是。<u>这个地方</u>是南洋理工大学的校门,所以上面写的1955年,这个学校建立之初的地址,所以整个园林呢是个中式园林,也是现在这个大学中所保存的为数不多的中式建筑。就在这个门正对面的后面,就是以前的第一届校长的校长办公室。(新加坡第40集)

(20)记者:现在在日内瓦的华人有多少?

　　赵蕾:<u>在日内瓦的华人</u>(大约)现在应该有四五百人吧。(瑞士第417集)

例(19)和(20)画线的部分是重复的话语,例(19)重复话题是"这个地方",例(20)重复话题是"日内瓦的华人",两个例子中通过重复话题进行了互动,其后续部分是对话题的延续。

3.2 焦点强调型

这一类是指接话人对发话人某一个语句的重复,特别是针对某一个焦点词的重复来强调焦点的重要性。例如:

(21)记者:像这样的Wi-Fi花钱吗?

　　曹泽军:每次连入的时候,对普通市民都是<u>免费</u>开放的。

　　记者:<u>免费</u>的?

　　曹泽军:对,<u>免费</u>开放。(阿塞拜疆第430集)

(22)刘怿:对,他在这边,他大概是从一岁左右开始上的幼儿园。然后他们这边三岁就可以上小学,他今年三岁半了,所以他<u>已经上小学了</u>。

　　记者:哇,<u>已经开始上小学了</u>。(瑞士第417集)

例(21)和(22)例子中画线的语句是重复语。例(21)重复的语句是"免费",例(22)重复的语句是"已经开始上小学了"。接话人通过重复语句进行互动,表示了对发话人语句的肯定和进一步强调,也表明了一种认同的态度。

3.3 补充说明型

在互动话轮中,接话人对发话人话语的重复起到进一步补充说明。例如:

(23)赵蕾:这个集市只有周三和周六有,从很早6点左右就开始了,所以说为什么早起的人过来也叫<u>早市</u>。

记者:跟中国的<u>早市</u>是差不多的。

(24)记者:但这个<u>摊位是固定的</u>哈?

赵蕾:对,<u>摊位是固定的</u>,而且你可能需要申请才可能有这样的摊位。但是大部分人在这都很多年了,所以说大家都非常熟悉,相当于一个很好的一个社区一样。(瑞士第417集)

(25)采访者:据说是<u>唐代一个人发明的</u>。

采访者:<u>唐代一个人发明的</u>,那会儿应该是丝绸之路那会儿了,是吧?

(途观丝绸之路第一集《外来的小麦 本地的面》)

例(23)—(25)三个例子中画线的语句是重复语。例(23)重复的语句是"早市",例(24)重复的语句是"摊位是固定的",例(25)重复的语句是"唐代一个人发明的"。这些重复的话语都是对发话人相同话语的补充。

3.4 话轮结束型

往往在一个话轮结束时,接话人的重复话语起到了结束本段话轮的作用。如果接话人后续还有话语的话,后续的话语是继续引出新的话轮。例如:

(26)记者:<u>这盒子上写着华为</u>。

曹泽军:对,<u>这些盒子上写的是华为</u>。然后这个下面的电源供电系统,从试点转换成这个设备需要的电。(阿塞拜疆第430集)

(27)记者(汉语):那那边应该是一个<u>比较原始</u>的热带雨林。

向导(汉语):对对对,<u>比较原始</u>。(马来西亚第76集)

例(26)和(27)中画线的语句是重复语。例(26)重复的语句是"这些盒子上写的是华为",例(27)重复的语句是"比较原始"。其中例(26)重复语之后的后续部分是引出新的话轮,例(27)的重复部分只表示结束。

3.5 提出疑问型

这一类中的重复词语表示了一定的疑问。例如:

(28)曹泽军:每次连入的时候,对普通市民都是<u>免费</u>开放的。

记者:<u>免费</u>的?

曹泽军:对,免费开放。(阿塞拜疆第430集)

(29) 采访者：三勺，是，这烙得这么大，相当于煎饼果子了是吗？

被采访者：对，这就是<u>大的煎饼果子</u>。

采访者：<u>大煎饼果子</u>？

被采访者：做法是一样的。（途观丝绸之路第一集《外来的小麦 本地的面》）

例(28)和(29)中画线的语句是重复语。例(28)重复的语句是"免费"，例(29)重复的语句是"大煎饼果子"。这两个例子的第一个重复语都有疑问色彩，所以接话人又再次回复来表示肯定。例(28)中接话人通过再次重复"免费"来打消疑问；例(29)中用回复语"做法是一样的"表示对其所述的"大煎饼果子"的肯定。

四 结语

连贯顺序是语篇和会话的重要构成方式。在连贯顺序中既有符合逻辑语义的无标记连贯模式，也有符合语用推理的有标记连贯模式。对于有标记连贯模式的探讨更能揭示构建语篇和会话的特殊性。在对有标记连贯模式的探讨中，从认知角度、信息结构角度、言语行为角度进行推导，有助于对语篇连贯顺序做出较为全面的解释。此外，在互动对话中重复话语是很重要的连贯标记，重复话语的使用有机地将会话话轮延续下去，以达到会话的最佳效果；对重复话语的探讨有助于互动语言学的进一步深化。

附 注

1 本小节讨论的对象主要是书面语篇。

2 关于标记理论的介绍见王立非(1991)、沈家煊(1997、1998)。

3 概括和详述是一对相对立的表示连贯关系的概念，详细介绍见秦洪武、崔蓉(2009)文。本文将概括对应到无标记顺序，详述是指有标记顺序。

4 Van Dijk(1985:110)分出条件连贯(conditional coherence)和(functional coherence)两类(参见苗兴伟、翟红华 2000)。条件连贯就是概括性的无标记模式，功能连贯就是详述性的有标记模式。

5 易洪川(1991)较早谈到了汉语中的话轮。

6 本小节的语料主要引自电视频道播出的纪录片，主要是央视国际频道纪录片《远方的家——一带一路》和《途观丝绸之路》等，原因是无论影视还是访谈节目都是经过加工的口语语料，而纪录片中的会话基本在真实场景中发生，是顺其自然的口语表达；尽管记者的问话或话语有所准备，但我们所采用的答话人的话语并未提前准备，包括记者接续答话人的话语也都是自然的表达，反映出了口语的真实性。

参 考 文 献

蔡春驰、任冰文　2011　纵论话语重复,《浙江工贸职业技术学院学报》第4期。
方　梅　2005　篇章语法与汉语篇章语法研究,《中国社会科学》第6期。
方　梅、李先银、谢心阳　2018　互动语言学与互动视角的汉语研究,《语言教学与研究》第3期。
方　迪、谢心阳　2018　《互动语言学——社会互动中的语言研究》简介,《互动语言学与汉语言研究》(第二辑),北京：社会科学文献出版社。
韩　红、陈忠华　1996　序列连贯中的事实序次与句子序次,《外语研究》第2期。
胡裕树　1995　试论句子类型的研究,《汉语学习》第5期。
乐　耀　2017　互动语言学研究的重要课题——会话交际的基本单位,《当代语言学》第2期。
李　艳　2010　话语重复的关联理论分析,《黄石理工学院学报》(人文社会科学版)第6期。
李佐文　2003　话语联系语对连贯关系的标示,《上东外语教学》第1期。
刘春光　2018　现代汉语因果复句语序的选择性,《互动语言学与汉语研究》(第二辑),北京：社会科学文献出版社。
苗兴伟、翟红华　2000　话语序列的连贯关系,《山东外语教学》第1期。
秦洪武、崔　蓉　2009　事件共指与话语连贯,《当代语言学》第1期。
沈家煊　1997　类型学中的标记模式,《外语教学与研究》第1期。
沈家煊　1998　语用法的语法化,《福建外语》第2期。
沈家煊　2003　复句三域"行、知、言",《中国语文》第3期。
王立非　1991　布拉格学派与标记理论,《外语研究》第1期。
王天华、黄　萍　2014　话语重复的评价功能,《沈阳师范大学学报》(社会科学版)第5期。
邢福义　2001　小句中枢说的方言续证,《语言研究》第1期。
邢　欣　2007　视角转换与语篇衔接语,《修辞学习》第1期。
易洪川　1991　汉语会话结构与会话原则初探,《湖北大学学报》(哲学社会科学版)第6期。
张德禄　1999　语篇连贯研究纵横谈,《外国语》第6期。
赵　雪、纪　莉　2013　电视广告语篇"重复"衔接手段特征探析,《广告大观》(理论版)第4期。

Brown & Yule　1983　*Discourse Analysis*, Cambridge: Cambridge University Press.
Burneikaité　2008　Metadiscourse in Linguistic Master's Theses in English L1 and L2, *Linguistics: Germanic and Romance Studies*59.
Mann & Thompson　1983　Relational Propositions in Discourse Process, Markkanen & Schroder(eds): *Hedging and Discourse*, Walter de Gruyter, Berlin, New York.
Schiffrin, D.　1987　*Discourse markers*, Cambridge: Cambridge University Press.
Searle, J.R.　1969　*Speech Acts*, Cambridge: Cambridge University Press.
Sperber, D. and Wilson　2001　*Relevance: Communication and Cognition*, 北京：外语教学与研究出版社。
Van.Dijk, T.A.　1977　*Text and context*, London and New York: Longman.
Winter , Eugene O.　1977　A clause-relational approach to English texts: A study of some predictive lexical items in written discourse, *Instructional Science* 1.

强叙实动词研究*

张新华

(复旦大学中文系)

提要 叙实动词是以自身语义内涵,而内在要求引出一个指现实事件的小句(主要是宾句)的动词,其叙实性的强弱体现为宾句所指现实事态的强弱上。在现代汉语中,强叙实动词只有两个:"盯(着)、注视(着)",指直接感知,对宾句是典型内部视角。宾句事态的强现实性则体现为动词的强动态性、强殊指性,体貌上的进行性。判断类型上,这种宾句指非主题判断,对主动词具有强内嵌性,排斥根句层面的情态、语力等语法要素。

关键词 强叙实动词 内部视角 非主题判断

一 强叙实动词的一般语法特征

"叙实谓词"(factive predicates)的概念最早由 Kiparsky & Kiparsky(1968)提出,在国外一直引起很大的研究兴趣,汉语界的关注则是近年来的事情。不过学者的着眼点还是有较大差异。张新华(2015)研究了一部分感知动词的叙实性,着眼于该动词内在要求所带宾语从句指现实事件——为表述方便,下面对"宾语从句"简称"宾句",其中的谓语动词简称"宾动词",主句部分(matrix clause)的谓语动词则称"主动词"。李新良和袁毓林(2017)对叙实动词是从"预设"(presupposition)定义,即:肯定式和否定式都能推出宾句所表命题为真,这也是 Kiparsky & Kiparsky(1968)的传统定义。陈振宇和甄成(2017)则提出叙实性具有修辞语用的特征。除动词外,学者还发现一些副词、名词也具有叙实性的特质,如张新华(2017)、杜轶(2019),方清明(2018)、寇鑫和袁毓林(2018)等。

本文的研究对象是叙实性感知动词中的一个次类,即表示直接感知的动词,并提出动词的叙实性有强弱的分别。

---

* 本文得到国家社科基金项目"汉语叙实谓词的构式与语篇接口研究"(项目号 14BYY124)的支持,同时感谢《中国语言学报》编委会的修改意见。

1.1 关于强现实事件

所谓强现实事态,就是对外部事物的存在方式做高颗粒度(granularity)的刻画,语义特征是[强殊指性](specific)、[强动态性](dynamic),即,具体的事物,采取具体的动作,占据具体的时空位置,概括为:[物-动-空-时]的四位一体;特定"空-时"位置的综合,即"当下性"。

Chierchia(1995)提出"处所独立"(location independence)的概念,指"一个实体处于某种状态时,与其处所无关"。"这件外套脏了","脏"所指状态与"外套"处于何地无关。Chierchia指出,处所独立谓词内在是类指性的(inherent genericity)。"处所独立"是强事实的反面:处所依赖谓词是殊指性、个别性的。"他在敲门"内在占据特定的处所,指强现实事件。

1.2 强叙实动词:"盯、注视"

从认知载体看,由人的物理器官所发出的直接感知行为,是人对外部世界形成认识的原初形式,构成一切语义信息的最终起点。学界公认,感知动词应分两类:直接感知、间接感知(Felser 1998;Gisborne 2010等)。直接感知动词对强事实是内在构造的关系,强殊指、强动态的事件只能由直接感知动词引出:人的感知行为的分辨度有多高,所捕获的外部事态的颗粒度也就有多高。反过来,指强事实的小句,语义上内在蕴涵一个直接感知动词,如状貌词谓语句,无定主语句等。

Barwise & Perry(1981)提出,视觉感知动词具有"保真性"(veridicality),即"如果X看到P,那么P"(If X sees P, then P)。Maienborn(2007)把事件(event)定义为:"伴随具体功能参与者的特定时空实体";句法特征有三点:1.可以不定式的形式作为感知动词的补足语;2.带空间、时间修饰语;3.带方式状语、伴随状语等。上述论断与本文很接近,我们的不同有两点:1.对感知动词限制为强直接感知;2.关注动作与事物的内在选择关系。

强直接感知动词只有两个:"盯、注视",这是由其自身体貌、时制特征决定的。体貌上,二者内在具有延续性,往往后加"着",并词汇化,这来自其所指视觉行为[强专注]的语义特征。可以说"盯/注视了一会儿",但不能说"盯/注视了一下"。

时制上,"盯、注视"内在带有强当下性:它们总是指在当前时空域中直接进行的感知行为,而很难用于经验体、将来时。经验体指立足于当前而对过去事件的回顾,因此是非当下性的,将来时也是如此。应注意:用"以前、去年"之类时间名词修饰的小句,并不意味着非当下性,因为在语篇中,话主(speaker)对过去事件可采取置身式的陈述策略,这就造成所谓"历史现在时"(Historical present),也称"戏剧现在时""叙事现在时"。比较：

(1) a. 几乎是阖族的男人们，在注视着这两个突然降临的我的表哥用膳。

　　b. *阖族男人们注视过我的表哥用膳。

　　c. *阖族男人们将注视我的表哥用膳。

(2) 她见过他在那里弹钢琴。

(3) 日本的有识之士断言，大清海军并没有太强的战斗力。原因是他们看见，北洋水师的兵勇，居然把洗过的裤子晾在炮管上。

例(1)三句都是历史现在时，"注视、盯"指在过去的当时直接进行着的视觉行为；因此，其宾句事件与主动词"注视、盯"也是绝对同步进行的。经验体"过"、将来时"将"都指非当下性，与"注视、盯"不匹配，因此 b、c 不成立。(2)"见"后加"过"，这就内在赋予宾句过去时的特征，因此"他在那里弹钢琴"的事件也必然存在于过去。(3)"看见"本身并没带时制成分，但在整个语篇中会读为过去时，宾句也指过去事态。

"注视、盯着"的强现实性还表现在：不接受虚拟形式，"看见、见过"都接受：

(4) a. *如果阖族男人们注视/盯着我的表哥用膳，他们会很惊讶。

　　b. 如果他们看见/见过北洋水师的兵勇把裤子晾在炮管上，他们会很惊讶。

"注视、盯"作为主动词，其语义特征完全决定着宾动词的事件特征，这个关系即"构造性"。二者所引宾动词指典型的强事实，语义特征是强动态性、殊指化。

从更大范围来看，相比"看见、见过"，国内外学者讨论较多的叙实动词如"知道、后悔、感谢"等，其叙实性就更弱。以"后悔"为例，其宾句事态不但允许具有很高的个体性，还允许带有很强的主观评价性——这些都是弱事实的标志，而"见过"就不允许。如："小梅后悔/*见过这事不该让钱大钧插手"。要之，强叙实动词的基本特征是：语义上，只允准指强阶段性(stage predicates)的宾动词，排斥情态(modality)、语力(illocutionary force)成分；句法上，主句与宾句之间的关系更加紧密，如，之间不允许停顿等，详后。弱叙实动词在这两方面则都是相反的表现。

二 "盯、注视"所引宾动词的情状及体貌特征

2.1 宾动词的情状选择

A. 单动(semelfactive)事件：

(5) 她极其安静的注视我掸去她身上的尘土。

(6)数十万军民注视着忽必烈用力揉搓着瘸腿。

例(5)"掸去"确实指"掸"的一个动作片段,例(6)"揉搓着"则指动作片段的延续,所以具有混沌性。

B.混沌事件,语义特征是:无限大量的动作片段,无秩序的汇合,因此事件总是具有显著的场景性,如:

(7)他啜饮着咖啡,注视火光在她的金褐发上跃动。

(8)他茫茫注视着院中花影随风摇动。

(9)巩君延盯着屏幕上头的指数上上下下。

(10)她注视着一群同龄人在蓝光的舞台上翩翩起舞。

句法上,这种宾动词前容易接受指外部形象的状语,而难接受指内部控制力的状语,如"仔细、故意"之类。原因是:主动词"注视"指视觉行为,所以只能观察到动作参与者的外部形象,而不能判断其对动作的自主性、控制力。

单动、位移动词的参与者指大数事物时,小句就表现为混沌事件:

(11)E连的弟兄注视着一架架运输机隆隆起飞。

C.位移事件:

(12)谢青枫目光冷锐的注视着这两个人逐渐接近。

(13)毛奇将军注视着杨威一行鱼贯登上海号巡洋舰。

表示主句主语对宾主语行为的逐点扫描。宾动词前往往带表动作内部过程的修饰语,并常含指示(deixis)义,基于主句主语所设定的某坐标原点进行定位。如(12)宾动词"接近"指靠近主句主语"谢青枫"自己当时所处的位置。

D.复合事件,语义上是单动动作和谓语动作复合形成的:

(14)却说无敌盯着四万颗光头刮洗干净,这便在幕府鸣鼓聚将。

(15)王太太怀疑地注视着她在食品店买了罐奶粉。

在这种句子中,主动词的功能类似进行体,对宾动词表现为典型还原关系:宾动词"买"本身是高度复合性的,无从注视,具体注视的其实是"拿奶粉、走动、掏钱、递、收钱"等一系列位移动作。

存在如下规律:动词所编码的殊指动作片段越多、越复杂,则其词义的概括程度就越高,与直接的物理事实距离就越远,直接感知性也就越差,也就越难充当"注视"的宾语小句。例如:

(16)a.他默默注视着工头打骂工人。

　　b.?? 他默默注视着工头欺负工人。

  c.*他默默注视着工头欺压/压榨工人。

  (17) a.他紧张地注视着人们把女孩救上岸。

    b.*他紧张地注视着神父拯救大量日本无辜信徒。

    c.他亲眼看到神父拯救了大量日本无辜信徒。

例(16)，a"打骂"中的"骂"其实是羡余性的：所"注视"的只是"打"，"骂"是看不到的；b"欺负"若可读为"打、踢"等具体动作，则句子可以成立,但一般人不一定对"欺负"如此解读，所以句子很勉强；c"欺压、压榨"一般不会还原为"打、踢"等，即，是典型的复合动词，因此整个句子不成立。(17) a 宾动词"救"是复合动词，可被主动词"注视"还原为"拉、抬"之类的具体动作；b"拯救"是典型笼统动词，不能还原，所以句子不成立；c 主动词改为"看到"，就接受"拯救"，虽然主动词采取"亲眼看到"的形式，其实并不指一个当下进行的"看"的视觉扫描行为，而表对很多次实际观察行为的汇总。

  姿态动词的具象性（即殊指性）很强,但缺乏动态性,因此"注视"同样不接受它们,而其他感知动词都接受：

  (18)他*注视着/看到那丛花坛里有着各种的花。

  (19)队长*注视着/看着刘洪身后蹲着一些穿便衣别短枪的人。

  (20) a.同学们注视着国旗在旗杆上迎风飘摆。

    b.*同学们注视着国旗悬挂在旗杆上。

"蹲着"的外部形象很显著，但仍不能做"注视"的宾语，对"看着、看到"就没问题。

  同样，"注视"也不接受指一般外貌的谓语，其他感知动词都接受：

  (21)人们*注视着/忽见/发现远处灯火通明。

  (22) a.人们眼也不眨地盯着树叶不断地抖动。

    b.*人们眼也不眨地盯着树叶很绿。

  (23) a.人们眼也不眨地盯着他推开门。

    b.*人们眼也不眨地盯着门开着。

"灯火通明"是静态性的，不被"注视"允准，换为"灯火闪烁"，就很好。人的感知行为的个别性，与外部事物存在的当下性，双方之间是直接对应的关系。动态、当下、个别的物质根据是事态内部可分离出清晰的片段，即一个单动动作。"盯、注视"是视觉感知行为的最典型形式，是人类通过视觉行为把握外部世界的基本手段。

  与"看到、发现"相比，"看见、只见、忽见"的叙实性要强得多：前者接受抽象事件，后者不接受。"看见、只见、忽见"对宾动词的允准边界是"外部形象性"。下面的对

比显示了这一点:

(24)亚里士多德看到了/发现/*看见/*只见/*忽见现实世界是普遍性与特殊性的辩证统一。

"看到"本来也指对外部形象的观察,但已经形成引申用法,而"看见"则仍然强调所观察事态的外部形象性。"发现"则完全允准高度抽象的事态,"看到"在这里还要弱一点。如:

(25)马克思和恩格斯*看到/发现了人类社会发展的普遍规律。

概之,根据对宾动词指强事实的接受能力,叙实动词分化为下面五个层次,并形成一个连续统:

(26)注视/盯着>忽见、只见、看见>看着>看到、发现>后悔、知道

"注视、盯着"要求强动态性、强殊指性;"忽见、只见、看见"要求外部形象性;"看着"接受类指事件;"看到、发现"都接受抽象规律,而后者的接受能力更强。

三 宾动词的体貌限制

在这种句子中,主动词与宾动词绝对同步,双方在体貌进程上双向完全渗透。这体现了主动词对宾动词的视角上的内部性、时间结构上的构造性。

3.1 强内部视角,延续体

"注视"句对时间特征的选择极为狭窄:主动词和宾动词都是强延续体,只接受动态助词"着",连语义接近的"在"和"正"也不接受。无论主动词与宾动词表层是否带"着",都内在带有该要素,并欢迎"一直、不断"等持续义时间副词。另外,宾句也欢迎指慢速的时间副词"慢慢、逐渐",而排斥"很快、飞速"。如:

(27)他定神注视着竹叶在冬日的阳光下跳着古典式的婀娜多姿的舞蹈。
(28)同学们盯/注视着国旗慢慢地/*很快地升起。
(29)他俩屏息地注视着一朵花在黑夜里逐渐/*瞬间绽放。
(30)我们(一直)注视着水位上升。

例(27)主动词和宾动词都带"着",句子指主句主语对宾句事态高度专注地观察,精神上也强烈置身其中("定神");宾句带有强烈的殊指性、方式性("婀娜多姿")。(30)主动词前用不用"一直",体貌上都带有持续义。

"注视"的宾动词不欢迎"在",更排斥"正、正在":

(31) 我们一直注视着/盯着水位(?? 在)上升。

(32) 她注视着病人(* 正在)挣扎着喘气。

"着"是典型的体貌成分,强内部视角;"在"是一种介于体貌和时制范畴之间的语法成分,"正"则是典型的时制成分。"注视、盯着"具有强烈的内部延续性,也赋予其宾动词如此解读。

3.2 主动词与宾动词在[步骤]参数上透明,可升降

"步骤"体现了主动词对宾动词是一种放大镜式的观察,即"逐点跟踪扫描",主句主语视线扫描的每一步,直接对应于宾句所触及事态进行的每一步。宾动词的"步骤"一般编码为动量词"一点(一)点、一步步"等,也可用指参与者物质片段的名词,如"一笔一画",功能都是准确指出动作的一个片段,即单动化、次事件化(sub-event)。这种步骤状语既可用于主动词,也可用于宾动词,语义不变。如:

(33) a. 人们<u>一步步地</u>注视着敌人临近。

=b. 人们注视着敌人<u>一步步地</u>临近。

(34) a. 90多名居委主任盯着曹主任<u>一笔一画</u>写"正"字。

=b. 90多名居委主任<u>一笔一画</u>地盯着曹主任写"正"字。

c. *大家一笔一画地<u>看到</u>/<u>见过</u>曹主任写"正"字。

(35) 围观的群众一声不响地注视着这位高雅端庄的女明星<u>一遍一遍</u>流着泪在雨中拍戏。

例(33)a是语料中的实际形式,但人们会径直把它作b的解读,反倒不怎么按照句子形式自身所指向的,去理解"注视"的视线是怎么一步步进行的。也就是,"一步步地"所刻画的"注视"行为,直接造成了意识中所获取的事态信息。(34)状语"一笔一画"具体性很强,这一般意味着对动词中心语有强烈的选择关系:即,只有书写动词才具有这种方式,但仍可用为主动词"盯着"的状语,是"盯着"对宾语事态构造性特征显著的表现;而间接性强的"看到、见过"就不允许"一笔一画"用在主句。(35)"一遍"本来指整个事件的量,在"注视"的宾语里,也会读为动作的单位。

3.3 宾动词可采取完成体,但强制读为延续体,不指结果状态自身的当前维持

学者讨论过完结体(achievement)可"慢镜头化"为进行体,如"正在到达山顶","到达"一般读为非时间性地实现,但通过进行体"正在"的操作,就强制读为内部进程。"注视"作为主动词则天然具有"慢镜头化"的体貌功能,对达成体(accomplishment)、完结体都是如此:

(36) 护旗礼兵眼睛一眨不眨地盯<u>住</u>国旗顺利<u>到达</u>顶端后,心中才静下来。

(37)每个人都惊恐地注视着最后一块燃料烧尽。
(38)杨玉盯着三太保缓缓地揭开了骰筒。
(39)人们看到/发现/眼也不眨地盯着飞机消失在远处。
(40)雷嘉倚在床沿,看到/发现/注视着他穿戴齐整。

"到达、烧尽、消失"本身指最终结果的实现,及该结果状态在当前时位的维持,但用为"注视、盯着"的宾语,则强制表示宾动词的内部进行过程,被慢镜头化:一点点上升、直到顶端,一点点燃烧、直到烧尽。(38)其实去掉宾动词后的"了",句子更自然。(39)主动词是"盯着"时,宾动词"消失"指一步步远去的内部位移过程;主动词是"看到、发现"时,则仅指"消失"的最终结果,而不刻画结果实现之前的远去过程。(40)"穿戴齐整"作为"注视"的宾语时指一步步穿、直到最终整齐的全程,即"穿戴"读为位移动词;作为"看到、发现"的宾语时则指当前是衣着整齐的,"穿戴"读为名词。

3.4 "注视、盯"不允许宾动词采取 TP 形式

语义上,时制范畴中的现在时、过去时都指事件正在或已经实际发生,是典型的现实态,但"盯、注视"并不允准它们。这一点前面讨论"着、在、正"时已经有所显示:"在、正"都是时制成分。下面以过去时、惯常体为例做进一步的考察。惯常体实际主要表现为"时",即泛时性。这是二者所引宾句指原初事件的要求决定的,原因是:TP是基于一个外部坐标原点而对客观事态进行定位,这就导致非当下性,非原初性。除"盯、注视"外,其他感知动词,如"看见、看到",都带有相当的间接性,因此都接受 TP 宾句。如:

(41) a. 他眼睛盯着混血女郎(*已经)进了软卧车厢。
  b. *他眼睛盯着混血女郎进过软卧车厢。
  c. 他看到混血女郎已经进了软卧车厢。
(42) a. 大家默默地注视着陈雨走出房间(*了)。
  b. 大家默默地注视着陈雨走出了房间。
(43) 秦羽地清晰地看到/*注视着杜中君总是在周围十步范围内打拳。

"已经"指过去,"总是"指惯常行为,兼有体和时的内涵。"过"一般认为是体貌成分,即经验体,但除非用于将来时语境,如"明天吃过午饭去逛街",实际也指过去。句末的"了2"兼有完成体、现在时、断言语气三个层面的语法内涵。以上四种成分都具有强烈的外位立场,非当下性、非内部性,与"注视、盯"的强当下性、高度置身性相冲突,因此句子不成立。

"看见"很容易采取经验体的形式,这时"看见"反而往往带"亲眼、明明"这样

强调感知直接性的方式状语。如：

(44) 她明明看见觉新在假山旁边徘徊。

(45) 我亲眼看见几个兵跑进新闻报办公室。

这两句主句和宾句都未出现指过去的语法成分，但"看见"的行为默认会读为发生在过去。

总结本节的讨论，再回顾 Barwise(1981) 关于"保真性"的论断，可以看到，该提法还是较技术性、简单化的："看到、见过、发现"等都带有间接感知性，并不能保证宾句指客观事态。英语 see 有高度间接的用法，如 I see you are troubled at something.（我看到你遇到一些麻烦事）；并可指主观判断，如 I saw that perhaps he was right.（我看他可能是对的）；后者高度情态化，完全不具有保真性。强直接感知动词"注视、盯着"对宾语事件是内在构造性的，才具有典型的保真性。

四 宾句的非语力性

语力是主句(matrix clause)、根句(rootclause)层面的典型语法范畴，其句法性质属于生成语法所说的 CP；非语力性(non-illocutionary)则是语力的反面，即：一些句法成分、句法环境对语力要素是排斥的。构造性带来"注视、盯"与宾句语义关系的密切性、宾句的强内嵌性、非语力性；规律是：宾句的根句特征越强，与主动词的关系就越松散，反之则紧密。Strozer(1994)把这种现象称为二者之间的物理及心理距离近。根句的核心特征是[表达性](Expressive)，体现为基于话主的各种情态、语力要素。"盯着、注视着"的宾句指一个纯客观事件：1.宾主语不允许话题化；2.宾动词不接受各种语力要素。作为对比，"看到、发现"等主动词，则允许其宾句具备全部根句层面的语法要素。

4.1 "注视、盯"后不允许停顿及插入句中语气词

方梅(1994)指出，句中语气词的作用是指"次要信息与重要信息的分界"，很多句法成分后都允许添加句中语气词。一般而言，最容易停顿及加语气词的是话题之后，最难的是普通动宾短语的动词后。不过，朱德熙(1982)虽明确指出动宾短语联系紧密，不易分开，但同书也举到动词后加语气词的例子："他最喜欢啊，吃冰糖葫芦。"(p.213)，可见这种动宾短语仍较松散。带主谓小句宾语的主动词后停顿、加语气词，则是极常见的现象，并是引起主动词虚化的重要动因，如"我想、我说、你知道、你看"

等;而"只见、看到、发现"等后也常停顿,虽然并未虚化。

在上述背景下,可以看到,"注视、盯着"与宾句的联系极为紧密,其后完全不允许停顿或加语气词:

(46)*大家默默地<u>注视着(啊)</u>,陈雨走出房间。

(47)a.*90多名居委会主任<u>盯着(啊)</u>,曹主任一笔一画写"正"字。

b.90多名居委会主任<u>发现(啊)</u>,曹主任一笔一画写"正"字。

(48)她看了看吉英,……<u>只见</u>,吉英正在安安静静地跟彬格莱先生谈天。

停顿及加语气词都是语用层面的语法现象,但说到底,这种语用现象还是以两部分间的语义关系松散为根据。由此看来,"注视、盯"与其宾句间的结构关系,要比其他各种短语都紧密。原因就是"注视、盯"对宾语事件的关注度、置身性非常高。

4.2 "注视、盯"不允许宾句内采取主句层面的各种语法现象

在带主谓小句的动词中,常发生这样的情况:主句部分的信息重要性降低,反而是宾句上升为语篇层面的主要内容,主句部分因此虚化为话语标记。Thompson(2002)甚至认为,各种主句都是插入语性质的。该规律在"注视、盯"句不成立:其宾句完全不允许具备主句层面的语法现象,"注视、盯"也不会演化为话语标记。

4.2.1 话题化

话题是构成主句的基本要素,"注视、盯"不允许宾主语话题化,如(49—50);"看到"则允许,并且该话题既可与主动词分开,如(51),也可直接贴在主动词之后,如(52)。

(49)*人们眼也不眨地<u>盯着6架飞机呢</u>,消失在远处。

(50)*同学们<u>注视着这个国旗呢</u>,在旗杆上迎风飘摆。

(51)但是我们<u>看到呢</u>,大陆方面现在在互设媒体的<u>这个</u>办事处上面的态度<u>呢</u>,是比台湾方面积极的。

(52)我们<u>看到马英九呢</u>,在前两天接受台湾媒体访问的时候,也进一步地提到,他希望有关于台湾政党内部的选举,也能够受到公职人员选举的"政党法"的规范。宾句的述谓价值完备,就意味着主句的述谓价值减弱。因此,在(51)、(52),主动词"看到"都有所虚化,符合Thompson(2002)所述规律:并不指实实在在的认知行为,而指对后面句子所述情况的了解,起引出作用;但(49)、(50)的"盯着、注视着"就无此演化。

在带主谓小句的句子中,宾主语的话题化还有一种更剧烈的形式:前移至整个主句的前面。其语法内涵是:在"主句+宾句"这个整体中,宾主语作为话题的突显度

超过了主句主语,即,宾主语被视为整个句子的关注对象,而主句主语则退居降级地位,起认知情态作用。"看到"允许这种长距离的话题化,"注视、盯"则不允许:

(53) 这个球体外面,大家可以看到 Ø 有缓缓上升的天灯。

(54)＊这个球体外面,大家注视着缓缓升起天灯。

大家注视着这个球体外面缓缓升起天灯。

识别话题事物是一个需要独立进行的言语行为,因此话题对评述部分总是具有很强的"出位性"(dislocatedness),作为"盯、注视"的宾句,一方面,主语事物直接面对面存在于主句主语之前,另一方面,该事物直接存在于谓语动词所指的动作中:二者都导致宾主语并未被单独提取出来加以关注。

4.2.2 情态、语气成分

(55) a.＊他盯着/注视着小山终于葬身鳄鱼之腹。

b.＊他盯着/注视着至少小山葬身鳄鱼之腹。

c.＊他盯着/注视着小山可能葬身鳄鱼之腹。

(56) a. 他看到至少小山葬身鳄鱼之腹。

b. 他看到小山可能/分明葬身鳄鱼之腹。

"终于、至少、可能、分明"都是基于话主定义的语力性成分:1.带有强烈的主观内涵;2.处于客观事件自身的结构要素之外。"看到"并不只指对客观事件自身的观察,而另外带有主观判断的要素,因此允许宾句带语力成分;"盯着、注视着"指对客观事件自身的扫描,无主观要素,所以不允准。

4.2.3 连词

(57) a. 他看到/＊注视着她的目光虽然落在自己脸上,却飘忽闪烁。

b. 他注视着她的目光落在自己脸上,飘忽闪烁。

(58)＊人们注视着虽然下雨但这位高雅端庄的女明星还是流着泪一遍一遍地拍戏。

从深层语义看,连词与指示代词、时制成分属同一范畴:都表示基于一个外部立足点对客观事件加以定位;历史上,很多连词由指示代词演化形成,如"虽然、于是、因此"。因此,与时制成分相同,"盯、注视"也不接受连词。其宾语也可以包含多个小句,但它们之间是严格的物理时间顺序,不指外部关联关系,所以仍然不接受连词。而"看到"具有显著的外位性,就允准时制成分,同样也接受连词。

4.2.4 动力情态动词

(59) a.＊他注视着/盯着胖公子能用内力将楠木棺材震裂。

  b. 他注视着/盯着胖公子用内力将楠木棺材震裂。

  c. 他亲眼看到胖公子能用内力将楠木棺材震裂。

(60) 他们*注视着/看到你<u>不大会</u>喝，你又硬跟他喝。

(61) 大家*注视着看到他飞起来起脚<u>可以</u>连踢三脚。

(62) 我们经常<u>会</u>看到，微博上<u>会</u>有各种寻人或者寻物启事。

  在中性语境中，"能、会、可以"都指其后动词并未发生，如"他会弹钢琴"，"弹钢琴"的行为没有实际发生，但用在多数叙实动词的宾动词，这些动力情态动词却并不指潜能，而指该动作已实际发生，其基本语义关系是：通过实际行为"验证、例示"了该能力。并且，这些情态动词还可同时在主动词和宾动词身上出现，如(62)。"验证"是一种概括、推断的认知行为，为"看到"所具备。(59)c 实际所"看到"的是："胖公子现在用内力将楠木棺材震裂了"，由该事实而得出他有此行为能力的概括；"能力"本身是看不到的。"注视、盯"不包含概括、推断的认知环节，因此不允许宾动词用"能、可以、会"。

4.2.5 疑问及疑问词提升

  疑问是一种典型的强语力性语法范畴，这以外部视角为前提。"注视"是强内部视角的，因此，无论在主句还是宾句，它都不允许采取任何疑问形式，所以也不存在疑问词提升的问题。如：

(63) a. 我在对面桌旁坐下来，默默地注视着之颖吃饼干。

  b.*<u>谁</u>默默地注视着之颖吃饼干？

  b.*你<u>什么时候</u>注视过之颖吃饼干？

  c.*你注视之颖<u>什么时候</u>吃过饼干？

  d.*你注视过<u>谁</u>吃饼干？

  一般而言，强方式性、强内部视角的小句都表现为正极性(positive polarity)，不欢迎疑问：

(64) a. 他津津有味地吃着水灵灵的西红柿。

  b.??谁津津有味地吃着水灵灵的西红柿？

  c. 谁在吃西红柿？

  d. 是谁在那里津津有味地吃着水灵灵的西红柿？

疑问与否定具有相通之处，而强方式性就意味着强现实性、强肯定性，即正极性，因此排斥否定，也排斥疑问。"注视"天然是强方式性的，所以也排斥否定和疑问。

  "看到、看见"不像"注视"那样指强内部视角，所以允许各种形式的疑问操作。

这里不逐一验证，只举 3 例以作了解：

(65) 谁看到我是司机？

(66) 我的折叠伞掉在路上了，看见谁拣了吗？

(67) 许经理，你看到童年向哪里去了？

在叙实动词句中，特指疑问词提升是一个被广泛关注的句法现象。一般认为，英语中的疑问代词不允许提升，而疑问副词允许。汉语中的特指疑问词一般都不提升，但在叙实动词"看见、看到"带宾动词构成的小句中，做状语的特指疑问词，却很容易提升。以"什么时候、在哪里"为例：

(68) a. 你看见/看到之颖什么时候吃过饼干？

b. 什么时候你看见之颖吃过饼干？

c. 你什么时候看见之颖吃过饼干？

(69) a. 你看见之颖在哪里吃过饼干？

b. 你在哪里看见之颖吃过饼干？

"看见、看到"指对宾句事态现实存在性的见证，这以主动词和宾动词共处同一时空域为根据，即，主动词之所处，也就是宾动词之所处，反之亦然，因此，允许时空状语在主句和宾句互换。

4.2.6 否定形式

(70) a. 人们盯着飞机消失在远处。

b. 人们看到/*盯着飞机不见了。

c. 同学们看到/*注视着国旗没有落下。

从极性的角度说，现实事态自身只有肯定的形式，否定事态自身是不存在的。肯定范畴的语义机制是实质内涵的累积，否定则指对这种内涵的取消（张新华、张和友 2013）。语义上，"消失"也就是"变得不存在了"，但是"消失"仍然指一种有实质内涵的肯定性存在方式：即，一步步地实际远离。"不见"自身只指对"见"的取消，虽然在语义上也可粗略解读为"消失"，但这其实是一种间接的联系，并非否定自身所指出的具体内容。"盯、注视"指强直接感知，视线要实际触及外物，空无是不能具体触及的，所以都不允许宾动词采取否定形式。"看到、看见、发现"都具有很强的间接性，自然允许宾句采取否定形式。

"盯着、注视着"的主句部分一般也不允许采取否定形式：

(71) *人们没盯着飞机消失在远处。

(72) *同学们没注视着国旗随着朝阳冉冉升起。

"盯着、注视着"指一种强现实性的视觉行为,这就表现为正极性,既做现实刻画的强化,又做否定取消,这在语用上是矛盾的。一般而言,各种强殊指的语法形式都不接受否定操作,如形容词重叠形式:"屋里头(*不)干干净净"。

弱直接性的感知动词,既允许宾动词采取否定形式,也允许主句否定。并且,宾句否定还可推出主句否定,即:

(73) 由"x 看到 ¬p",可推出"¬(x 看到 p)"。

如果 X 看到 ¬P,则 X 没有看到 P。

(74) a. 人们看到/发现飞机没起飞。

=b. 人们没看到/发现飞机起飞。

但不能由主动词否定推出宾动词否定:

(75) 由"x 没看到 p",不能推出:"x 看到 ¬p"。

(76) 人们没看到飞机起飞。≠ 人们看到飞机没起飞。

自从 Kiparsky & Kiparsky(1968),学界普遍把"预设"作为叙实动词的定义特征,可以看到,上述事实不支持这种观点:"注视、盯"压根儿不接受否定。预设的最终根据是信息源,即事态内容要由一个认知者所具体获取。现实事态的存在要锚定于特定的主体,直接感知动词即指这种锚定关系;反之,如果一个人对某事态未加以感知,则该事态对该主体就不存在,因此既不能刻画其成立,也不能刻画其不成立。对强直接感知类叙实动词而言,[构造性]比[预设性]更为重要。

五 "注视"的宾句表示非主题判断

5.1 宾句的全句焦点性、平铺直叙性

区别于窄焦点,非主题判断句是宽焦点、整句(whole sentence)焦点,这已成学界共识。这在"注视、盯"句中表现为句法磨平作用:宾主语的[±限定],[±有生]不像其在独立语境那么重要。就是,主句主语所注视的只是面前事物的外貌及其行为表现,而未对其做身份的识别,也不考虑其意识控制性。限定名词指旧信息,其根据是对所指事物的以前识别,但"注视"只关注当前,不联系以前。例如:

(77) 我注视着他沿着皇家大道走着,一个狂乱、羸弱的身形在灰黑的夜色中踯躅独行。

"他、皇家大道"都是强限定形式,但它们都被还原为非限定性的具体形象:"他"即"一

个狂乱、羸弱的身形","皇家大道"即"灰黑的夜色中路"。

"注视"不允许宾句取窄焦点解读(黑体表示重读):

(78)a.*同学们注视着**国旗**在旗杆上迎风飘摆。

b.*同学们注视着国旗在**旗杆上**迎风飘摆。

c.*同学们注视着国旗在旗杆上**迎风**飘摆。

d.*同学们注视着国旗在旗杆上迎风**飘摆**。

"国旗、旗杆上、迎风、飘摆"四者合在一起,指一个整体性的场景,成为"注视"的内容,单独关注其中一个,都不符合"注视"的功能指向。

窄焦点所包含的语义操作是交替项的对比(Rooth 1985),这需要认知者在客观事件之外,对相关成分加以对照、联想,是一种强外部视角;而"注视"指高度专注、投入,不携带此种语义要素,所以不接受窄焦点。"看到"虽然也常指直接感知,但在直接看的同时,还允许带很多主观思考的内涵:实际是"边看边想",所以允许对宾事件做更多语义操作。

(79)同学们看到/*注视着国旗<u>是</u>在旗杆上迎风飘摆。

(80)他们看到/*注视着院子里<u>只有</u>数人围着雷大叔厮杀。

(81)他们看到/*注视着院子里数人<u>只</u>围着雷大叔厮杀。

"是、只有、只"都是典型的窄焦点成分,允许出现在"看到"的宾语,却被"注视"所不容。

5.2 排斥弱限定宾主语

"看到"允准宾主语采取弱限定形式,这是一种窄焦点化的句法操作,即更加关注宾动作本身,而忽略具体执行者。"注视着"对宾句则采取整句焦点的策略,因此不允许宾主语采取弱限定形式。例如:

(82)a.他站在近处的梯田里,看到/*注视着<u>有人</u>往麦田里担粪。

b.他注视着<u>一个人</u>/?<u>几个人</u>/??<u>一群人</u>/*<u>很多人</u>往麦田里担粪。

(83)有一次,我看到/*注视着<u>某单位的几个同志</u>在公路旁挖鼠洞。

"看到"句表示宾句参与者确实存在,但并不关注其具体是谁:所关注的只是"担粪、挖鼠洞"的行为;"注视着"则不然:要同样聚焦参与者及其行为。

在"注视"句中,不但宾主语不允许弱限定的指称形式,主句主语也不接受;"看到"则允准这种主语:

(84)<u>有人</u>看到/*注视着何小勇从许玉兰家门前走过。

"看到"主句主语采取弱限定形式时,整个句子的表述重点是"看到"这种行为本身,即,句子只标注确有"见证",而其见证者的具体个人并不重要。"注视"则不然,感知行为和感知者都要同等程度地被描述。

六 结论

"盯、注视"是典型的强直接感知动词,内在要求引出一个强动态、强殊指的宾句;形态上,二者总是蕴涵"着"的体貌要素。情状上,"盯、注视"只接受单动词、混沌动词、位移动词、复合动词,在复合动词的情况下,"盯、注视"也会从语义上将其还原为前三种形式。

句法层级上,"盯、注视"的宾动词是体貌短语 AspP 中的一个次类,要求具有显著的方式义,可概括为方式短语 ManP。这种宾动词不接受时制要素,更不接受话题化、语力、窄焦点等各种主句层面的句法操作,可概括为非语力性。判断类型上,"盯、注视"的宾句指非主题判断,整句焦点。

参 考 文 献

陈振宇、甄 成 2017 叙实性的本质——词汇语义还是修辞语用,《当代修辞学》第1期。
杜 轶 2019 短时副词"顿时"与"一下子"的事件类型特征与主观情态差异,《世界汉语教学》第1期。
方 梅 1994 北京话句中语气词的功能研究,《中国语文》第2期。
方清明 2018 叙实抽象名词"事实"的句法、语义探析,《语言研究集刊》(20辑),上海辞书出版社。
寇 鑫、袁毓林 2018 汉语叙实反叙实名词的句法差异及其认知解释,《语言研究集刊》(20辑),上海辞书出版社。
李新良、袁毓林 2017 "知道"的叙实性及其置信度变异的语法环境,《中国语文》第1期。
张新华 2015 感知类叙实动词研究,《语言教学与研究》第1期。
张新华 2017 短时副词"顿时"的叙实特征研究,《语文研究》第2期。
张新华、张和友 2013 否定词的实质与汉语否定词的演变,《中国人民大学学报》第4期。
朱德熙 1982 《语法讲义》,北京:商务印书馆。
Barwise, Jon & John Perry 1981 Situations and Attitudes. *The Journal of Philosophy* (11), 668-691.
Chierchia, Gennaro 1995 Individual Level Predicates as Inherent Generics. In *The Generic Book*, ed. Gregory N. Carlson and Francis Jeffry Pelletier. Chicago: University of Chicago Press.
Felser, C. 1998. Perception and control. *Journal of Linguistics* 34, 351-85.

Gisborne, Nikolas 2010 *The Event Structure of Perception Verbs*. Oxford; New York: Oxford University Press.

Kiparsky, Paul & Carol Kiparsky 1968 Fact. In: M. Bierwisch and K. Heidolph, eds., *Recent Advances in Linguistics*, 143-173. The Hague: Mouton.

Maienborn, Claudia 2007 On Davidsonian and Kimian states. In: I. Comorovski & K. von Heusinger (ed.), *Existence: Semantics and Syntax*. Dordrecht: Springer, 107-130.

Rooth, Mats. 1985 *Association with focus*. Ph.D. dissertation. Amherst: University of Massachusetts.

Strozer, J. R. 1994 *Language Acquisition after Puberty*. Washington, D. C.: Georgetown University Press.

Thompson, Sandra A. 2002 "Object complements" and conversation.*Studies in Language* 1, 125-164.

北宋刊本《礼部韵略》之版本与讹俗字

张民权　　田　迪

（南昌大学文学院）（北京语言大学语言系）

提要　新发现的《礼部韵略》及日本真福寺藏《礼部韵略》是迄今为止存世最早的北宋刊本，在中国音韵学史上有着极高的文献历史价值。两本《韵略》都是宋代景祐间修订后的官韵覆刻本，从韵书内容及元祐后人们的批评意见中看，景祐《韵略》虽然对景德《韵略》有所修订，但在韵字及注释方面未做什么修改，只是对韵字异读做了圈饰，其最大的修改是合并了窄韵十三处，并调整了相关韵部的次序。因此，我们认为，景祐《韵略》是景德《韵略》的补充修订本，我们现在看到的《礼部韵略》，其祖本仍是景德《韵略》。本文主要揭示北宋刊本的韵字讹误和俗写问题，而对《礼部韵略》性质及其避讳问题等将另文研究。

关键词　《礼部韵略》　北宋刊本　南城本　真福寺本　讹误俗字

〇　引论

《礼部韵略》是宋代科举场屋中专用韵书，是研究宋代科举制度史和文化史的重要文献。然而，关于《礼部韵略》还有许多问题，我们至今没有弄清楚，譬如关于其性质，景德年间所修订的《韵略》与景祐年间修订的《韵略》，究竟是同一部韵书还是两部韵书？《集韵》编撰与《韵略》的关系如何？《韵略》编撰内容与宋代科举制度关系如何？等等，都需要我们做深入的研究。尽管许多前辈时贤对《礼部韵略》有过相当的研究，但或文献资料发掘不足，或音韵史观念错误，研究结论有很多悬而不决的因素。例如，关于《韵略》与《集韵》的关系，最流行的观点是，景德年间修订的《韵略》是《广韵》的简缩，景祐《韵略》是《集韵》未定稿的简缩，并有适当修改。然而，令人疑惑的是，景祐《韵略》是景祐四年（1037）修订颁布的，而《集韵》是后两年即宝元二年（1039）修订颁布的，前面写作的韵书怎么能抄写后面未出版的韵书？然后为解释此疑问，人们便臆想出《集韵》还有一部未定稿，而《韵略》就是这部未定稿的简缩，云云。只能说，想象很丰富，但缺少必要的历史和文献考证，更缺乏两书内部深入细致的比较。而两部韵书内在的关系如何呢？人们只是从两部韵书的反切出发，说什么反切相同达80%以上，[1]然而却对其韵字字形（正体或体）和训诂注释不管。根据我们的研究，《礼部韵略》与《集韵》反切尽管相同很多，但在韵字和注释方面出入很大。尤其是反切方面，相同只是表面形式，因为这是《集韵》抄写《韵略》的结果。详细研究，我们将另文讨论。

《礼部韵略》先是修订于北宋真宗朝的景德年间，而后祥符五年（1012）以后又略有修订，主要是删除与圣祖"玄朗"有关的名讳字，是年冬十月真宗梦见圣祖玄朗，于是诏天下避讳之，从而导致《礼部韵略》中牵涉"玄""朗"二字的小韵和反切注释用字等都得改正。[2]仁宗朝的景祐年间，《礼部韵略》又做了一次重要修订，其最大的修改是合并了窄韵十三处，并调整了相关韵部的次序，并对韵字异读做了圈饰，南城本北宋刊本《礼部韵略》是这次修订内容的直接反映。其后哲宗元祐年间又有少量修订，主要是添加韵字和庙讳字的规定等。这次修订的内容就直接反映在日本真福寺藏北宋刊本《礼部韵略》上。南宋后礼部又有韵字续降增补。淳熙年间，朝廷重刊《礼部韵略》，将那些重添续降韵字逐韵附入。[3]并颁布《淳熙重修文书式》，重新规定祖宗庙讳用字等。先是宋室南渡初，朝廷恢复科举制度，复以诗赋取士，[4]急需监本《礼部韵略》，绍兴四年（1134）重新刊刻了很多韵书，[5]但校刻不精，讹误甚多，故有无名氏《附释文互注礼部韵略》以及毛晃等私家增修本的出现。而毛晃《增修互注礼部韵略》所据正者正是绍兴监本。加之绍兴十一年黄启宗等奏添二百多字，故淳熙初有新刊监本《礼部韵略》之必要。

2012年，在江西省抚州市南城县（陈彭年之故里）发现了北宋刊本《礼部韵略》，是音韵学史上一件重大历史事件，其文献学意义不亚于一件有铭文的青铜器出土，如兮甲盘和虢季子盘等。著名文献学专家李致忠先生就其版本形态及其刊刻时代做了充分的研究，李先生根据书中韵字避讳特征，断为北宋仁宗景祐四年（1037）至英宗治平三年（1066）之间刻本，并认为此书为私家刊刻而非官刻。[6]不久，李子君教授也发表文章，认为此书刊刻于英宗治平三年，对李先生结论有所补正，[7]后来在《宋代韵书史研究》（2016）中又有专节研究，颇有发掘。然而，作为一部重要的音韵学历史文献，却没有引起学术界充分重视，除李子君教授有研究外，鲜见他人研究。由于藏家秘不示人，研究工作无从展开，本人从李子君等师友处获睹部分照片，始窥真龙面目，不揣愚陋，略述其语言文字内容及相关历史问题。后续研究工作还会继续进行。

一 北宋刊本《礼部韵略》文献版本

迄今为止，已发现的北宋刊本《礼部韵略》有两种，除南城本外，此前还有日本真福寺藏《礼部韵略》，[8] 但真福寺本残缺去声一卷，入声部分也有数韵残缺，缺一屋至三烛韵的50多个小韵，而南城本除少数残叶外（平声一东至四江残缺，五支六脂残缺不全，入声韵内有少数卷叶残泐），平上去入四声五卷俱全，可补真福寺本不足。两书参照比较，可得景祐《礼部韵略》之旧貌。

南城本《韵略》卷末残留两个附录，一是《中书门下牒刊修广韵所》牒文，即丁度景祐四年六月奏疏；二是《详定附韵条制》，与真福寺本同。但可惜程试格式内容"不考""抹""点"诸条缺失，约一叶半纸。真福寺本入声韵末有《贡院条制名讳》一栏，详载宋人圣祖玄朗至哲宗御名之避讳字，但南城本无。真福寺本卷后附录完整，它是经过元祐五年礼部修订的韵本，增加了经礼部看详后的十余个韵字，删除了神宗（顼）、哲宗（煦）两个庙讳的小韵字，而南城本是未经修订的本子，且比真福寺本早二十余年，所以弥足珍贵。

经过比对，两书在韵字编写及其音释训诂方面，除个别讹误外，基本一致。[9] 只是两书在韵字多音的墨围圈饰方面出入似乎较大，这反映了两书编辑人员在审定书稿时谨严态度不一，既有编辑错误，又有钞胥刀民疏忽。当然一部韵书，要全面准确地圈出异读多音字，似乎是一件很难的工作，从后来《附释文互注礼部韵略》等注释本中可以看出来，因为《附释文》也有很多圈漏的韵字。

南城本韵书受雨水浸泡痕迹明显，部分卷叶因水渍浸泡而致使纸叶粘连糜烂，少数板叶边缘烂缺韵字较多，而入声卷叶尤甚。南城本字体古拙，刀法不精，不如后来宋刻本书籍精致（参见图1）。

在版本形态上，南城本《韵略》版框左右双边，每半叶大字十行，散字编排，双行小注，界画清晰严整。版心很窄，一叶分成两个版印，反映了早期刻本书籍的装帧情况，因为早期刻本主要是蝴蝶装，无须两个板叶对折，故版心很窄。版心处刻写平上去入五卷四声名称，下刻卷叶数字。但五卷内版心镌刻文字方式各有异同，如鱼尾标记或有或无，很不规范，各卷四声之声字或有或无（聲字刻成简化字"声"），但以无"声"字为常。卷叶数字或黑底反白，或直接刻写，没有一个统一体例，表现出很大的随意性。版心下无刻工名氏，而真福寺本《韵略》则多载之，其有姓名者近二十人。南城本刻本五卷内字体前后不一，总体上古拙而字距间疏密不等，笔画体势或古朴粗放，

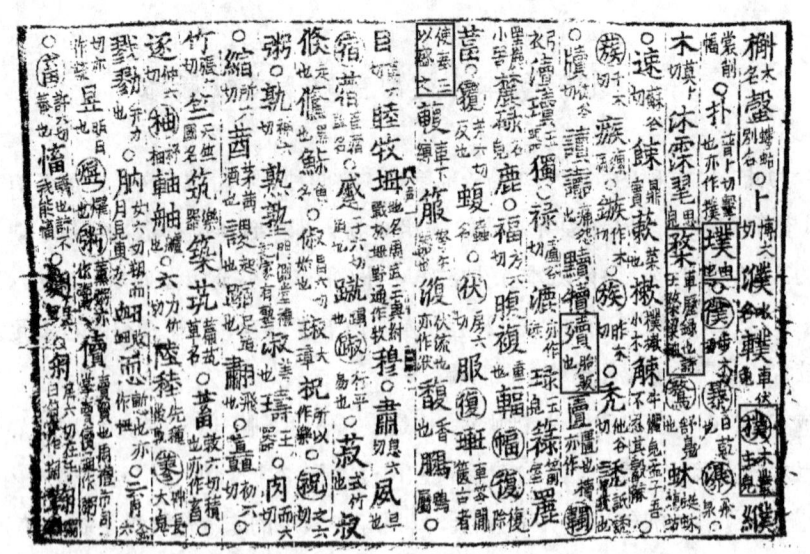

图1 南城本《韵略》入声屋韵部分,真福寺本此叶残缺。其中讹误字较多,如樸字注"木丛主(生)皃",墣字注"由(㘽)也",粲字注曰:"车历録也。《诗》王(五)粲梁辀。"殰字注"胎贩(败)也",璑字注:"车等间篋。古者使奉三(玉)以盛之。"等等。其中皆有讹误字,括号( )中为正字。

或规整秀丽。版式上似乎有新旧版刻之形态,据专家鉴定,韵书存在许多挖版和修改版式的痕迹。[10] 例如去声遇韵驻小韵(株遇切)与住小韵(厨遇切)之间就明显地删除树小韵(常句切,英宗嫌名字),就明显地露出了一段空白。南城本可能还是景祐年间刻印的旧模板,至英宗即位不得不调整版式,临时调换了与英宗名讳字相关的去声御韵遇韵以及上声麌韵的板叶,重新镌刻。

二 北宋刊本的讹误俗字问题

下面,我们讨论两本《韵略》在韵字和注释方面的文字讹误问题。

在文献校勘方面,真福寺本有些许讹误,南城本也不例外,且错误互有出入。先说真福寺本。

(一)真福寺本错误

1.反切错误。上平声冤韵存小韵待尊切,下平声清韵琼小韵源营切,侯韵娄小韵卢候切,反切上字或下字显系错误。而南城本则徂尊切、渠营切和卢侯切,南城本是。又上声海韵改己亥切,"己"误作"巳";寝韵品丕锦切,"丕"误作"不";豏韵减古斩切,"古"误作"占";嶰士减切,"士"误作"七",入声辖韵刮古刹切,"刹"误作"杀",

盍韵榻托盍切,"托"误作"讦"等。或改动反切用字,如尤韵求渠尤切,改作渠由切。入声没韵卒臧没切,"臧"改作"藏"。又尤韵缪莫彪切,"莫"下"大"讹写成"木",不成字。入声合韵杂昨合切,"昨"字讹写不成字。盍韵盇辖腊切,"辖"字右旁误写成"善"而不成字。以上数例南城本不误。

2. 韵字错误。如灰韵"莓"（草盛也）,本作"中"头而写作"莓";谆韵"蜦"（贝名）,右边"囷"字讹写成"罔"旁;僊韵"麻"（廪也）,"广"头写作"厂"头。登韵"橧"（巢也）误作"檜"。上声三十二晧韵"蕖"（瑞禾一茎六穗）,下"禾"字误写作"木",入声叶韵"爗"误作"爆"等。

3. 注释文字错误。多为形似讹误者,如脂韵"秠"注:"一稃二米","米"误作"采"。"鈺"注:"灵姞鈺,旗名。""姞"为"姑"之误,词出《左传·昭公九年》。齐韵"鼙"注"亦作鞞","鞞"为"鞞"之误。"陛"注"陛牢狱","陛"为"陛"之误。佳韵"洼"字注"染也","染"为"深"字之误。咍韵"陔"字注:"阶次也。一曰陇也。""陇"误作"龙",又"儓"注:"陪儓臣也。《左传》通作台。"《左传》之传字误作"专"。萧韵"琱"注:"治玉也","玉"字讹写成"王"（韵本玉字多写作王）。豪韵"裪":"裪襦袖褾","褾"误作"标","蜪"注:"蝮蜪,蟓也。""蟓"误作"蠂"（南城本误作"象"）,"猺"注:"山名,在齐。《诗》遭我乎猺之间,亦作巁巁。"注释"猺"误作"声"。上声止韵"秄"注"耘秄,亦作秄","秄"误作"秄"。贿韵"餒":"弩罪切,饥也。亦作浽。"显然"浽"是"餒"之讹误。入声迄韵"釳"注:"乘舆,马首饰。""首饰"误作"有布","讫"注:"居乞切,止也。""止"误作"上"。月韵"壂":"耕起土也。亦作墢。""墢"误作"撥"。

4. 误加注释,如平声萧韵貂小韵丁聊切下"凋"字,南城本无注,而真福寺本却注曰:"《礼记》视民不恌。"错误,"视民不恌",出于《诗经·小雅·鹿鸣》诗,以之解释"凋"字简直是风马牛不相及。如果解释同韵部的"恌"还比较合适,但"恌"字注释未引诗句,而是注曰:"偷也,亦作佻窕。"

至于多音字圈注方面,问题更多,难以殚述。大致说来,真福寺本去声阙卷,平上入四卷圈注又音字1989个,其中误圈250字左右,另外漏圈215个字左右。[11]举例略。南城本误圈漏圈比真福寺本要好些,以两书相对完整的卷叶下平声和上声两卷为例:

● 真福寺本下平声缺圈48,误圈47;上声缺圈75,误圈114。
● 南城本下平声缺圈为40,误圈33;上声缺圈61,误圈61。

两者相比较，可以看出两本《韵略》在多音字圈围上的是非差异，尤其是在上声的误圈上真福寺本比南城本多出两倍。真福寺本圈字总数加上南城本去声838个圈围，大致是2827个。[12] 估计原本《礼部韵略》多音字，也大致为这个数字的上下浮动（±2%左右）。或以为："《礼韵》原有异读字1331个，异读音约2687个。"[13] 本文不取。

韵字加圈与否是一项很复杂的工作，所以计算误圈漏圈也是一项非常复杂而又艰难的工作，有些韵字在《韵略》反复出现，这很容易看出加圈与否，但还有一些隐性出现的多音字，就不容易判断。譬如有些与庙讳同音的字《韵略》也加上圈，这是一种"隐形"出现的多音字。如上声十六轸韵引小韵以忍切五字"引蚓䞤靷濥"，其中南城本"引""蚓""靷"三字加圈，真福寺本"引""蚓""靷""濥"四字加圈，是因为还有去声一读，与太祖庙讳胤羊晋切同音，如王仁昫《切韵》和《广韵》等都有此又读，而实际上去声不收羊晋切小韵，这种情况加圈是没有必要的，因为韵本上没有这些韵字。毛氏《增韵》和《附释文》均有圈（四部丛刊本无）。此类加圈字大概也是起着提醒避讳的作用。这种庙讳字的又音加圈有利于我们考察《礼部韵略》编纂的历史变化，如"徵"有二读，蒸韵陟陵切，徵召；又上声止韵陟里切，五音。北宋刊本《礼部韵略》五音"徵"字加圈，但平声不载"徵"，因为仁宗庙讳"祯"清韵陟盈切，但当时礼部规定，不仅陟盈切小韵要避讳，蒸韵陟陵切"徵"也要避讳，真福寺本《贡院条制名讳》明文载之。可以推定，真宗时《礼部韵略》原本蒸韵是有"徵"小韵的，至仁宗时礼部重新审定，才把此小韵删掉。可以印证的例子有，上声麌部诩小韵况羽切下"昫""咻""煦""煦"诸字加圈，[14] 是因为这些韵字的又音去声遇韵与哲宗名讳煦吁句切音同，故加圈。南城本去声遇韵煦小韵还保留这些韵字，真福寺本哲宗时刊刻，故去声删除了吁居切小韵若干韵字。

还有一种"隐形"的多音字加圈，它仅出现一次，而异读音并没有出现，如尤韵俦小韵除留切下"幬"字加圈，据《增韵》《附释文》等是因为还有去声一读，号韵大到切，然而号韵并未收此字。还有一种情况是多音字没有出现，而是作为该多音字的异体字，如平声东韵"风"字加圈，[15] 是因为去声"讽"亦作"风"，但"讽"字不加圈。此类加圈字盖在于提醒考生，"风"有二义亦有二音，以《诗经》为例，有风雨之风和风俗之风等，所谓陈诗以观民风；亦有讽谏之风，所谓"风，风也。教也。风以动之。教以化之。"此"风"押韵在去声，是为音变构词（变调）。陆德明《释文》释"风，风也"曰："并如字。徐上如字，下福凤反，崔灵恩集注本下即作讽字。"为什么不另出字头？也许是常识，四声别义，士子应该知道。类似例子还有一些，如"著箸"等字，去声御韵"著"亦作"箸"，有圈，而药韵有二"箸"字，加圈，一为陟略切，"置也"；一为直略切，

"附也"。但"著"与"箸"字形并不相同，一艹头，一竹头。《校正释疑》把它们全部改成艹头。严格意义上，上述情况加圈都应该属于"误圈"范围，但计算时我们只能从古人思想出发，因为加圈的目的在于尽量消除"疑混声"问题。然而考察《礼部韵略》注明"亦作""或作"的异体字，粗略计算有近千字（950字左右），但并非所有这些异体字都加圈，因为这些"亦作"字不别出，一般情况下，只有那些"亦作"字作为字头出现时才加圈。[16]

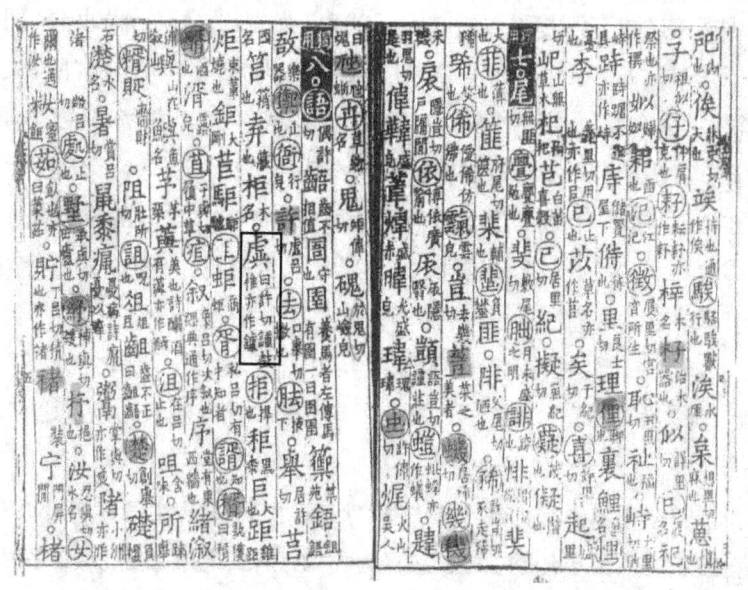

图2　真福寺本《礼部韵略》止尾语韵部分。止韵第五行"李"下缺小韵字"以"。语韵有数字脱缺，"阻"字注释后缺"○杵敞吕切"小韵，末行"褚"残缺注释"絮装衣"。南城本语韵字序略有不同，其中"墅""纾抒"三字在韵末。本版韵部字误圈和漏圈较多，如止韵"巳""巳""己"三字形似而文献误用而误以为多音字圈饰。止韵误圈"汜""俚"，尾韵漏圈"岂""虺"，误圈"檓""虫"；语韵漏圈"许""楮""抒""湑"，误圈"酤"等。按尾韵"虺"与"虫"是异体关系，"虫"是古文，不当圈。"虺"有平声灰韵一读，可圈。

（二）南城本错误

南城本错误如韵字方面，平声齐韵题小韵"缔"字误作"绨"，前有"绨"（厚缯），真福寺本、毛晃《增韵》《附释文》作"缔"。阳韵"樯"误作礻旁，清韵情小韵慈盈切下"晴"误作"睛"。又如上声麌韵诩小韵"呴"（口出温）误作目旁，果韵"埵"（坚土曰埵）误作"王"旁（注文不误）。有韵柳小韵"懰"（好也）误作"劉"。

反切错误：平声青韵"馨"本为醯经切，而误作醽经切，而"醽"为来母。上声语韵"与"字注"代渚切"，"代"为"弋"之误。混韵鳟粗本切，切上字"粗"误作"祖"。

赚韵湛丈减切,"丈"误作"文"。去声至韵季居悸切,"悸"误作"季";冀几利切,"几"误作"凡";志韵熹许记切,"许"误作"记"。漾韵况许放切,"许"误作"讦"等。另外,还有误置韵纽处,如去声至韵"壝"字,误注"堳垺切",并加韵纽小圈〇标记,实际上它属于上字"遗"小韵以醉切。注中"切"字错误,应为"也"字。

注释错误较多,此略说之。如之韵"琪"字:"王也。"其中"王"为"玉"之讹误。鱼韵"裾"字:"衣裾。""裾"误作"倨"。虞韵鮈小韵"鼩"字注释:"精鼩鼠名。""精"误作木旁。胏小韵"枹"字注释:"击鼓大。""大"为"杖"之误。俞小韵"𥈶"字注释:"窥𥈶私视。"其中"私"误作"秋"。文韵"𢒉"注"散也","散"为"𢾡"之误。上声有韵"丑"注:"亦作醜",当为"魗"。又溲小韵"獀"注:"春猎曰獀",误作"傁"。去声寘韵"硾"字注:"镇也,揣量物轻重。亦作㯜。""㯜"为"硾"之误,《增韵》《附释文》作"亦作磓"是。代韵"𨰤"注"鼎之绝大者","大"之笔势讹写成"笑"(从竹从大)。慨小韵"𨳒"注"开也",误写成"门也"。入声屋韵(见图版1)墣字注"由也","由"为"凷"(块之古文)之误;朴字注"木丛主皃",显然其中"主"为"生"字之讹;又椂字注曰:"车历录也。《诗》王椂梁辀。"其中"王"为"五"字之讹。又殰字注"胎贩也","贩"为"败"之误。"𤣥"字注:"车笒间篋。古者使奉玉以盛之。"其中"玉"讹误成"三"。

需要讨论的是,南城本登韵缺小韵"僧"字,真福寺本有,注思登切。下有"鬙"字,南城本则直接以"鬙"为小韵韵头字,注释为:"思登切,髼鬙发乱。"似乎原本无"僧"字,而非脱缺,后来礼部添加此字。南宋监本有此字,增注本如《附释文》:"僧,思登切,浮屠道人。"《增韵》:"僧思登切,沙门。"《校正释疑》:"僧,思登切。释僧伽沙门。"注释皆不一致。

有些讹误可能是由于韵书印刷年代久远而使墨迹漫漶灭裂,看起来像误字一样,如上声梗韵"哽"注释"语为舌所介",而"舌"字缺竖笔;又如"礦"古猛切,而"古"缺竖笔(见图),可以想象,这样简单的字绝不会写错,而是墨迹磨蚀了。当然,有的可能是讹误,如丙小韵"炳"注:"明也,亦作昞。"而"昞"误作月旁;小韵古猛切下"𪋿"字(麦也),右旁讹写成"苪"字。诸如此类,需要认真辨别。或当时笔画笔势不够规范,存在一种似是而非的"讹误"现象。另外,此韵䓬小韵"䓬"字注释错误需要辨正一下,原注曰:"䓬,蒲猛切,修为䓬,圆为蠵。"其中"蠵"应当为"蟥"(方成珪《集韵考正》)。[17]

另外,两本《韵略》都存在一些讹俗字(真福寺本见上)。如韵本赖作声旁的字多写成"頼",如入声曷韵和辖韵"獭",写作"獺"。南城本和真福寺本《韵略》均如此,南宋监本亦沿袭此误,如《附释文》《押韵释疑》《韵宝》等。又如南城本《韵略》凡"叉"

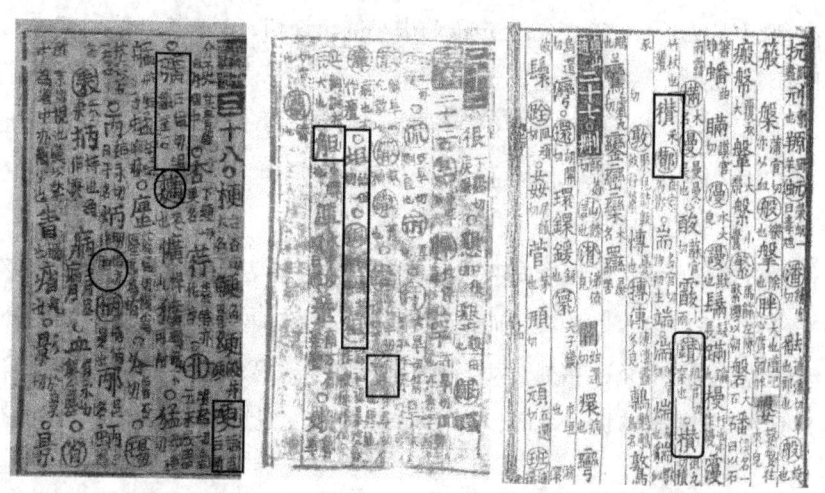

图3　南城本《韵略》上声梗韵和旱韵、真福寺本《韵略》桓韵部分。从韵本字体看，南城本比较古拙浑朴，真福寺本比较端庄秀丽。俗字讹误方面，南城本如早韵"亶坦但袒舽"四字瘤字注释中"瘤"字，且旁写作"且"，真福寺本桓韵"鑚攅穳酇"四字赞旁均作"贊"。圈围方面，真福寺本桓韵"胖""搏"误圈，"罄"漏圈，等等。

字都缺中间点而成"又"，麻韵的"叉"、佳韵的"钗""叙"等即如此。又如"旦"字讹写成"且"，如上声旱韵的"亶""坦""但""袒""舽"等"旦"旁均连写成"且"。衤旁与礻旁字往往混淆，如寒韵单小韵"襌"误作"禅"，寝韵"衽"误作礻旁，讹写为"衽"，去声至韵"袘"字（裳下缘），误作礻旁"袘"。最典型的是上声感韵"襡"（他感切，衣博大也）字误作礻旁，"襌"字（徒感切，除服祭）误作礻旁。耳旁与目旁字亦常混淆，如志韵"眙"（丑吏切直视）误作耳旁，讹写成"眙"。束旁字多讹写成束，如入声麦韵策字潢字，职韵棘字糠字等，都有这种写法。又如"贊"字及其偏旁字作"贊"者，如平声桓韵"鑚攅穳酇"均如此书写。按照《说文》，贊字从贝从兟（所臻切）。兟，进也。从二先。兟字薄旱切。《增韵》无改，《附释文》和《韵宝》写作"兓"（子林切）亦误。按兓从二先。先，首笄也。从人匕，象簪形，侧岑切。所以贊字从兓从兟皆非。《校正释疑》："贊字上从兟，作贊非。"《集韵》亦误作賛贊，注曰："从贝从兓，隶作贊。"《广韵》作"贊"。或为当时一种通行写法。

也有共同讹误者，清韵"莹"注文："石似玉，《诗》充耳秀莹。"显然"秀"为"琇"之误。又如先韵则前切"鞯"字注"马被具"，韵字和注释均有问题。按《说文》："鞯，马鞍具也。从革荐声。"而"鹰"在《广韵》纸韵池尔切，谐声不符，可知"鞯"为"鞯"之误，"被"为"鞍"之误。此误在南宋监本中沿袭下来，如《附释文》和《押韵释疑》均如此注释。毛晃《增韵》对此有所指正，"鞯"字注曰："鞍鞯。《说文》云马鞍具也。

从革从荐，监本从鹰误，今正。"如上声语韵虞小韵曰许切，曰误作"曰"。二十九筱韵：了卢皎切，注："决也，又了惠也。"其中"惠"当为"慧"之误，《广韵》："了，慧也。"南宋监本改作"慧"，如《附释文》《校正释疑》："了，卢皎切，决也，又了慧也。"入声屋韵"蝮"注"蠱也"，南宋监本同。按《说文》，此当注"虫也"，即蛇虺字，《韵略》尾韵收"虫"字，许伟切。

此皆编撰错误，非文献校勘问题。编辑人员狃习于文献而不复查，犹以钞胥刻工惮烦失于校雠，诡窜墨本以为有司而误字。宋初书籍刻印不精，即使官印也难免亥豕鲁鱼，当时九经之类不允许私刻，尽管南城本有诸多讹误，但仍可看作国子监印本，[18]它应该是景祐《韵略》模板的覆印，但中间有一些版式上的修改，因为新君即位而需避讳等。

（三）附《附释文》本错误举例

以上北宋刊本错误仅仅是举例性质，未能全部列举。归纳起来，北宋刊本误刻或编排错误甚多，这都是在所难免的事。南宋《韵略》注释本如《附释文》等，尽管校刻精善，但细核之下，错误仍然不少。或讹误俗字，或窜改官注，随处可见。此以四部丛刊本上声七止韵为例：

1. 韵字或注释中讹误俗字。①址：基也，亦作趾。按趾为址误。②柿，果也。按柿为柿误。③俟：林史切。按林为床误。④韵中"起屺杞芑纪"诸字，皆从己得声，而右旁"己"均写作"巳"。⑤恃，释云依也，赖也。按赖为赖之俗写，韵本赖作声旁的字多有如此写法，如桓韵"湍"字："他官切，释云急濑。"又入声曷韵和辖韵"獭"，亦如此书写为"獭"。[19]

2. 篡改官注，即以自己的注释窜入监注中，而缺注"释"字。⑥圮，砌也，《书》夹两阶圮。按北宋刊本《韵略》注释中仅有"砌也"二字。⑦秄，《诗》或耘或秄，亦作秄。按《韵略》未完整地引用诗句。⑧俟，林（床）史切，《说文》大也；《诗》伾伾俟俟；《语》原壤夷俟，倨皃。按《韵略》原注只有"大也"二字，其余字皆为注本所加。如果撇开"官注"这一层面，《附释文》这些补充性注释还是有一定的可取性。

3. 不能辨正监本圈注错误。⑨本韵"己"（身也，居里切）、"巳"（辰名，详里切）、"已"（止也，养里切）本为三个不同意义的字，《韵略》误圈之，《附释文》却没有辨正，却注释"见本韵"而误圈。⑩汜，江汜。释云：……又符咸孚梵二切，见凡梵二韵。按此字《韵略》有圈，以为多音字，《附释文》进一步以符咸孚梵二切之"泛"字互注之，益误。毛晃《增韵》指正曰，《诗》江有汜，"汜从水从巳，与泛字不同，辨在凡韵内，元有圈，今正。"按泛从水乏声，从乏得声的字皆在唇音闭口韵中，故"汜"字加圈误。

《广韵》《集韵》平声凡韵去声梵韵皆误作"氾",当为从水㔾声之泛。这种讹误由来已久,如项跋本王仁昫《切韵》平声凡韵"氾"字注曰:"又返剑详里二反。"

除了上述错误外,改动反切用字或反切讹误字也是非常多。如①平声庚韵盲字眉庚切/眉唐切(斜线/后为附释文,下同),②迎字鱼京切/鱼巾切,③上声巧韵卯字莫鲍切/莫饱切,④养韵罔字文纺切/丈纺切,⑤迥韵鞞字补鼎切/补顶切,⑥有韵朽字许久切/诗久切,⑦厚韵叟稣后切/苏后切,⑧上揭止韵错误还有滓字,北宋刊本庄仕切,《附释文》壮士切,等等。其中①②④⑥为文献校勘错误,③⑤⑦⑧为改动反切用字,有的可能是南宋监本所改。如反切上字"稣"全部改作"苏"的共有六次,[20]《增韵》《押韵释疑》《校正释疑》《韵宝》均如此。

附　注

1　宁忌浮先生在比较《广韵》《集韵》和《礼部韵略》三部韵书的反切之后,说:"粗略统计,《礼部韵略》全书计有3058个。与《集韵》相同的有2449个,占80%;不同的609个,占20%。四声分布不均,平声上声相同的明显地比去声入声少。它们的比例分别是75%、66%、90%、90%。与《广韵》相同的当然少得多,但数量亦相当可观,计有261个,占8.5%。如果把既与《集韵》相同又与《广韵》相同的加在一起,则达37%。"(《〈古今韵会举要〉及相关韵书》第二章《礼部韵略考》,第64页。中华书局1997年5月。)

2　如先韵以玄作切下字的小韵如:涓圭玄/圭渊切,譞呼玄/呼渊切,渊萦玄/萦年切,上声荡韵十六个小韵"朗"作切下字的必须改正,如荡徒朗/徒沉切,党多朗/多曩切,俍他朗/他曩切,曩乃朗/乃党切,等等。注释中增加老庄道家内容,并将"太玄"改"太元",如平声谆韵"礥"字注:"下珍切。难也。《太元》经有礥首"去声至韵"踤"注:"集也。《太元》经鹭踤于林。"

3　《玉海》卷四十五:"淳熙《礼部韵略》五卷,元年国子监言,前后有增改删削,及多差舛,诏校正刊行。"这些新增加字,无名氏《附释文》和郭守正《校正释疑》等都会注明"新制添入"字样。

4　恢复诗赋取士先于北宋末钦宗靖康元年(1126),《钦宗本纪》:"己未,复以诗赋取士,禁用庄老及王安石《字说》。"南渡后高宗建炎二年(1128)继续实行科举考试,《高宗本纪》:"(五月)丙戌,命参酌元祐科举条制,立诗赋经义分试法。"是年八月,开科考试,"庚寅,赐礼部进士李易以下四百五十一人及第出身,特奏名进士皆许调官。"《宋志》:"自绍圣后举人不习诗赋,至是始复。"嗣后从绍兴二年(1132)起,南宋朝廷一直实行诗赋取士。

5　据《附释文》所载《贡举条式》,绍兴四年三月十八日,"国子监申勘会旧本《韵略》,前后所载举人通知、考校格式并庙讳之类,缘自复行诗赋,后来续有申请删改,若止据旧本雕印,窃虑别致抵牾,欲乞从本监参照见行条式改正,雕印施行。"今《绍兴贡举条式》依旧保留了元祐五年孙谔奏疏和礼部批文,与真福寺本相同。

6　李文见《珍贵典籍的重大发现——北宋刊本〈礼部韵略〉》,《文献》2013年第3期。该文在韵书避讳研究上略有瑕疵,不叙。

7　李子君文章见《新发现北宋刊本〈礼部韵略〉刊刻时间考辨》,《华夏文化论坛》第九辑,2013年。最近在2016年出版的《宋代韵书史研究》中也有专门章节研究。

8　真福寺本《礼部韵略》本世纪初由日本学者水谷诚教授介绍并复印惠赠与中国学者,为学术界做了件大好事,功德无量。本文特表谢忱。

9　不同处在于真福寺本缺神宗和哲宗名讳的两个小韵,凡七字,并增添了十余字。

10　2013年10月9日,在北京召开了北宋刊本专家鉴赏会,曰"珍贵典籍的重大发现——北宋刻本《礼部韵略》国际研讨会",很多与会专家学者均有如此看法,见会议报道。

11　这些统计数字容有个别字出入,它是一项非常复杂的统计核查工作,难免有漏误。有些误圈可能是原本字形讹误而导致,如支韵佁小韵盈之切圮字,与脂韵否小韵部鄙切圮字,本为二字,而《韵略》误以为一字而加圈,毛晃《增韵》辨正曰:"圮,楚谓桥为圮,从已矣之已,与圯不同,圯从人已之已,元有圈,今正。""圮,岸毁,又倾覆。《书》方命圮族。从土从已。与圯不同。圯从已,音怡。监本有圈,今正。"又止韵"己""巳""已"本为三字,而《韵略》误以为同一字而加圈。所以"误圈"包括两种形式,一是误以为某字有异读,一是因为字形讹混而误以为一字加圈以别之,这种例子在韵本中很多。为慎重起见,我们还没有把这些误圈字计算在内。另外,毛晃《增韵》将"亦作"异体字也看成同一字加圈也是非常错误的,如去声霁韵帝小韵"谛"实际上只有一音,因为注中有"亦作諟",于是加圈,注曰:"谛,审也。古作諟,亦作諟,又齐韵,今圈。"今按《韵略》齐韵,既无"谛"字,亦无"諟""諟"二字。毛氏在"谛"字下增出"諟""諟"二字并加圈,非是。考察和研究《韵略》又音圈字,当以《韵略》韵部收字为主。
李子君教授统计真福寺本《韵略》漏圈韵字122个,误圈韵字195个,参见其著作《宋代韵书史研究》第131—136页。按子君归纳统计时略有遗漏,如平声钟韵实误圈四字(蚣松春䑕),而子君只有二字(松䑕);支韵漏圈实有四字(瘢披螭瘢),而子君遗"螭"字。

12　南城本去声圈围数字采用的是李子君的统计,去声笔者所得韵书照片不全,故此。真福寺本圈围字子君漏算了四个,应为1989个。

13　参见罗积勇、肖金云著《〈礼部韵略〉与宋代科举》,武汉:武汉大学出版社,2015年,第3页。

14　真福寺本"姁"字加圈,当误,因为南城本《韵略》无"姁"字。

15　南城本东韵缺卷,"风"字当有圈。

16　也有不加圈的例子,如上声有韵"丑"亦作"魗",平声尤韵雠小韵是周切有"魗"字,二字均未加圈。

17　方成珪《集韵考正》卷六:蠡注"《说文》蛙也,修为蠡,圈为螭。"案毛板蛙作阶。段氏从宋本及小徐本改陛,又云陛当依《玉篇》作坯,螭为螭字之讹。据《说文》正。(卷六,叶二十六)

18　一般人认为监本不会有什么错误,其实不然,宋毛居正著《六经正误》,勘正监本错误两千余处,清沈廷芳《十三经注疏正字》标注"监本误"者达3279次之多。

19　以上栋亭本和《四库全书》本错误较少,存疑。

20　这六次是:上声混韵损苏本切,旱韵散苏旱切,铣韵铣苏典切,晧韵扫苏老切,果韵锁苏果切,厚韵叟苏后切。另有一次"稣"作切下字时改作"酥"的,如平声模韵租宗稣切,《增韵》宗苏切,其他南宋注释本均为宗酥切。不知为何。

参 考 文 献

李致忠　　2013　珍贵典籍的重大发现——北宋刊本《礼部韵略》,《文献》第3期。
李子君　　2013　新发现北宋刊本《礼部韵略》刊刻时间考辨,《华夏文化论坛》第九辑。
李子君　　2016　《宋代韵书史研究》,北京：社会科学文献出版社。
李子君　　2012　日藏宋本《礼部韵略》刊印时间及版本问题,《齐齐哈尔大学学报》第4期。
李子君　　2012　论《礼部韵略》与《集韵》的差异,《吉林大学社会科学学报》第3期。
罗积勇、肖金云　2015　《〈礼部韵略〉与宋代科举》,武汉：武汉大学出版社。
水谷诚　　2000　关于真福寺《礼部韵略》,张丽娟译,《古汉语研究》第4期。
杨春俏　　2010　宋代《礼部韵略》官方修订史考述,《古汉语研究》第1期。
张渭毅　　2010　再论《集韵》与《礼部韵略》之关系,《南阳师范学院学报》第11期。

明末南京韵书《音义便考》二等知庄组字读细音例外的考察

封传兵

（湖南理工学院中文系　湖南师范大学文学院）

提要　学界对二等知庄组字是否有介音 i，存在着不同的声音，见仁见智。《音义便考》中的十四萧、十九阳和入声六药和八黠等四个韵部里存在少数中古二等知庄组字读细音的问题，《西儒耳目资》《韵法横图》等同期韵书里同样有记录，这种特殊的语音现象在徽语里也能找到历史遗留，可视为一种类型学证据。徽语等一些濒危方言里的特殊语音现象，有的反映了新的现实音变，有的则记录了汉语历史上的古老方音。现代汉语濒危方言在历史方音研究中的重要价值可见一斑。

关键词　《音义便考》　知庄组　二等字读细音　濒危方言　历史方音

学界对二等知庄组字是否有介音 i，存在过不同的声音，见仁见智。《音义便考》中的十四萧、十九阳和入声六药和八黠等四个韵部存在少数中古二等知庄组字读细音的问题，我们将对各韵里的二等知庄字读细音的情况进行具体分析和研究。在分析之前有必要介绍下《音义便考》这部书。

《音义便考》（又称《书文音义便考私编》）是明代李登（南京上元人）编撰的一部韵书，书成于明神宗万历十三年（1585），是记录 16 世纪官话音系的一部重要韵书。《音义便考》将声母分为平仄两类：平声三十一母，仄声二十一母；韵母设置则按介音的不同对旧韵进行离析，分立七十五韵部，入声九韵。而声调方面，以声母的清浊来体现声调的阴阳分立，四声分韵隐含五声的内容。《音义便考》一书内容丰富，创获颇多，不仅为我们提供了认识近代官话语音系统演变的一份极为宝贵的材料，同时也给今天

---

* 本文系国家社科基金项目"日藏李登珍本韵书及相关文献与 16 世纪南京语音演变研究"（17CYY027）、教育部青年基金项目"域外汉籍全书《书文音义便考私编》与明末官话语音研究"（15YJC740014）、国家社科基金重点项目"基于数据挖掘的《切韵》系韵书微观比较及方法论"（19AYY015）、国家社科基金重大项目（192DA316）阶段性成果。承蒙匿名审稿专家指正，谨致谢忱。

的中国语言学史和汉语音韵研究以很多的启示。

赵荫棠、李新魁、耿振生、黎新第、叶宝奎、宁继福等几位先生对《音义便考》都有过相关研究，然已有的研究大多比较概括，围绕这部韵书及其音系的一些较为关键的问题还未有深入挖掘，如古知庄章三组声母在《音义便考》中的读音分合及少数二等知庄组字读细音问题。以下就二等知庄组字读细音问题展开讨论。

我们先看《音义便考》萧韵的情况：

《音义便考》萧韵主要是中古三、四等宵、萧韵字以及部分二等肴韵牙喉音字，少数为齿音知庄组字。值得注意的是，《音义便考》将韵母分为开/卷舌/合/撮四呼，其中的卷舌呼相当于一般所说的齐齿呼，萧韵字均属卷舌呼。萧韵中的齿音照组字，从声母来源看，主要来自知庄组二等，少数为章组三等，《音义便考》中合并为照组；从韵母来源看，主要来自二等肴韵，少数来自三等宵韵，《音义便考》中合并一组，均为卷舌呼，也即均为细音，没有洪音。《音义便考》萧韵照组此类字收入《西儒耳目资》第7摄 ao、31摄 iao 两韵中，为研究需要，将《西儒耳目资》相应部分对照列出，情况如表1所示。

表1 《音义便考》萧韵中的古二等知庄组字[1]

阴平		照	穿	审
音义	捲舌	嘲謿 啁$_{知二}$篸篆抓$_{莊二}$	抄鈔㯲謙勦$_{初二}$	梢箾捎鞘弰蛸旓髾筲颾$_{生二}$
西儒	7摄 ao	chao 招朝$_{章三}$朝黿$_{知二}$昭鉊釗$_{章三}$嘲啁$_{知二}$篸篆$_{莊二}$	'chao 超佋$_{徹三}$弨$_{昌三}$謙鈔勦鈔$_{初二}$	xao 燒$_{書三}$梢捎蛸鞘筲弰$_{生二}$
	31摄 iao	○○○	○○○	xiao 梢捎蛸鞘弰筲弰颾$_{生二}$
阳平		照	穿	审
音义	捲舌		巢轈漅巢勦$_{崇二}$	
西儒	7摄 ao		'chao 朝黿潮$_{澄三}$巢轈巢漅$_{崇二}$	
	31摄 iao		○○○	
上声		照	穿	审
音义	捲舌	沼昭$_{章三}$爪叉蚤抓𤓷瑵$_{莊二}$獠獠$_{知二}$	炒煼𪓻䚯$_{初二}$麨麵$_{昌三}$	稍搜$_{生二}$
西儒	7摄 ao	chao 昭沼$_{章三}$兆旐趙肇搊$_{澄三}$魃䚯$_{莊二}$爪獠$_{知二}$	'chao 炒麨𪓻	xao 韶佋$_{禪三}$詔$_{章三}$窅$_{定四}$
	31摄 iao	○○○	○○○	xiao 稍$_{生二}$

续表

去声		照	穿	审
音义	捲舌	罩_{知二}抓_筮笊_{莊二}櫂棹_澄櫂	鈔抄訬_{初二}謜勦_{初二}趠踔_{徹二}	哨稍削_{生二}
西儒	7 攝 ao	chao 照詔_{章三} 召邵劭_{禪三} 趙_{澄三}罩_{知二}笊抓_{莊二}櫂棹_{澄三}	'chao 鈔_{初二}踔趠_{徹二}謜勦_{初二}	xao 邵_{禪三}少燒_{書三} 劭紹_{禪三} 繞遶饒_{日三}稍哨削_{生二}
	31 攝 iao	○○○	○○○	xiao 哨削稍_{生二}

通过表1的对比考察，发现在《西儒耳目资》中体现出同样的特色，即庄组二等字有介音 i，能与细音相拼。不过《西儒耳目资》读齐齿的范围明显小于《音义便考》，仅限于中古二等生母字，如"梢捎蛸鞘筲篙弰飍"（清平）、"稍"（上声）、"哨削稍"（去声），而且这些字大多表现为开口与卷舌之间的异读，既读 ao，又可读 iao。而中古二等的知庄彻初崇澄等声母韵字都只有开口 ao 一读，没有介音 i。《西儒耳目资》与《音义便考》同为明末江淮官话韵书，可以互为佐证，《音义便考》记录当不虚，近代音史上的中古二等开口知庄组韵字确实产生过介音 i，只是后来消失了。

接下来看阳韵的情况：

中古舌音知_二组、齿音庄_二庄_三组江韵、阳韵开口字放在《音义便考》齿音照组撮口呼，说明该韵知_二庄组发生由开口转撮口的变化，产生 y 介音。可以见表2所示：

表2 《音义便考》阳韵中的古二等知庄组字

阴平		照	穿	审
音义	撮口	樁_{知江開二}莊庄妝裝粧裝_{莊陽開三}	窓囪牎摐縱_{初江開二}憃_{徹江開} 創刅瘡_{初陽開三}	霜孀騻騸爽鷞鸘_{生陽開三}雙慅艭瀧_{生江開二}
西儒	40 攝 oam	莊妝裝_{莊陽開}樁_{知江開二}	窓摐縱_{初江開二}憃_{徹江開}創瘡_{初陽開三}	雙慅_{生江開二}霜騻鸘孀_{生陽開三}艭瀧_{生江開二}
阳平		照	穿	审
音义	撮口		狀床_{崇陽開二}幢撞橦籦噇_{澄江開二}淙從潀潨漴_{崇江開二}	
西儒	40 攝 oam		撞幢_{澄江開二}潀從_{崇江開二}橦澄江開二淙_{崇江開二}牀_{崇陽開二}	
上声		照	穿	审
音义	撮口	奘_{從蕩開一}	搶刾峌碀_{初養開三}	爽漺騻塽鷞甀_{生養開三}慅_{生江開二}
西儒	40 攝 oam	奘_{從蕩開一}	搶刾峌碀_{初養開三}	爽騻鷞塽漺甀_{生養開三}慅_{生江開二}

续表

去声		照	穿	审
音义	撮口	狀崇漾開三 壯莊漾開三 撞轠幢澄絳開二 戇憃知絳開三 崇崇絳開二	刱創滄渝愴倉初漾開三 踋徹絳開二 靚初絳開二	靘淙生絳開二
西儒	40 摄 oam	壯莊漾開三 憃知絳開二 艟轠幢澄絳開二 撞崇絳開二 狀崇漾開三 淙崇江開二	創愴倉渝初漾開三 靚靘徹絳開二 踋初漾開三	靘淙生絳開二

但是《西儒耳目资》阳韵此类字归入第40摄 oam 韵，为合口呼，与《音义便考》情况不同，是金尼阁的失误，还是《音义便考》后来的变化呢？我们推测《西儒耳目资》读合口可能是后来发生的变化。

再看药韵的情况：

《音义便考》的药韵，不但有来自中古三等开口的药韵的精组字，还有来自中古二等开口觉韵的照组字，它们同属卷舌呼。可知《音义便考》中古觉韵的知₂庄₂组字也增生了 i 介音，与萧韵、阳韵情况相同。兹列表如下：

表3 《音义便考》药韵的古二等知庄组字

音义	捲舌	照	卓踔逴倬知覺開二 鷟崇覺開二 稻穛斮莊覺開三 斲劚知覺開二 捉莊覺開二 浞鋜濯濯崇覺開二 擢鷟澄覺開二 琢啄噣涿諑拺椓斀敦瘃知覺開二 濁鐲澄覺開二 齪崇覺開二 筲莊覺開二
西儒	4摄 o 甚	ch	汋鷟浞鋜崇覺開二 筲莊覺開二 齪崇覺開二 捉莊覺開二 斮斲稻穛斮莊覺開三 琢啄卓踔倬逴涿諑拺椓劚知覺開二 濁濯鐲擢澄覺開二 逴知覺開二
音义	捲舌	穿	逴踔趠徹覺開二 婼齯離搦初覺開三 獵莊覺開二 篧初覺開二
西儒	4摄 o 甚	'ch	綽婼昌藥開三 趠徹覺開二 奨徹藥開三 篧初覺開二 婼踏徹藥開三 齯婼齱初覺開三 逴徹覺開二 搦初覺開二 踔徹覺開二
音义	捲舌	审	朔稍槊箾莂数欶嗍槖生覺開二
西儒	4摄 o 甚	s	索心鐸開一 朔稍箾欶数槊莂生覺開二 捒心鐸開一 槖生覺開二

《西儒耳目资》将此类字归入第4摄 o 甚韵，读为 cho、'cho、so，为开口呼，即二等知庄组字与洪音相拼，可能此时 i 介音已经消失，或者是传教士记音的差异造成的。又《音义便考》审母字金尼阁记音读舌尖前 so，不读舌尖后 xo，而《音义便考》仍读作舌尖后音，这也是二者的差异。李世泽《韵法横图》里"卓逴浊朔浞齱"二等知庄组字与"角見覺開二 确溪覺開二 岳疑覺開二 朴滂覺開二 遂明覺開二 嗀曉覺開二 学匣覺開二 渥影覺開二 荦来覺開二"等字排在一起，标作混呼。

最后是黠韵：

黠韵具有开、卷、合、撮四呼，即存在零介音、i、u、y 介音韵四项对立。其中齿音审母存在开口、撮口两项对立，开口呼主要来自二等开口黠、狎、洽韵字，撮口主要来自二等合口辖韵字。二等合口字归入撮口，说明中古庄组二等字可以与细音相拼，与阳、萧、药等韵情况相同。

表4 《音义便考》黠韵中的古二等知庄组字

音义	撮口	审	刷唰舒選率 鎋生二合
西儒	19摄 oa	x	刷 鎋生二合

《西儒耳目资》归入第19摄 oa 韵，读作 xoa，只有"刷"一字，为合口呼。金尼阁记录与《音义便考》不同，我们推测可能是后来的变化。

其实不只是《音义便考》和《西儒耳目资》，在李登之子李世泽《韵法横图》里也同样有这一现象，而且字数范围更广，涉及蟹摄、假摄、效摄、山摄、咸摄、江摄等的二等字，有阴声韵、阳声韵，还有入声韵字。具体情况如表5所示：

表5 《韵法横图》各韵中的古二等知庄组字

皆韵	齐齿	皆介揩楷摪瘵豺俙谐唻梩崌 皆二開 拐匡豸妳攌派買釵瘥曬蟹矮隘邂懈㦁媞 佳二開 囆寨 夬二開
加韵	齐齿	加假駕牙雅訝吒炸詫姹茶蠟拏霸把巴葩怕琶麻馬罵樝鮓詐叉杈查乍沙灑鰕鰣暇亚䕍下遐鴉啞 麻二開 恰 洽二開 拔 黠二開 瞎刹 鎋二開
交韵	齐齿	交教敲巧警咬棹嘲罩鬧桃鐃鬧豹飽抛砲鉋鮑庖茅卯貌爪炒鈔抄巢觀儌梢稍哮孝效肴啖吘 肴二開 紹 宵三開 寥 蕭四開
间韵	齐齿捲舌	間簡铿齦斓澶綻盼瓣盞棧僝潺山限莧豤閑豢眼 山二開 顏晏雁屭版慢訕諫 刪二開
监韵	齐齿而闭	監鑑嵌涊懺衫巖 銜二開 减詀個湛賺啽醮斬讒僝喊陷賺黯臉 咸二開
姜韵	混呼	姜羌強仰長帳昶丈仗釀獎攘搶蹌蔣匠想相象掌障唱敞賞傷尚上享向快央雨漾亮鑲酱強印張悵娘將瑲牆襄詳章莊昌床商霜常香央羊穰良 陽開三 方芳房亡 王陽合三 講絳腔曹憃憧噥膿邦綁攘脝胖棒尨庬怔窻漴雙傯巷項栙瀧愴 江二開
甲韵	齐齿	甲溍鴨 狎開二 恰劄賠插洽 洽開二 汰瞎霎八拔札殺軋 鎋開二 雅麻䩢挈 麻二
结韵	齐齿	结臬涅撇蔑節截屑絜 屑開三 熱哲徹轍齧別浙掣舌設列傑 薛開三 怯業脅 業開三 涉䒐妾輒 葉開三 協喋 貼帖開四 法屹乏 乏合三 鍤 洽二開
角韵	混呼	角確岳卓逴濁樸邈捉齷朔學渥犖 覺二開 約 藥三開

《韵法横图》里蟹、假、效、咸、山、宕、江等摄二等开口知庄组字与牙喉音、重唇音字归入一个韵类中，标作齐齿之类，有的与三四等字相混，有的独立成一类。邵荣

芬(2009)认为这一现象是存古的做法，只是为了保持二等韵的整体性而不把唇音和舌齿音从中独立出来。他解释说：

"(《韵法横图》)齐齿的皆、加、间、监、甲等韵所包括的都是这些韵母字所在的各个二等韵的全部开口字，其中邦、知、照各组声母现代北音，包括南京话，都跟古音一样，不同 -i- 介音相拼。如果在《横图》中它们带有 -i-，那就会出现从不带 -i- 到带 -i-，又到不带 -i- 的循环演变过程，其可靠性似乎有问题。这些二等字不另外立韵或并入相关的一等韵，大概也与存古有关。"

我们不完全同意邵先生的观点，如果说唇音置于齐齿类是作者有其他方面考虑的话，还可以理解，因为没有同样的语音证据。但是知照组情况不同，不但《韵法横图》里出现拼细音的情况，而且《音义便考》和《西儒耳目资》，还有后来的《韵法直图》都有这种现象。可见，近代汉语中二等知庄组字拼细音是一种语言事实。我们甚至在一些现代方言里也可以找到若干证据。

考察今天的江淮官话，已经很难找到二等知庄组字与细音相拼的痕迹，与江淮官话交界的吴语里也不见踪迹。但是我们在皖南徽语里却找到了一些例子，如安徽南部祁门县方言里的"沙"字读成"ɕiuɐ¹¹"、"杀"读"ɕiuɐ̃³⁵"、"柴"字读"tɕʰia⁵⁵"、"筛"读"ɕia¹¹""山"字读"ɕiɔ̃¹¹"、"刷"读"ɕyɐʔ³⁵"；黟县方言里的"巢"字读"tʃiu⁴⁴"、"站"字读"tʃiẽ³²⁴""衫"字读"ɕiɔ̃¹¹"；又绩溪县方言里的"柴"字读"ɕiɔ⁴⁴"、"筛"读"ɕiɔ³¹"等(《安徽省志·方言志》1997)。这种现象的背后可能隐含着更深层次的东西。

徽语是古吴越语的一个分支，与吴语关系密切，学者多主张划分作吴语徽州片，可归入广义上的吴语，属于南方方言无疑。我们推测近代南方方音里都有过二等知庄组字读细音的历史阶段，后来逐渐消失了，现代吴语和其他南方方言里这种现象都很难找到痕迹，只保留在今天少数方言如徽语祁门、黟县、绩溪话里。据鲁国尧(2003)研究，以南京为中心的江淮官话区在历史上曾经属于吴语的范围，而后来又长期受到南下北方方言的侵袭而节节败退。

我们可以做一个大胆的假设，近代历史上江淮官话仍然保留了早期吴语底层的一些语音特征，明末时期成书的《音义便考》《西儒耳目资》《韵法横图》等正是这一现象的真实记录。只不过后来江淮官话尤其是南京话又长期受北方方言的影响，与北方方言越来越接近，而许多早期的语音特征包括二等知庄组字拼细音现象随之消失了。不过这只是一种假设，有待新的方言材料的发现和进一步的研究、验证。

《音义便考》中十四萧、十九阳和入声六药和八黠等四个韵部里少数中古二等知庄组字读细音的现象，在《西儒耳目资》《韵法横图》里同样有记录，这种特殊的语音现象在现代汉语方言里也可以找到历史遗留，可视为一种类型学证据。徽语正是一种处于濒危状态的方言，其中的一些特殊语音记录，反映的不仅是一种现实音变，包括规律性音变和接触性音变；更有汉语历史方音的痕迹，对汉语方音史研究具有重要的价值和意义。由点及面，管中窥豹，现代汉语濒危方言研究之重要性和迫切性，可见一斑。

附　注

1　因为涉及汉字的音韵地位，表格内文字一律用繁体，其他内容仍用简体。

参 考 文 献

安徽省地方志编纂委员会　1997　《安徽省志·方言志》，合肥：方志出版社。
封传兵　2014　明代南京官话的语音系统及其历史地位，《中南大学学报》（社科版）第4期。
封传兵　2018　全本《音义便考》知庄章组声母读音的分合，《古汉语研究》第4期。
曹志耘　2001　关于濒危汉语方言问题，《语言教学与研究》第1期。
曹志耘　2005　论方言岛的形成和消亡，《语言研究》第4期。
李如龙　1996　论汉语方言的类型学研究，《暨南学报》（社科版）第2期。
刘晓南　2008　《汉语历史方言研究》，上海：上海人民出版社。
鲁国尧　2003　客、赣、通泰方言源于南朝通语说，《鲁国尧语言学论文集》，南京：江苏教育出版社。
王洪君　2014　《历史语言学方法论与汉语方言音韵史个案研究》，北京：商务印书馆。
唐作藩　2011　《汉语语音史教程》，北京：北京大学出版社。
黄笑山　1996　利玛窦所记明末官话声母系统，《新疆大学学报》（社科版）第3期。
邵荣芬　2009　韵法横图与明末南京方音，《邵荣芬语言学论文集》，北京：商务印书馆。

联绵词声类分布研究

沈建民

(华南师范大学文学院)

提要 本文统计了6146条联绵词的声类分布情况,数据显示联绵词前后字的声类组合有明显的倾向性。除了双声外,"X+来"也是联绵词常见的声类组合类型。联绵词的声类组合不仅与各个声类本身字数多少有关,而且也受到声母发音方法和发音部位的影响,照$_2$组和照$_3$组声母不适合做联绵词的声类。浊塞音声母不太适合做联绵词的前字,而清塞音和塞擦音声母不太适合做联绵词的后字。联绵词声类的组合要受大音节结构响度顺序原则的制约。

关键词 联绵词 声类分布 声类组合 前后字 上古声类 中古声类

联绵词在声类组合上的特点一直受到学者的关注,首先被讨论和研究的是双声类型,同时一些学者注意到"见来""明来""並匣"等组合也是较常见的联绵词声母类型[1]。笔者在《西汉联绵词音韵研究(声类部分)》[2]一文中曾对西汉联绵词的声纽分布情况做过分析,但该文所依据的联绵词材料过于宽泛,其统计结果可能有一些偏差。因此本文将所统计的材料做了筛选,删除了其中一些明显不属于联绵词的词语,同时将收词范围扩大到了先秦、两汉和魏晋。经过梳理,共收集到了6146条联绵词。我们首先将其声纽分布情况做了统计,在此基础上对联绵词的声类分布特点及声母组合类型做了分析。

本文的声母系统采用王力先生在《汉语史稿》中上古32类声母的分法,具体名称稍有不同。王力的余母我们称为以母,王力的禅母我们称常母,王力的山母我们称生母。尽管6146条联绵词包括了从先秦到魏晋的不同时期的材料,这之间声母应该会有变化。但现在大部分学者对中古声类的分法,与王力的上古32声类的差别只是多出了知组一类,而知组在中古基本上是与端组互补分布的。王力在《汉语语音史》中则认为直到南北朝时代还没有产生知彻澄三母。所以我们将端知组合并统计并不会从整体上影响分布的结果。

一　声类分布的倾向性

如果按上古32声纽来排列联绵词前后字的组合，可以得到1024种组合类型，各种组合的具体数字参见文末的附录三"联绵词前后字声类分布表"。表中右边栏的合计数是按前字的声类来统计的，下栏的合计数是按后字的声类来统计的。右边栏和下栏中用灰色标出的部分分别是前字和后字排在前5位的声类数，表格中部用灰色标出的部分是出现次数在31次（包括31次）以上的声类组合。统计数字显示，在各种可能的组合类型中，分布极不平衡，具有明显的倾向性。在1024种可能的声类组合类型中，实际出现的组合类型共723种，有301种声类组合没有出现。表1是各种组合类型的分布情况：

表1　声类组合分布表

出现次数	0	1	2	3	4	5	6	7	8	9	10	11	12	13	14	15	16	17	18	19	20	21	22	23	24	25	26	小计
组合类型数	301	129	114	82	46	60	30	43	27	13	16	19	13	12	9	13	7	9	4	2	6	6	2	2	1	4	5	975
联绵词数	0	129	228	246	184	300	180	301	216	117	160	209	156	156	126	195	112	153	72	38	120	126	44	46	24	100	130	3868
出现次数	27	28	29	30	31	32	33	34	36	38	39	40	41	46	54	58	59	67	68	69	78	79	92	97	141	164	小计	总计
组合类型数	5	2	5	1	2	3	4	5	3	1	1	1	1	2	1	1	1	2	1	1	1	1	1	1	1	1	49	1024
联绵词数	135	56	145	30	62	96	132	170	108	38	39	40	41	92	54	58	59	67	136	69	78	79	92	97	141	164	2278	6146

6146条联绵词按1024种组合类型平均分布的话，每种组合类型出现的频率大约为6次。我们以6次为平均线，表1显示联绵词出现次数等于或低于平均线（即出现6次和6次以下）的声类组合共有762种，占所有声类组合的74.41%。这762种组合共出现联绵词为1267个，占联绵词总数的20.62%。同时，高于平均线（即出现7次或7次以上）的声类组合为262种，占声类组合总数的25.59%。而其出现的联绵词有4879个，占联绵词总数的79.38%。可见联绵词在声类组合的分布上极不平衡，具

有很强的倾向性。如果我们进一步限制条件，将只出现1次或2次的声类组合看作可能是一种偶然的组合类型，再加上零组合，那么这3类组合类型总共有544种，占声类组合总数的53.13%。但出现的联绵词只有357个，占联绵词总数的5.81%。另一方面联绵词出现次数在31次或31次以上的声类组合共有36种，只占所有声类组合的3.52%，但其出现的联绵词有1913个，占联绵词总数的31.13%。我们可以将等于和低于平均线的组合看作低频声类组合，出现次数在31次和31次以上的声类组合看作高频声类组合。图1、图2两张图可以看出低频组合和高频组合中声类组合和出现次数之间的差别。

图1是联绵词声类分布在平均线6次和6次以下的低频组合的百分比情况，声类

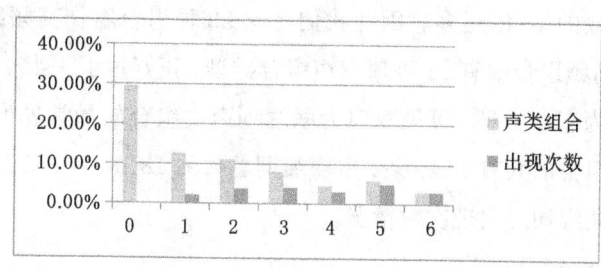

图1　低频组合声类分布图

组合所占百分比很高，但出现次数却很低。图2是出现31次及以上的高频声类组合情况，与低频组合的分布正相反，组合类型占比很小，出现的次数却很高。

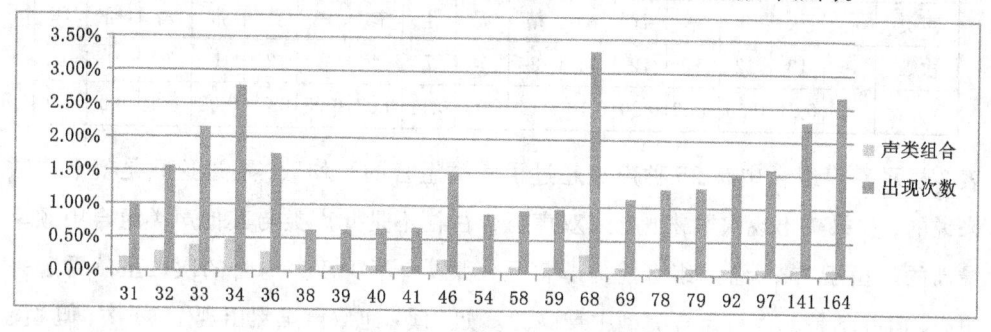

图2　高频组合声类分布图

下面具体分析这些高频组合声类和低频组合声类的情况。

二　高频组合声类分布

6146条联绵词按1024种组合类型平均分布的话，如果按实际出现的723种组合

来算,平均出现的频率约为8.5次。在723种声类组合类型中,其频率居前22位的声类组合类型及其出现次数和百分比如表2所示:

表2 高频声类组合分布表

前字	影	来	见	明	定	以	晓	见	影	明	匣	並	影	疑	溪	见	见	並	並	滂	影	匣	合计
后字	影	来	见	明	定	以	晓	来	以	来	匣	並	明	疑	溪	明	匣	並	影	滂	来	以	
次数	164	141	97	92	79	78	69	68	68	67	59	58	54	46	46	41	40	39	38	36	36	36	1453
百分比	2.67	2.29	1.58	1.50	1.29	1.27	1.12	1.11	1.11	1.11	0.96	0.94	0.88	0.75	0.75	0.67	0.65	0.63	0.62	0.59	0.59	0.59	23.64
双声	是	是	是	是	是	是	是	否	否	否	是	否	否	是	是	否	否	否	是	否	是	否	

这22种组合类型虽然只占所有可能出现的组合类型的2.15%,但出现次数却占了23.64%,是平均数的10倍还多。因此我们将这22种组合看作高频组合声类。从上表可以看出,在高频组合中有11种属双声组合类型,正好占了一半,且出现频率最高的前7种组合均为双声类型,可见双声为联绵词声类组合的最常见类型。在6146条联绵词中属双声组合的共有1149条,占联绵词总数的18.7%。表3是按上古32声类降序排列的双声联绵词的出现次数情况。

表3 双声联绵词分布表

声类	影	来	见	明	定	以	晓	匣	疑	並	滂	溪	清	帮	透	端
次数	164	141	97	92	79	78	69	59	46	39	36	34	34	27	26	19
百分比	2.67	2.29	1.58	1.50	1.29	1.27	1.12	0.96	0.75	0.63	0.59	0.55	0.55	0.44	0.42	0.31
声类	心	从	群	章	日	书	精	泥	生	初	庄	崇	常	昌	船	邪
次数	16	13	12	12	12	11	8	7	7	4	3	2	1	0	0	0
百分比	0.26	0.21	0.20	0.20	0.20	0.18	0.13	0.11	0.11	0.07	0.05	0.03	0.02	0.0	0.0	0.0

表3显示双声组合中有25种声纽超过了声类组合的平均数,不过这只是就平均数来说的,如果按出现次数来比较,双声组合往往不是此声类与其他声类组合中频率最高的。由于"来"纽的组合能力非常强,所以有不少双声组合的次数虽然看起来很高,但并不是此声纽组合类型中最高的。如"溪"纽双声虽然出现了34次,但"溪来"的组合却有46次,高于"溪"纽双声。又如"群"纽双声只有12次,不仅比"群来"组合的22次低,而且也低于"溪群"组合的16次。事实上只有13个双声组合为此声类组合中出现次数最高的。分别为"影、来、见、明、定、以、晓、匣、疑、滂、透、日、书"。有18种双声组合低于此纽的非双声组合最高次数,有1种双声组合与此纽的非双声组合最高次数持平。表4列出了这些双声组合低于或等于同纽非双声组合的情况:

表4 双声组合低于或等于非双声组合表

双声组合	声类	並	溪	帮	端	心	从	群	章	精	泥	生	初	庄	崇	常	昌	船	邪	清
	次数	39	34	27	19	16	13	12	12	8	7	7	4	3	2	1	0	0	0	34
非双声组合	前字	並	溪	帮	端	並	从	群	章	並	影	心	初	庄	崇	常	昌	来	匣	清
	后字	来	来	来	来	心	来	来	来	精	泥	生	匣	来	疑	以	匣	船	邪	来
出现最高次数		58	46	32	33	31	21	22	21	13	27	29	6	5	21	16	8	3	7	34

上面的表3中显示有7种双声组合的次数低于平均数。其中"昌""船""邪"三组没有出现双声联绵词,"常""崇"两组的双声组合分别只占0.02%和0.03%,即只出现了1次和2次。这与这些声类的总字数较少有关。从附录三分布总表的右边栏和下栏中可以看到,"昌""船""邪"三组在前字中的分布分别为76、0、20次,在后字中的分布分别为31、9、59次。"常""崇"两组在前字中的分布分别为55、52次,在后字中的分布分别为37、28次。如果按6146个联绵词的平均数来计算,每纽的出现次数应为192次,说明这些声纽的字在联绵词中本来分布就少。同时这些声纽字在《广韵》中的分布也很少。不过这些双声组合低于平均数不仅与其字少有关,也与其发音部位和发音方法有关,具体情况我们在下文再分析。

表2中有11种高频组合的声类为异声组合,其中后字为"来"纽的组合占了5种,表4中则有9种组合的后字为"来"纽,说明"X+来"型也是联绵词最常见的声类组合形式。表2的11种异声组合中有5种为"X+来"型,其余6种组合分别为"影以、影明、见明、见匣、並影、匣以",除"並影"外,另外10种非双声组合的联绵词都符合大音节结构对声类组合顺序的要求,也就是说后字声纽的响度应大于前字声纽的响度。附录三表中用灰色标出的声类组合超过31次的共有36种类型,除表1所列的22种外,另外14种声类组合我们称为次高频组合,其情况见表5。

表5 次高频声类组合分布表

前字	清	滂	並	清	溪	並	匣	端	明	明	定	帮	来	並	合计
后字	来	以	以	清	溪	匣	来	来	以	匣	明	来	明	心	
次数	34	34	34	34	33	33	33	33	33	32	32	32	31	31	459
百分比	0.55%	0.55%	0.55%	0.55%	0.54%	0.54%	0.54%	0.54%	0.54%	0.52%	0.52%	0.52%	0.50%	0.50%	7.47%
双声	否	否	否	是	是	否	否	否	否	否	否	否	否	否	

表5中除了2种双声组合外,其余12种异声组合也是符合大音节结构对声类顺序的要求的。其中后字为"来、以"两纽的共有7种。可见大音节结构的响度要求在联绵词的高频声类组合中起了重要的作用。

此外，有不少学者认为旁纽双声也是联绵词的常用声类组合。但在我们的统计数字中，旁纽双声联绵词没有一种组合是超过31次的。其中出现频率居前5位的组合分别是："影晓"28次，"並滂"22次，"透定"21次，"滂並"18次，"溪见"17次。总体来说，旁纽双声的出现频率并没有明显高于其他声类组合，因此我们认为旁纽双声并不能算联绵词中的高频组合类型，本文暂不讨论。

三　低频组合声类分布

上文将出现6次和6次以下的声类组合看作低频组合声类，共有762种组合类型。由于数量太多，本文无法全部分析，下面只讨论其中301种未出现（或可称为零出现）的声类组合类型。限于篇幅，这301种组合类型也无法一一列出，详细的情况可以看附录三中表中数字为0的声类组合。以前字零出现最多的船母和出现最少的溪、並两母为例，船母作为前字不能与任何声纽组合，溪母则除了与船母外可以跟任何声纽组合；並母除初母外，也可以跟任何声类组合。下面的表6按前后字分别统计这些零出现组合类型的声类分布情况。

表6　零出现声类组合前后字分布表

前字	船	邪	书	初	崇	生	庄	常	泥	日	以	昌	群	从	章	疑	透	心	滂	明	定	清	精	影	晓	帮	来	匣	见	端	溪	並
次数	32	22	20	18	18	18	17	16	15	12	11	9	8	8	8	7	7	6	5	5	5	4	4	4	3	3	3	3	2	2	1	1
后字	船	庄	初	崇	昌	常	生	清	书	滂	邪	群	晓	溪	精	帮	章	透	泥	从	日	並	见	端	影	明	疑	匣	以	心	来	定
次数	26	19	19	19	17	16	13	13	12	12	11	10	9	9	9	9	8	8	8	7	7	5	4	4	3	3	2	2	2	2	2	2

表6中数字越大表示出现频率越低，前后字分布的频率有较大的差别。相对来说，前字声类分布的差别更大，或者说前字声类在分布上有更强的倾向性。我们将表中零出现次数在16次以上（包括16次）的声类看作低频组合声类，共有9个。前字为"船、邪、书、初、崇、生、庄、常"8纽，后字为"船、庄、初、崇、昌、常"6纽。其中"船庄初崇常"5纽在前后字中都为低频组合声类，除"书"纽外，其余8个与双声联绵词中的低频声类相同。除"邪"纽外，其余7个都属于照₂或照₃组声母。

造成这些低频组合声类的原因首先与这些声类本身字数较少有关。我们统计了《广韵》中25333个字的声类分布情况，其中有8个声类正好也是《广韵》中字数最少的声类。表7列出了《广韵》中字数最少的10个声类和字数最多的4个声类的分布情况：

表7 《广韵》声类分布简表

广韵声类	船	庄	昌	邪	初	崇	书	常	日	生	其他	以	其他	定	匣	来	见	合计
字数	78	233	240	244	246	246	324	354	409	431	……	966	……	1504	1657	1735	2029	25333
百分比	0.31	0.92	0.95	0.96	0.97	0.97	1.28	1.40	1.59	1.70	……	3.81	……	5.94	6.54	6.85	8.01	100

可以看出，字数的多少确实是影响联绵词声类分布的重要因素，但我们认为字数并不是最重要的原因。"船"纽作为前字有32次零组合，即"船"纽完全不能出现在联绵词前字的位置上，在后字中则出现了9次组合。邪纽在前字中只出现了20次，在后字中则有59次。这恐怕不能完全用字数多少来解释。我们认为，发音方法和发音部位也是影响声类组合的重要因素。从发音方法来看，这9个声纽都是擦音或塞擦音，可见擦音和塞擦音不太适合作联绵词的声类。相对于前字来说，后字中"生、书、邪、心"4纽的零组合次数要少得多，这说明前字对擦音声类有较大的限制。值得注意的是"以"纽的分布。《广韵》中"以"纽的字数并不少，有966个，在《广韵》的出现次数中排第11位。而"以"纽在联绵词中作为后字出现频率也很高，共有537次，仅次于"来"纽居第2位。但在前字中出现频率却较低，并且有11种声类组合中不能用"以"纽为前字，分别是"帮、章、昌、常、日、精、清、从、庄、初、生"11纽。此外，"以溪、以滂、以邪、以崇"这4种组合都只出现1次。不少学者认为"以"纽字上古是个边音，但在中古以前已变为浊擦音。"以"纽较少用作前字，可能反映"以"纽在很早就已经变成了浊擦音。因为大部分联绵词是先秦以后产生的，而浊擦音不太适合作联绵词的前字，作后字则限制较小。另外后字与前字相比，"昌""滂""清"3纽出现的频率要低很多，说明送气音是限制联绵词后字的一个因素。

从发音部位看，低频组合的9个声类，除"邪"纽外，都为照₂或照₃组声类。其中"庄、初、崇、生"4纽不少学者都认为带有卷舌成分或性质，因此发音上较为困难。所以不管是在前字还是后字中，都很少用作联绵词的声类。总之，联绵词在声类组合上的限制，不仅与联绵词的双音节结构处于一个大音节结构中有关，也与声类的发音部位和发音方法有关。

四　前后字声类分布差别

联绵词前后字在分布上有较大的差别，这反映联绵词在声类组合上对前后字的限制是不同的。表8是前后字分布的数字。

表8　前后字分布表

声类	见	溪	群	疑	影	晓	匣	帮	滂	并	明	端	透	定	泥	来
前字次数	491	254	154	131	613	254	325	242	263	456	381	245	168	313	39	508
后字次数	363	166	158	281	369	237	420	119	128	174	467	156	132	448	101	779
声类	章	昌	常	书	船	日	以	精	清	从	心	邪	庄	初	崇	生
前字次数	120	76	55	34	0	48	191	114	184	124	171	20	33	35	52	52
后字次数	88	31	37	66	9	122	537	110	95	118	184	59	24	31	28	109

表8数字显示前字中出现频率最高的5个声类分别是"影、来、见、并、明",后字中出现频率最高的5个分别是"来、以、明、定、匣"。"来、明"两组在前后字中都是高频声类。"影、见、并"3组在前字中居高位,但在后字中并不居高位,而且比前字要低很多。在出现频率较低的声类中,前字有"船、邪、庄、书、初、泥、日"7组,后字有"船、庄、崇、初、昌、常"6组。"船、庄、初"3组在前后字中都居低位,其余7组前后字不同。上表中用灰色标出的是前字次数高于后字次数的,共有18组。未标色的是后字次数高于前字次数的,共有14组。

我们把其中前后字差别超过85的声类情况列成表9:

表9　前后字差别超过85的声类情况

声类	并	影	滂	见	帮	端	清	溪	声类	以	来	疑	定	匣	明
前字高	456	613	263	491	242	245	184	254	前字低	191	508	131	313	325	381
后字低	174	369	128	363	119	156	95	166	后字高	537	779	281	448	420	467
差	282	244	135	128	123	89	89	88	差	-346	-271	-150	-135	-95	-86

表9中前高后低的声类除"清"组外全为塞音,其中有7个为清塞音。说明塞音声类特别是清塞音不适于做后字。后高前低的声类全为浊音,说明浊音声类更适合做后字。其中"以"组最为明显,是前后字相差次数最高的。

为了更清楚地显示表8中前后字分布的差别,我们把表8的数据转成下面的柱形图:

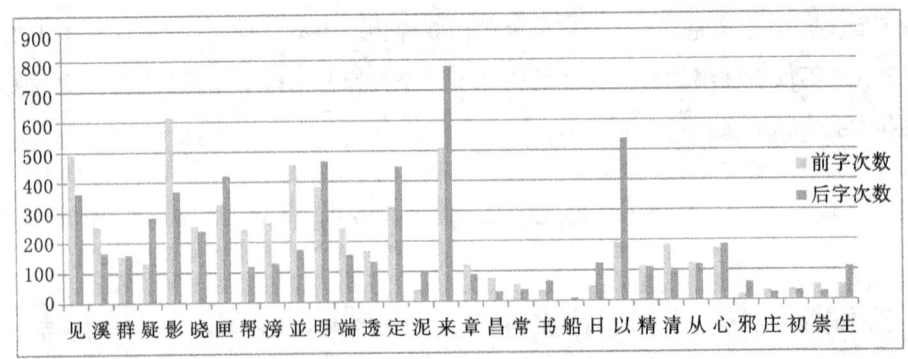

图3　声类前后字分布差别图

从图3中前后字的差别可以看出，在全清和次清声母中凡塞音和塞擦音声母都是前字高于后字，这说明清声母塞音和塞擦音不适于作后字。次浊声母都是后字高于前字，说明次浊声母更适于作后字。擦音声母中无论清浊，除"晓"纽外，都是后字高于前字。其中"常"纽是前字高于后字，"船"纽是后字高于前字。这也从另一个角度证明了陆志韦先生提出的假设："常"纽是塞擦音而"船"纽是擦音。潘悟云(1997)认为"晓"母上古并非擦音，而是小舌塞音，联绵词声类分布中"晓"纽的前字高于后字与此观点相合。因此可以说擦音更适于作后字。全浊塞擦音声母都是前字高于后字，全浊塞音中"定、群"两纽是后字高于前字，而"並"纽是前字高于后字，这是否反映"並"母有部分字较早地变入"奉"母还有待研究。综上所述，可以证明声纽的发音方法对联绵词前后字的选择会有影响。

前后字分布的差别说明，各声类的出现频率既与不同声类字本身字数的多少有关，也与各声类的发音特征有很大关系。联绵词的前后字构成了一个大音节结构，前后字声类在组合上要受到响度顺序原则的制约。

五　前字韵尾和后字声类分布的关系

统计数据显示，前字韵尾的不同会影响到后字声类的分布。我们将前字的韵尾按上古30韵部分别归为九种不同的韵尾。其中蒸、冬、东、阳、耕5部的字归到 -ŋ 尾，职、觉、药、屋、铎、锡6部的字归到 -k 尾，真、文、元3部的字归到 -n 尾，质、物、月3部的字归到 -t 尾，侵、谈2部的字归到 -m 尾，缉、盍2部的字归到 -p 尾，歌、脂、微3部的字归到 -i 尾，幽、宵2部的字归到 -u 尾，之、支、侯、鱼4部的字归到 -∅ 尾。表10是前字不同韵尾与后字各种声类相组合的分布情况：

表10　不同韵尾与后字声类组合分布表

声类	韵尾																		合计
	-ŋ	百分比	-k	百分比	-n	百分比	-t	百分比	-m	百分比	-p	百分比	-i	百分比	-u	百分比	-∅	百分比	
见	61	16.80%	22	6.06%	63	17.36%	40	11.02%	7	1.93%	7	1.93%	47	12.95%	50	13.77%	66	18.18%	363
溪	26	15.66%	8	4.82%	30	18.07%	18	10.84%	8	4.82%	2	1.20%	31	18.07%	17	10.24%	26	15.66%	166
群	29	18.35%	10	6.33%	35	22.15%	13	8.23%	2	1.27%	4	2.53%	18	11.39%	16	10.13%	31	19.62%	158
疑	30	10.68%	26	9.25%	49	17.44%	21	7.47%	28	9.96%	9	3.20%	48	17.08%	29	10.32%	41	14.59%	281
影	55	14.91%	35	9.49%	83	22.49%	37	10.03%	31	8.40%	7	1.90%	47	12.74%	33	8.94%	41	11.11%	369
晓	39	16.46%	26	10.97%	35	14.77%	18	7.59%	17	7.17%	10	4.22%	34	14.35%	23	9.70%	35	14.77%	237
匣	83	19.76%	19	4.52%	99	23.57%	24	5.71%	18	4.29%	5	1.19%	77	18.33%	48	11.43%	47	11.19%	420

续表

声类	韵尾																合计
	-ŋ	百分比	-k	百分比	-n	百分比	-t	百分比	-m	百分比	-p	百分比	-i	百分比	-u	百分比	-ø	百分比	
帮	27	22.69%	7	5.88%	27	22.69%	12	10.08%	5	4.20%	2	1.68%	17	14.29%	9	7.56%	13	10.92%	119
滂	30	23.44%	11	8.59%	34	26.56%	7	5.47%	4	3.13%	1	0.78%	19	14.84%	9	7.03%	13	10.16%	128
並	34	19.54%	9	5.17%	38	21.84%	11	6.32%	4	2.30%	4	2.30%	25	14.37%	16	9.20%	33	18.97%	174
明	82	17.56%	34	7.28%	111	23.77%	33	7.07%	20	4.28%	1	0.21%	65	13.92%	59	12.63%	62	13.28%	467
端	25	16.03%	11	7.05%	30	19.23%	14	8.97%	6	3.85%	2	1.28%	21	13.46%	24	15.38%	23	14.74%	156
透	20	15.15%	17	12.88%	11	8.33%	5	3.79%	15	11.36%	1	0.76%	17	12.88%	18	13.64%	28	21.21%	132
定	97	21.65%	31	6.92%	60	13.39%	33	7.37%	28	6.25%	16	3.57%	58	12.95%	57	12.72%	68	15.18%	448
泥	14	13.86%	10	9.90%	14	13.86%	4	9.96%	4	3.96%	4	3.96%	24	23.76%	14	13.86%	13	12.87%	101
来	125	16.05%	101	12.97%	101	12.97%	49	6.29%	45	5.78%	13	1.67%	115	14.76%	99	12.71%	131	16.82%	779
章	17	19.32%	5	5.68%	20	22.73%	4	4.55%	7	7.95%	5	5.68%	7	7.95%	8	9.09%	15	17.05%	88
昌	4	12.90%	2	6.45%	12	38.71%	4	12.90%	1	3.23%	2	6.45%	4	12.90%	1	3.23%	1	3.23%	31
常	5	13.51%	3	8.11%	7	18.92%	3	8.11%	3	8.11%	1	2.70%	7	18.92%	6	16.22%	2	5.41%	37
书	5	7.58%	19	28.79%	5	7.58%	2	3.03%	6	9.09%			9	13.64%	4	6.06%	14	21.21%	66
船	3	33.33%	1	11.11%	2	22.22%	0	0.00%	2	0.00%	0	0.00%	1	11.11%	2	22.22%	0	0.00%	9
日	24	19.67%	11	9.02%	21	17.21%	4	3.28%	11	9.02%	7	5.74%	14	11.48%	15	12.30%	15	12.30%	122
以	109	20.30%	34	6.33%	94	17.50%	22	4.10%	38	7.08%	9	1.68%	73	13.59%	97	18.06%	61	11.36%	537
精	15	13.64%	10	9.09%	22	20.00%	9	8.18%	0	0.00%	2	1.82%	15	13.64%	10	9.09%	27	24.55%	110
清	20	21.05%	10	10.53%	9	9.47%	2	2.11%	6	6.32%	0	0.00%	25	26.32%	17	17.89%	6	6.32%	95
从	15	12.71%	8	6.78%	18	15.25%	1	0.85%	10	8.47%	6	5.08%	14	11.86%	30	25.42%	16	13.56%	118
心	21	11.41%	16	8.70%	30	16.30%	10	5.43%	12	6.52%	3	1.63%	32	17.39%	25	13.59%	35	19.02%	184
邪	9	15.25%	1	1.69%	21	35.59%	1	1.69%	5	8.47%	3	5.08%	9	15.25%	5	8.47%	5	8.47%	59
庄	3	12.50%	1	4.17%	5	20.83%	2	8.33%	0	0.00%	1	4.17%	4	16.67%	2	8.33%	6	25.00%	24
初	6	19.35%	4	12.90%	0	0.00%	1	3.23%	6	19.35%	0	0.00%	3	9.68%	5	16.13%	6	19.35%	31
崇	4	14.29%	2	7.14%	0	0.00%	1	3.57%	8	28.57%	1	3.57%	1	3.57%	5	17.86%	6	21.43%	28
生	9	8.26%	14	12.84%	11	10.09%	13	11.93%	12	11.01%	3	2.75%	7	6.42%	18	16.51%	22	20.18%	109
合计	1046	17.02%	518	8.43%	1097	17.85%	418	6.80%	363	5.91%	137	2.23%	888	14.45%	771	12.54%	908	14.77%	6146

表10中的百分比是各个声纽在不同韵尾中所占的比例。如见纽字作后字的联绵词总数为363个,见纽在-ŋ韵尾后共出现61次,所占的比例为363次的16.80%;在-k韵尾后出现了22次,所占的比例为6.06%。表中最底下一行合计中的百分比是所有声类与不同韵尾组合的比例,这个百分比大致反映了不同韵尾与各种声类组合的平均值,这实际上反映的是不同韵尾在联绵词前字中的分布情况。从韵尾来看,阳声韵尾中-n、-ŋ两种韵尾与声类的组合能力最强,其次是阴声韵尾,入声韵尾的组合能力最低。从发音部位来看,唇音韵尾与声类的组合能力明显低于其他韵尾。这与联绵词韵

类分布的情况相关，这里暂时不做讨论。

表10中将高于韵尾与声类组合平均值3个百分点的数字用深色显示，低于这个平均值3个百分点的韵尾声类组合用浅色显示[3]。因此表中深色显示的部分可以看作声类与韵尾结合能力较强的声母类型，而用浅色显示的部分则是结合能力较低或有限制的声母类型。无深色和浅色的区域则是接近平均值的声母类型。上表显示，就发音部位来看，同部位的声类和韵尾之间的组合能力较低，呈现相互排斥的状况。如表10中牙喉音声类在 -ŋ、-k、-u 韵尾后只出现浅色标记而未出现深色标记。帮组声类在 -m、-p 韵尾后也只出现浅色标记，未出现深色标记。端组声类在 -n、-t 韵尾后出现的深浅色标记情况也是如此。

再从各个声类与不同韵尾组合的最高值和最低值来看（见表11），都出现在精、章、庄三组声母中。这反映了这几组声母对韵尾的选择性较强，而见组、影组、帮组、端组声母与韵尾的组合较为平均，既没有出现最高值，也没有出现最低值。说明这几组声母能较好地与各种韵尾相组合。从具体声母来看，"端"母的组合能力最为稳定，既没有出现深色，也没有出现浅色。只在一种韵尾中出现浅色的声母有"见、溪、疑、晓、明、定、来、日、以、心"10个，可以说这些声母对韵尾的限制较少。可见前字韵尾的不同，对后字声类的选择有一定的影响。

表11 不同韵尾与后字声类组合最高和最低值表

-ŋ	百分比	-k	百分比	-n	百分比	-t	百分比	-m	百分比	-p	百分比	-i	百分比	-u	百分比	-ø	百分比
船	33.33%	书	28.79%	昌	38.71%	生	11.93%	崇	28.57%	书	9.09%	清	26.32%	從	25.42%	莊	25.00%
书	7.58%	邪	1.69%	初崇	0.00%	船	0.00%	船精莊	0.00%	船清初	0.00%	崇	3.57%	昌	3.23%	船	0.00%

六 结 论

联绵词在声类的组合分布上有明显的倾向性，出现频率较高的声类组合除了具有双声倾向外，前字用牙喉音声类，后字用来母和明母也是常见的组合类型。双声类型中也有出现频率很低或者不能组合的。联绵词在声类组合分布上的倾向性，与声类的发音部位和发音方法都有关系。从发音部位看，牙喉音声母较多做联绵词的声类，照₂组和照₃组声母不适合做联绵词的声类。从发音方法看，浊塞音声母不适合做联绵词的前字，而清塞音和塞擦音声母不适合做联绵词的后字。联绵词在声类分布上的特点还表现在前后字分布的不同，同时，前字韵尾的不同，也会影响到后字声类分布。这些特点显示出联绵词声类的组合要受大音节结构响度顺序原则的制约。

附 注

1 参见冯蒸(1987)，施向东(2005)。
2 见沈建民、刘敏(2016)。
3 由于-p尾列的平均百分比只有2.23%，此列用浅色标出的是低于1%的声类组合。

附录一　见来纽组合联绵词

干卤	刚戾	刚卤	冈𡊭	纲络	皋牢	合间	葛藟	各落	枸篓	菰芦
觚棱	觚羸	股慄	股栗	騧騋	挂离	乖剌	乖滥	乖离	乖戾	乖乱
关梁	沆瀣	诡戾	果臝	蜾蠃	蟈蠃	过羸	击戾	既禀	系累	系恋
姧兰	瑊玏	謇连	简连	简练	僵落	胶轕	胶戾	胶盩	轇轕	校犁
痎疟	纠缭	纠蓼	樛流	拘领	拘留	拘搂	拘录	拘挛	痀偻	痀慺
踽偻	屦缕	愧厉	昆仑	崑崙	括楼	栝楼	蜗赢	枭牢	枭乱	蝈螂
拿敛	玲䃯									

附录二　明来纽组合联绵词

麻缕	马蓝	马陆	满涧	曼丽	漫澜	芒骆	芒落	龙凉	茫浪	牻犖
蛑蝼	貿乱	瞀乱	蒙茏	蒙珑	蒙笼	朦胧	蒙晓	孟浪	弥离	弥留
弥纶	縻烂	弥历	靡拉	靡烂	靡丽	靡厉	幎歷	幂历	冪歷	绵连
绵挛	绵络	縣连	绵联	绵留	緜挛	缪力	缪戾	缪盩	闵怜	愍怜
铭诔	螟蛉	螟蠕	摹略	摩挲	磨砻	谟虑	莫落	莫虑	牟娄	瞴娄
幕络	亡虑	冈𡊭	冈阆	冈浪	冈两	蜩蜽	蝄蜽	魍魉	望浪	无虑
勿虑										

附录三　联绵词前后字声类分布表

	见	溪	群	疑	影	晓	匣	帮	滂	并	明	端	透	定	泥	来	章	昌	常	书	船	日	以	精	清	从	心	邪	庄	初	崇	生	合计	
见	97	13	13	28	15	7	40	11	7	7	41	8	11	29	4	68	9	2	3	5	0	10	24	8	7	2	5	4	1	2	0	10	491	见
溪	17	34	16	15	3	4	18	2	1	5	6	8	7	25	1	46	3	2	2	1	0	2	11	6	6	5	1	1	2	1	2	1	254	溪
群	11	13	12	9	3	0	9	2	0	3	3	7	1	11	2	23	2	2	1	0	0	5	14	4	3	0	3	0	0	1	0	10	154	群
疑	3	3	3	46	4	2	14	0	2	4	2	5	1	7	0	5	1	2	1	0	0	0	3	2	3	7	3	0	2	5	0	5	131	疑
影	20	13	17	14	164	26	15	6	18	54	11	12	29	27	2	36	15	0	9	8	0	9	68	6	3	8	10	4	2	5	0	0	613	影
晓	5	7	2	1	5	69	10	3	6	18	5	14	6	27	4	2	2	1	6	25	0	3	8	5	8	4	0	0	3	0	254		晓
匣	20	10	7	10	10	10	59	5	4	29	7	6	27	4	33	15	1	5	13	0	7	36	3	1	5	3	7	0	0	3	5		325	匣

续表

	见	溪	群	疑	影	晓	匣	帮	滂	並	明	端	透	定	泥	来	章	昌	常	书	船	日	以	精	清	从	心	邪	庄	初	崇	生	合计	
帮	11	3	2	7	8	13	15	27	8	14	9	8	7	16	2	32	1	2	4	5	0	5	16	9	1	1	10	2	1	0	0	3	242	帮
滂	10	7	0	9	20	13	17	8	36	18	15	3	1	11	7	29	2	0	0	0	7	34	3	0	2	4	1	1	1	1	3	263	滂
並	20	6	17	11	38	17	33	12	22	39	25	4	1	21	6	58	4	2	2	3	1	7	34	13	1	7	31	7	3	0	2	9	456	並
明	15	6	2	8	8	10	32	7	5	11	92	6	8	17	2	67	3	0	3	1	0	6	33	7	8	6	12	1	0	0	0	5	381	明
端	16	7	5	15	9	5	20	2	4	12	14	19	2	8	7	33	8	1	1	2	0	4	13	7	1	6	10	6	2	3	0	3	245	端
透	12	3	7	2	5	7	7	2	0	4	15	2	26	21	5	12	2	3	0	2	0	5	15	5	1	2	1	0	0	0	0	2	168	透
定	13	3	5	21	8	5	26	4	7	0	32	8	11	79	5	26	1	0	0	2	1	4	28	3	1	8	7	1	0	2	2	0	313	定
泥	3	0	0	3	2	0	2	0	2	0	0	1	1	5	7	1	0	1	0	0	0	3	2	0	1	2	0	0	0	0	0	0	39	泥
来	30	20	19	8	22	14	23	12	10	11	0	11	31	26	12	29	1	3	7	3	2	3	3	5	1	5	8	14	17	0	0	0	4	11	508	来
章	5	3	5	4	4	3	10	1	2	1	5	6	0	4	0	21	12	0	2	0	3	0	5	15	0	1	4	2	1	0	0	0	120	章
昌	5	2	7	2	5	0	7	2	3	0	0	3	1	5	1	3	1	5	0	0	0	4	7	4	0	0	1	1	0	1	0	1	76	昌
常	2	0	0	5	5	0	4	0	2	0	0	2	0	6	4	1	1	1	0	0	0	16	0	0	1	1	1	0	0	0	0	2	55	常
书	0	0	0	0	0	7	0	1	0	0	0	2	0	2	3	1	0	0	11	0	1	2	1	0	0	2	0	0	0	0	1	0	34	书
船	0	0	0	0	0	0	0	0	0	0	0	0	0	0	0	0	0	0	0	0	0	0	0	0	0	0	0	0	0	0	0	0	0	船
日	3	1	0	1	1	0	2	1	0	1	3	1	3	1	1	4	1	0	0	2	0	0	12	2	1	2	2	5	0	0	0	1	0	48	日
以	9	1	2	7	7	6	14	0	1	3	12	4	4	15	2	11	0	0	0	5	2	0	78	0	0	0	0	6	1	0	0	1	0	191	以
精	12	3	2	10	4	3	5	2	1	5	6	2	2	8	2	5	1	0	0	0	0	4	9	8	3	6	2	4	3	2	0	1	114	精
清	8	0	1	3	3	6	11	2	1	11	6	0	0	17	2	34	2	2	0	3	0	3	3	7	34	7	4	4	2	6	0	1	184	清
从	3	2	4	11	5	1	4	1	0	1	13	1	0	2	5	6	1	0	0	0	0	5	3	6	13	6	2	2	0	3	0	0	124	从
心	5	4	9	3	4	2	11	1	2	2	14	0	2	25	2	8	1	3	0	4	0	16	0	0	2	16	3	1	0	0	0	29	171	心
邪	5	0	0	0	0	0	0	0	0	0	1	0	0	0	0	1	0	1	0	0	3	0	0	0	0	0	0	0	0	0	0	0	20	邪
庄	3	0	0	3	0	0	2	1	1	0	3	0	0	5	0	1	0	0	0	0	0	2	1	0	1	3	0	3	1	1	0	0	33	庄
初	0	0	0	3	2	1	6	0	0	0	0	2	1	5	1	2	0	0	0	0	0	0	1	0	5	1	0	0	4	0	0	4	0	35	初
崇	0	0	1	21	2	0	3	1	0	0	0	3	4	0	4	0	0	0	0	0	0	0	5	1	0	0	0	2	0	0	52	崇
生	0	2	0	0	1	0	0	3	0	1	1	1	0	7	0	13	1	0	2	0	0	0	7	0	0	0	5	1	0	0	0	7	52	生
合计	363	166	158	281	369	237	420	119	128	174	467	156	132	448	101	779	88	31	37	66	9	122	537	110	95	118	184	59	24	31	28	1096	146	

参 考 文 献

符定一　1954　《联绵字典》，北京：中华书局。
董为光　1986　汉语"异声联绵词"初探，《语言研究》第 2 期。
冯　蒸　1987　古汉语同源联绵词试探，《宁夏大学学报》第 1 期。
潘悟云　1997　喉音考，《民族语文》第 5 期。
潘悟云　2000　《汉语历史音韵学》，上海：上海教育出版社。
石毓智　1995　论汉语的大音节结构，《中国语文》，第 3 期。
施向东　2005　联绵词的音韵学透视，董琨、冯蒸主编《音史新论·庆祝邵荣芬先生八十寿辰学术论文集》，北京：学苑出版社。
沈建民、刘　敏　2016　西汉联绵词音韵研究（声类部分），《中国语言学报》第十七期，北京：商务印书馆。
王洪君　1999　《汉语非线性音系学》，北京：北京大学出版社。

从"脚趾头"说到异形词

魏钢强

(二十一世纪出版社)

提要 现行异形词规范将"书面语"等同于指用文字表达的"书面"方式,还把异形词限定为"普通话书面语中"的词语,存在概念混淆和限定不当的错误。而以普通话声韵调相同作为异形词的"同音"标准,则潜藏着更大的问题。本文从引发争议的"脚趾头"的写法切入展开讨论,还对异形词规范的相关政策提出了质疑。

关键词 语文规范　异形词　字形　书写形式　语体　书面语

2011年8月,《新华字典》第11版修订组借新华网、《中国新闻出版报》等媒介平台发布文章,全面回应读者对新版字典的批评。文章针对"脚指头"和"脚趾头"混用的质疑,基本认可"脚指头"的规范字形当作"脚趾头",解释说它们是一对"目前还没有规范"的"异形词"。此文既出,议论顿消。修订组仓促回应,难免有失缜密;而被普遍接受,足见误会之深。且所涉"异形词"问题困扰一线文字编辑久矣,虽时隔多年,仍有讨论之必要。

一　个案分析:"脚指头"还是"脚趾头"

1.1 修订组文章称,"所谓异形词,是指书面语中音义相同、用法相同而书写形式不同的词语"。此说沿用的是《现代汉语词典》(以下简称《现汉》)【异形词】条的解释,略去"书面语中"四个字,可作为本文讨论的基础。

"指头"的"指"和"脚趾"的"趾"不能简单地看作同音字。《现汉》"指头"条注明的"口语中多读 zhí·tou",绝非北京话偶然的音变。南昌、济南、武汉、长沙、金华、洛阳、徐州等诸多地方的方言"指"音"执"或"支",其古音地位有着基本一致的指向——来自入声。丁声树(1989)记录河南省遂平方言的"指头",特别用发圈方式标示"指"读阴平,并且注明字音"=枝"。遂平方言古清入今读阴平。

北京话的"指"有两个:"指¹"读 zhǐ,如"手指¹";"指²"读 zhí 或 zhī,用于"指²头"和"指²甲"。"指²"其实是训读字。

1.2 "脚趾头"的正确写法应该是"脚指头",写作"脚趾头"是误认为其构成是"脚趾"+"头"。其实"手/脚指头"的"指"是"指²"而非"指¹",其构成应该是"手/脚+指头"。许多"手指头"和"指头"并存的方言,"手指"在口语中并不说。《红楼梦》全书出现"指头(儿)"共12例,"手指"仅一例,即第六十二回中的"晴雯用手指戳在芳官额上"。就这一例,还不能完全排除"指戳"连读的可能。

"趾头"的写法辞书和典籍中未见。《现汉》的词条,立有"手指""脚趾",还立有"指头""手指头""脚指头",就是不立"趾头"和"脚趾头",甚是高明。【指头】注"也指脚趾",【脚指头】释作"脚趾"而不加注"也作脚趾头",周密妥帖无疏失。

1.3 记录方言时,常见"脚指头"被写作"脚趾头",但"趾头"的读音跟"指头"并无区别。"趾/指"用字不同来历相同,都来自古入声。以下方言材料均引自《现代汉语方言大词典》分卷本(王军虎1996,温端政、张光明 1995,李树俨、张安生 1996,魏钢强 1998,颜清徽、刘丽华 1994,鲍厚星、崔振华、沈若云、伍云姬1993):

西安	手指头 [ʂou⁵³ tsʅ²¹·t'ou]	脚趾头 [tɕyo²¹ tsʅ²¹·t'ou]
忻州	指头 [tsəʔ² t'əu⁵³]	脚趾头 [tɕiɛ² tsəʔ² t'əu⁵³]
银川	指头 特指手指 [tʂʅ¹³⁻¹¹·t'ou]	脚趾头 [tɕyo¹³ tʂʅ¹³⁻¹¹·t'ou]

湖南、江西有些地方"指头"说"指脑":

萍乡	手指脑 [ʂu³⁵ tʂʅ¹³⁻⁴ lau³⁵⁻⁵]	脚指脑 [tɕio¹³ tʂʅ¹³⁻⁴ lau³⁵⁻⁵]
娄底	手指脑 [ɕio⁴² tsʅ³⁵⁻⁵ lɤ⁴²⁻¹]	脚趾脑 [tɕio¹³ tsʅ³⁵⁻⁵ lɤ⁴²⁻¹]
长沙	手指脑 [ʂou⁴¹ tsʅ²⁴ lau⁴¹]	脚趾脑 [tɕio²⁴·tsʅ⁴¹ lau⁴¹]

娄底、长沙两地"指脑"和"趾脑"也只是用字不同,读音并无区别。《娄底方言词典》在相关词条下特别注明,"手指脑""手指甲"的"指"和"脚趾脑""脚趾甲"的"趾"声调特殊,都读为阴去。(娄底方言古入声今读阴去符合常例。)长沙"手指脑""脚趾脑"的中字分别记作轻声和非轻声,显然是受了字形的干扰:"手指脑"的"指"记入声,依据的是实际读音;"脚趾脑"的"趾"记作轻声是因为"趾"在此处确实不读上声,又不能接受其本调即入声,遂理解为轻读导致的调值改变。

二 定义讨论:"书写形式"还是"书面语"

2.1 异形词的定义,以下三种最具影响。它们分别出自权威词典、规范文件和图书质量检查执行标准。

《现代汉语词典》第5版——【异形词】书面语中音义相同、用法相同而书写形式不同的词语。(中国社会科学院语言研究所词典编辑室，2005)

《第一批异形词整理表》——异形词(variant forms of the same word) 普通话书面语中并存并用的同音(本规范中指声、韵、调完全相同)、同义(本规范中指理性意义、色彩意义和语法意义完全相同)而书写形式不同的词语。(GF1001-2001，中华人民共和国教育部、国家语言文字工作委员会发布，2002)

《图书编校质量差错认定细则》——第十三条：现代汉语书面语中并存并用的同音(声、韵、调完全相同)、同义(理性意义、色彩意义和语法意义完全相同)而书写形式不同的词语。(中国出版工作者协会校对研究委员会，2008)

2.2 以上定义，存在概念混淆和限定不当的错误。

先说概念混淆。"异形词"的"形"说的是字形，"书面语"说的是语体，两者风马牛不相及。把异形词定义为"书面语中……的词语"，显然混淆了指用文字表达的"书面"方式(区别于"口头"方式)和指语体的"书面语"。

关于"语体"，《现汉》的释义非常明确："语言为适应不同的交际需要(内容、目的、对象、场合、方式等)而形成的具有不同风格特点的表达形式。通常分为口语语体和书面语体。"《现汉》将"文言""白话"定义为"书面语"，释文曾有改动：试用本【文言】条最后括注的"(区别于'白话')"于第一版删除；第六版解释"白话"为"汉语书面语的一种……"，之前诸版一直表述为"指现代汉语(普通话)的书面形式……"。上述表述的差异或许表明了认识上的细微变化，但"书面语"属"语体"却始终是明确无疑的。

不过，《现汉》对"书面语"的释义容易让人产生误解，异形词定义出现错误或即受其误导。对比《现汉》的"口语"和"书面语"条：

【口语】谈话时使用的语言(区别于"书面语")。

【书面语】用文字写出来的语言(区别于"口语")。

"用文字写出来的语言"明确"书面语"是一种语言，这当然没有问题；另外，《现汉》中【书面语】【口语】【语体】【文言】【白话】诸条的关联照应，它们之间的关系也是清楚明白的。但是，是"口语"还是"书面语"跟是不是"用文字写出来的"并没有必然联系：口语可以被文字记录，书面语也可以用于口头表达。"书面语"的释义应该与"口语"相对应，似可更改为"书面表达时使用的语言(区别于'口语')"。

2.3 对异形词概念的限定不当，同时存在定义过窄和定义过宽的问题。

定义过窄,是说不该限定而加以限定。三种定义中,"书面语"——"普通话书面语"——"现代汉语书面语",越限定问题越大。事实是,异形词并不限于"普通话",也不限于"书面语",更不限于"现代汉语"。例如:

——《现汉》标注〈口〉的"玩意儿"和"玩艺儿",就是一对口语异形词;

——《现汉》标注〈方〉的"铁搭"和"铁鎝"、"二乎"和"二忽"、"坷垃"和"坷拉",全是方言异形词;

——《现汉》标注〈书〉的"囹圄"和"囹圉"、"魍魉"和"蝄蜽",则是古汉语异形词。

定义过宽,是说该限定的未加限定。"书写形式不同的词语"不排除单音节词,就无法将异形词和异体字区分开来。比方说"猫"和"貓",同样是"音义相同、用法相同而书写形式不同",能算是一对异形词吗?

2.4 异形词的定义问题只是表述上的瑕疵,具体执行其实并没有那样做,比方说前面列举的口语词"玩意儿"和文言词"魍魉"都被列进了《第一批异形词整理表》。词表编制者对异形词的实际理解当如下图所示——删除现有定义中"书面语中"四个字,再把前面[ ]中"普通话"三个字移位到后面[ ]的位置:

[普通话]~~书面语中~~并存并用的同音(本规范中指[ ]声、韵、调完全相同)、同义(本规范中指理性意义、色彩意义和语法意义完全相同)而书写形式不同的词语。

可这样就没有问题了吗?不!把"同音"限定为"普通话声、韵、调完全相同",潜藏更大的问题。(详见下文3.3)

2.5《现汉》出现"异形词"的表述始于第5版。之前诸版在凡例中提到的"不同写法的多字条目",第5版在后面增加了"即异形词"几个字。1978年版的《凡例》,第二部分"字形和词形"下列单字条目、多字条目、儿化词、重叠式四条,前两条说字形,后两条说词形。说字形的"单字条目"和"多字条目"都分"正体"和"异体":单字条目的"异体"即异体字,多字条目的"正体"和"异体"相当于异形词。这样处理非常高明,明确了"字""词"的概念,规避了异体字、异形词的纠葛。

三 政策质疑:"并存并用"还是"淘汰"

3.1 异形词包含着丰厚的文化信息,非推荐词形并非错字。但规范标准认为"并存并用"的写法,在实际执行中却被认定为错字。国家出版管理部门每年组织图书编校质量检查,都要对不合格图书和涉及的出版单位予以通报批评和处罚。2013年向全社会通报图书编校质量抽检结果,公布的"文字差错"就包括"未按照《第一批异形词整理表》要求使用推荐词,如将'模仿'写成'摹仿'等"(张贺,2014)。此类"规范"要求,在一些地区和单位还被层层加码。

3.2 推进异形词的使用规范,《现汉》一直在做着扎实的工作。1978年版的《凡例》,就给出了对不同写法的多字条目的三种处理方式:

(a) 异体加括号附列在正体之后,如:【仿佛】(彷佛、髣髴)。……

(b) 几个写法并列(一般用得较广的写法列在前面),如:【鱼具】【渔具】,【约莫】【约摸】,【耿直】【梗直】【鲠直】。

(c) 注解后加"也作某",如:【缘故】…也作【原故】;【原原本本】…"原"也作源或元。

还有一种隐性的处理方式,即多字条目的某些罕见写法(或说法)不予收录,例如只收"骨瘦如柴"而不收"骨瘦如豺"。这叫尊重自然选择和自然淘汰。第5版新收录"骨瘦如豺"当另说,那大概是为了衬托"骨瘦如柴"推荐词形的地位。其实"柴"和"豺"是不同的喻体,"骨瘦如柴"和"骨瘦如豺"根本不能算是异形词。法国作家拉·封丹的著名寓言《狼与狗》,流行的中文译本开篇是"一只骨瘦如柴的狼……",倘若写作"一只骨瘦如豺的狼……"就有点滑稽了。

异形词的确认和处理都很不容易。例如"想象"和"想像"、"唯一"和"惟一",其推荐词形的确认《现汉》就有过反复。再如"莫名其妙"和"莫明其妙",第5版处理为写法不同,第6版则特别提示二者含义不同:"'名'义为说明,'明'义为理解。"

就说"脚趾头"吧,《现汉》和《新华字典》都见于"瘭"字头下【瘭疽】条。《现汉》试用本(1965)对"瘭疽"的解释是"中医指**手指头肚儿**发炎化脓的病……",第1版(1978)将"手指头肚儿"改为"手指头或脚趾头肚儿",直到第6版才改为"手指头或脚指头肚儿"。《新华字典》正相反,先是"手指头肚儿或脚指头肚儿"(第10版,2004),后来才改为"手指头肚儿或脚趾头肚儿"(第11版,2011)。总之,最新版的《现汉》(第7版,2016)和《新华字典》都还存在错误,《现汉》错在忽略了"手/脚指头肚儿"的内部构成是"手/脚+指头肚儿"而并非"手/脚指头+肚儿","肚儿"不能单用。还得像《新华字典》第10版那么说——"手指头肚儿或脚指头肚儿",两个"肚儿"一个都不能少。

异形词的处理要允许反复,要预留纠正错误的机会。推行规范可分步渐进,可以在行业内试行。例如全国人大法工委就曾行文,对法律常用词语的使用做了要求,其中《立法技术规范（试行）（二）》就明确了"作出"和"做出"的使用规范，前者的用例有"作出……决定""作出……解释"，后者的用例是"做出……成绩"。（跟《现汉》【决定】【决断】条中"做出主张""做决定"的行文不一样。）异形词的使用如果在义务教育教科书中先行统一再逐步向全社会推广，或许成效更大而波动更小。

3.3 异形词的"同音""同义"不能只根据普通话的音义做简单判断。如果只考虑普通话"声、韵、调完全相同"，那"姑夫—姑父 gū·fu""姨夫—姨父 yí·fu"就都成异形词了。但真要将它们当异形词处理，其后字的规范字形不管取"夫"还是"父"，都会遭遇相当大的抵触。吴语"夫""父"即便轻读也普遍不同音，清清楚楚说的是"姑夫"和"姨夫"。

确定"小题大做"和"小题大作"选哪个作为推荐词形，应该先看"做""作"读音分化的方言习惯读哪个音。"脚色"规定要写作"角色"，那"三脚班"（一种小戏班）就成了"三角班"，可流行地区不这么说。确定首选字形不能只看"理据"，"戴孝"和"带孝"写哪个都像有道理，这就要看中古音地位"代""泰"不混的方言说的是哪个字。

还要顾及潜在意义，如"复原"和"复元"，后者有恢复元气的意思，写成"复原"这个意思就不存在了。

3.4 最后再说"脚趾头"。满足大众心理，将错就错，规定从"扌"的"指"专用于手，从"𧾷"的"趾"专用于脚，行不行呢？行，但麻烦太多。先是"趾"也要分成"趾^1""趾^2"，新增阴平、阳平两个读音；其他的不方便还有：

——"指头""趾头"区分开，"指甲""趾甲"就也要区分开；

——"灰指甲"就得分"灰指甲"和"灰趾甲"，"指甲刀""指甲油"就得分"指甲刀""指甲油"和"趾甲刀""趾甲油"；

——"灰（趾）指甲""指（趾）甲刀""指（趾）甲油"之类的写法在处方、货架、商品包装和广告上会经常看到……

"指头"和"指甲"兼指脚指头和脚指甲，是交流的需要。在这里，模糊就是精确。有时候人为改变，完全是自找别扭。

参 考 文 献

GF1001—2001 2008 第一批异体词整理表，《作者编辑常用标准及规范》（第三版），北京：中国标准出版社。

鲍厚星、崔振华、沈若云、伍云姬　1993　《长沙方言词典》，南京：江苏教育出版社。
丁声树　1989　河南省遂平方言纪略，《方言》第2期。
李树俨、张安生　1996　《银川方言词典》，南京：江苏教育出版社。
商务印书馆　2004　《新华字典》（第10版），北京：商务印书馆。
商务印书馆　2011　《新华字典》（第11版），北京：商务印书馆。
王军虎　1996　《西安方言词典》，南京：江苏教育出版社。
魏钢强　1998　《萍乡方言词典》，南京：江苏教育出版社。
温端政、张光明　1995　《忻州方言词典》，南京：江苏教育出版社。
《新华字典》第11版修订组　新版《新华字典》"满月"——我们的感谢与回应，《中国新闻出版报》
　　2011-08-08（3）。
颜清徽、刘丽华　1994　《娄底方言词典》，南京：江苏教育出版社。
张　贺　2014　去年我国图书编校抽检合格率96.30%，《人民日报》2014-02-26（12）。
中国出版工作者协会校对研究委员会　2008　图书编校质量差错认定细则（修订版），《作者编辑常
　　用标准及规范》（第三版），北京：中国标准出版社。
中国科学院语言研究所词典编辑室　1965　《现代汉语词典》（试用本），北京：商务印书馆。
中国社会科学院语言研究所词典编辑室　1978—2016　《现代汉语词典》（第1～第7版），北京：商
　　务印书馆。

从语源看"父亲"的称谓系列

蔡英杰

（福建师范大学文学院）

提要 舌音系、喉音系、唇音系三类父亲称谓，均与"大"义有关。舌音系父亲称谓的源头是"大"，文献记录为大人，"大"音转为"爹"，"爹"音转为"爷"；喉音系父亲称谓的"公"本义是年高位尊的男性，语义亦源自"大"，"翁"为"公"之音变；唇音系父亲称谓的"父"与"夫"同源，本义均为成年男性，语义亦源自"大"，"爸"其实可以看作"父"之异文，比"父"保留了更多的古音成分。

关键词 父亲称谓 语源 大

对于"父亲"的称谓系列，学界已进行了广泛的讨论，仅《中国语文》2016年度刊发的文章中，就有3篇涉及这一问题（张涌泉，2016；郭洪义、毛远明 2016；储泰松 2016）。但目前仅仅厘清了各种"父亲"称谓在文献上的使用年代，还有许多问题需要继续深入探讨，比如各类称谓的语源问题，各类称谓的理据问题等等。胡士云（2002）、郭熙（2006）将对父亲的称谓分为"父、爷、爹、爸、大、伯"六类，从语音上看，其实可以分为唇音系、喉音系和舌音系三类（储泰松 2016）。唇音系主要有"父、爸、伯"几个词。早在20世纪30年代，黎锦熙（1933）就指出"爸"实即"父"之本音，对此，学界并无异议，已成定论。郭熙（2006）认为，不能把"伯"看成"爸"，换言之，不认为"伯"与"爸""父"具有同源关系。喉音系主要有公、翁二字，翁为公之音变。舌音系主要有"爷、爹、奢、郎、大"等几个词，储泰松（2016）认为"爷、爹、奢、郎"这几个词的语源是 *da，字记作"奼""多"，后来写作"爹"，随着时间的推移，语音产生变化，遂分化成"耶""奢""郎"三组。胡士云（1994）认为，"大"是"爹"（徒可切）的俗字。另外，兄、哥、相、老子等也可表示"父亲"义，并且均见诸文献。我们感兴趣的是，汉语史上表达"父亲"称谓的词为什么这么纷繁复杂，这些词语的背后，是不是有一个共同的理据。如果这个问题解决了，许多问题都可以迎刃而解。

一 舌音系"父亲"称谓的源头是"大(大人)"

对于舌音系父亲称谓的源头,有的学者认为是爷,有的学者认为是爹。笔者认为,舌音系父亲称谓的源头既不是"爷",也不是"爹",而是"大"。只不过"大"是一个常用词,作为称谓在文本中易于与"大"的其他意义混淆,因而"大"极少出现在文献中,取而代之的是"大人"。[1] "大人"作为对父亲的称谓,始见于《史记》,一直沿用至今。[2]

(1) 未央宫成。高祖大朝诸侯群臣,置酒未央前殿。高祖奉玉卮,起,为太上皇寿。曰:"始大人常以臣无赖,不能治产业,不如仲力。今某之业所就孰与仲多?"殿上群臣皆呼万岁,大笑为乐。(《史记·高祖本纪》)

(2) 去病以皇后姊子贵幸,既壮大,乃自知父为霍中孺,未及求问。会为骠骑将军击匈奴,道出河东,河东太守郊迎,负弩矢前驱。至平阳传舍,遣吏迎中孺。中孺趋入拜谒,因跪曰:"去病不早自知为大人遗体也。"(《汉书·霍光传》)

(3) 时中书监刘放、令孙资见信于王,制断时政,大臣莫不交好,而辛毗不与往来。毗子敞谏曰:"今刘、孙用事,众皆影附,大人宜小降意,和光同尘,不然必有谤言。"《三国志·魏志·辛毗传》

(4) 始,邵族子愚,为白衣时,常有高志,众人谓愚必荣令狐氏,而邵独以为愚性倜傥,不修德而愿大,必灭我宗。愚闻邵言,其心不平。及邵为虎贲郎将,而愚仕进已多所更历,所在有名称。愚见邵,因从容言之,微激之曰:"先时闻大人谓愚为不继,愚今竟云何邪?"邵熟视而不答也。(《三国志》裴松之注引《魏略》)

(5) 胡威,字伯武,一名貔,淮南寿春人也。父质,以忠清著称,少与乡人蒋济、朱绩俱知名于江淮间,仕魏至征东将军、荆州刺史。威早厉志尚,质之为荆州也,威自京都定省,家贫,无车马僮仆,自驱驴单行。每至客舍,躬放驴,取樵炊爨,食毕,复随侣进道。既至,见父,停厩中十余日。告归,父装绢一匹为装。威曰:"大人清高,不审于何得此绢?"质曰:"是吾俸禄之余,以为汝粮耳。"(《晋书·列传第六十·良吏》)

(6) 烈(崔烈)问其子均曰:"吾居三公,于议者何如?"均曰:"大人少有英称,历位卿守,论者不谓当为三公,而今登其位,天下失望。"(西晋司马彪《九州春秋》)

(7) 世语曰:刘晔以先进见幸,因谮矫专权,矫以问长子本,本不知所出。次子骞曰:"主上明圣,大人大臣,今若不合,不过不作公耳。"后数日,帝见矫,矫又问

二子，骞曰："陛下意解，故见大人也。"（《三国志·魏书·桓二陈徐卫卢传》裴松之注《世语》）

（8）世语曰：甸（毋丘甸，毋丘俭之子）字子邦，有名京邑。齐王之废也，甸谓俭曰："大人居方岳重任，国倾覆而晏然自守，将受四海之责。"俭然之。（《三国志·魏书·王毋丘诸葛邓钟传》裴松之注《世语》）

（9）融谓使者曰："冀罪止于身，二儿可得全不？"儿徐进曰："大人，岂见覆巢之下，复有完卵乎？"寻亦收至。（《世说新语·言语》）

（10）宾客诣陈太丘宿，太丘使元方、季方炊。客与太守议论，二人进火，俱委而窃听，炊忘著箄，饭落釜中。太丘问："炊何不馏？"元方、季方长跪曰："大人与客语，乃俱窃听，炊忘著箄，饭今成糜。"（《世说新语·夙慧》）

（11）班语讫，如厕，忽见其父著械徒作，此辈数百人。班进拜流涕，问："大人何因及此？"父云："吾死，不幸见遣三年，今已二年矣，困苦不可处。知汝今为明府所识，可为吾陈之，乞免此役，便欲得社公耳。"（东晋干宝《搜神记》）

（12）复有一少年（河伯之子），年十三四，甚了了，乘新车，车后二十人至，呼上车，云："大人暂欲相见。"因回车而去，道中络绎把火，见城中邑居。既入城，进厅事，上有信幡，题云"河伯信。"（东晋干宝《搜神记》）

（13）大人陇西李氏，念偕老无辜遘疾，以贞元十五年十一月廿五日薨于太原府福昌里之私第，春秋五十。……嗣子师宗等，以明年二月廿二日，护柳箠归葬于洛阳邙山之原，先茔也。（《唐代墓志汇编续集·唐故蔚州刺史兼殿中侍御史张府君墓志铭并序》）

（14）公讳干，贞干，先河南人也。……有子三人。长子弁、次子顺奴，以父贞元十六年五月卅日终于京兆万年县宗人坊私第，享年五有二，其年七月五日归葬于龙守原，礼也。呜呼！大人已知何处？子念无归。（《唐代墓志汇编续集·唐故右武军折冲扶风郡马公墓志并序》）

（15）济阳江氏，有裔孙曰公俭，楚江安宜人。曾祖潭，不仕。祖文宗，滁州永阳尉。父泳，左金吾卫兵曹。君少而俊拔，材力过人，交结豪右，使气任侠。尝因暇日，兵曹诫之曰："我之族代有文人，尔不能修之而有坏之乎？"君曰："比者大人宽慈，愚不知，故谬其所为，今日承训，请退学矣。"由是敛迹读书，非有命使，未尝出门。（《唐代墓志汇编续集·唐故济阳江君墓志铭并序》）

（16）大人讳邈，字仲方，其先钜鹿人，寄居于京兆府咸阳县积代矣。……关中无投足之地，贾居于万年县之胜业里，然无托食于亲知者首尾五祀。出无车舆，坐寡粮粮，妻孥有含菽饮水之患，无衣无褐之虞，而我父不为耻不陨越者，以其知止知足，达于至理者也。(《唐文拾遗·大唐故司功参军魏府君墓志铭并序》，清陆心源辑)

(17) 灵帝悬鸿都之榜，开卖官之路，公卿以降，悉有等差，廷尉崔烈入钱五百万以买司徒。其子均曰："大人不当为三公，论者嫌其铜臭。"(唐杜佑《通典》)

(18) 晋刘嗣问徐野人曰："嗣去年十二月，有周慘，欲用六月婚，儿服早已除，大人本无服，便是一家主，想无复异？"(唐杜佑《通典》)

(19) 裴敬彝父知周，为陈国王典仪，暴卒。敬彝时在长安，忽涕泣，谓家人曰："大人必有痛处，吾即不安。今日心痛，手足皆废。事在不测，能不戚乎？"遂急告归，父果已殁。毁瘠过礼，事以孝闻。(唐小说《大唐新语》)

(20) （杨）国忠谓其子必在选中，抚盖微笑，意色甚欢。抚（达抚，礼部侍郎达奚珣之子）乃白曰："奉大人（达奚珣）命，相君之子试不中，然不敢黜退。"(唐小说《明皇杂录》)

(21) 当时舜子将父母到本家庭，瞽叟泣曰："吾之孝[子]！"不自斟量，便集邻里亲眷，将刃以杀后母。舜子叉手避大人："若杀却阿娘者，舜元无孝道，大人思之。"(五代《敦煌变文选》)

(22) 子骞两泪前白父曰："母在[一]子寒，母去三子单，愿大人思之。"父惭而止。(五代《敦煌变文集新书》)

(23) 有西川黄三郎，教两个儿女投马祖出家。有一年，却归屋里。大人才见两僧，生佛一般礼拜，云："古人道：生我者父母，成我者朋友，是你两个僧便是某甲朋友，成持老人。"曰："大人虽则年老，若有此心，有什么难。"大人欢喜。(五代《祖堂集》)

(24) 李君行先生说，年二十余时，见安退处士刘师正解春秋文字，甚爱之，从他观其文，他亦不惜也。后于楚州聚学，他一日见访，问曰："李君在此何欲？"答曰："为大人令去应举，令及第后归。今次以期服碍，却欲且就此处修学，以俟后次之举也。"(北宋《童蒙训》)[3]

(25) 土疆日蹙，城门之外鞠为战场，武皇（李克用）忧形于色，帝（李存勖）因启曰："夫盛衰有常理，祸福系神道。家世三代，尽忠王室，势穷力屈，无所愧心。物不及则不返，恶不及则不亡。今朱氏攻逼乘舆，窥伺神器，陷害良善，诬诳神祇，以臣观之，殆其极矣。大人当遵养时晦以待其衰，何事轻为沮丧？"太祖释然，因奉觞作乐而罢。(北宋《旧五代史·唐书三·庄宗纪》)

(26)于是太宗(李世民)复固请曰:"大人受委镇守而贼徒日炽,窃思既离宫阙不能捍御,若不早举大计,即深陷祸机,悔无所及。"高祖(李渊)从之。(北宋《册府元龟·帝王部·创业第四》)

(27)韦世康为吏部尚书,尝因休暇而谓子弟曰:"吾闻功遂身退,古人常道。今年将耳顺,志在悬车,汝辈以为云何?"子福嗣答曰:"大人澡身浴德,名立官成,盈满之诫,先哲所重,欲追踪二疏,伏奉遵命。"(北宋《册府元龟·职官部·列传第十二》)

(28)傅燮,灵帝中平中为汉阳太守,金城贼王国、韩遂等杀凉州刺史耿鄙,进围汉阳。城中兵少粮尽,燮犹固守。时北骑数千随贼攻郡,皆夙怀燮恩,共于城外叩头,求送燮归乡里。子年十三,从在官舍,知燮性刚有高义,恐不能屈志以免,进谏曰:"国家昏乱,遂令大人不容于朝,今天下已叛而兵不足以自守,乡里羌胡先被恩德,欲令弃郡而归,愿必许之。徐至乡里,率厉义徒,见有道而辅之,以济天下。"(北宋《册府元龟·牧守部·忠第一》)

(29)史说张华之幼子张韪,颇识天文,夜观乾象,见中台星折,次日见华曰:"今中台星折,正应大人,宜早退位,免祸临头。"(明小说《两晋秘史》)[4]

(30)后有美色,超将纳之,谓其父桓曰:"后若自杀,祸及卿宗。"桓以告后,后曰:"大人卖女与吕氏,是图富贵,一之已甚,其可再乎?"遂自杀。桓惧,奔走河西去了。(明小说《两晋秘史》)

(31)既而孟尝君问其父曰:"大人用事而相齐,今已久矣。齐国未见有增益,而膝下之私家富累千金,吾恐后日有所未宜也。"(明小说《周朝秘史》)

(32)柴胜道:"承大人教诲,不敢违命。只不知大人要儿往何处?"父道:"吾闻东京开封府极好卖布,汝可将些本钱在杭州贩卖几挑,前往开封府,不消一年半载,自可还家。"(明小说《包公案》)

(33)而大人与叔父大人惟日侍祖父大人前,相与娱乐,则万幸矣。(清《曾国藩家书》)

(34)高岱,字鲁瞻,会稽人。世袭历海所百户,而岱为崇祯庚午顺天榜举人。数上公车,不得志,返越。闻城下,遂不食。及瞑,呼子朗诀曰:"吾世受国恩,国亡与亡,义也。"朗跪而请曰:"大人教儿忠孝,国不可无臣,家不可无子,请先大人死。"(清小说《东南纪事》)

(35)孙蒯曰:"大人高见,儿万不及。"(清小说《东周列国志》)

(36)家大人曾做过南河知县,今已告职家居。(清小说《侠女奇缘》)

(37) 袁总统正在踌躇满志、顾盼自雄的时候，忽见长子克定起来说道："大人既有家天下之意，事不宜迟。"（民国小说《民国野史》）

(38) 照你刚才所说那种力敌万夫的气概，应该可以保护尊大人出险。（茅盾《子夜》）

(39) 我的父亲也是位性格非常和善、教学有方、受人尊敬的人，以至被家乡附近的人誉为白滨圣人。至父亲死，我都没见过他生气的样子。另一方面，我的长兄非常孝敬大人，还非常关心自己的弟弟。（采自 BCC 语料库：科技文献）

我们认为"大人"源自"大"，基于如下事实：（一）从字形来看，"大"，甲骨文作 ᐰ，金文作 ᐰ，均是正面而立的大人形，"大"取象于大人，当然，这里的"大人"是高大的人或成年人，"父亲"的意义正是由此义转喻而来。（二）从语音上看，"大人"不过比"大"多了一个音节，而所多出的这个音节，不过是对"大"所表意义的明确。（三）从语义来看，"大人"（宋以前）与"大"用作称谓均表示父亲，所表意义完全相同。（四）从词的构造来看，"大"是单音节，"大人"是双音节。董秀芳（2002:6）："汉语大规模的双音化进程开始于汉代。""大人"的称谓始见于汉代，正与这一双音化进程相吻合。在单音节词语后增加一个表示类别意义的语素，是词语双音化的一种常见形式，如美—美人、老—老人、工—工人、匠—匠人、士—士人等等。其中"美"双音化为"美人"与"大"双音化为"大人"尤具异曲同工之妙。美，甲骨文作 ᐰ，金文作 ᐰ，以大人头戴羊角来表示美（羊角是一种装饰美化，既表示英武，又表示美观），因"美"直接取象于美人，因此转喻用来表示"美人"之义[5]，后来又双音化为"美人"可谓顺理成章，水到渠成。（五）"小子"表示"儿子"，在文献上比"大人"出现得更早，如《论语·阳货》："小子何莫学夫诗？诗可以兴，可以观，可以群，可以怨。迩之事父，远之事君，多识于鸟兽草木之名。"但其取象方式与"大人"是一致的，"大人"是儿子心目中的父亲形象，形体高大，见多识广，"小子"则是父亲心目中的小儿形象，形体幼小，见识短浅。（六）口语中亲属称谓常常用叠音表达，如"爷爷""奶奶""爸爸""妈妈""哥哥""姐姐"等，"大"同样如此，"大"的叠音形式为"大大"，也写作"达达"。如：

西门庆要便来回打房门首走，老婆在檐下叫道："房里无人，爹进来坐坐不是！"西门庆进入房里，与老婆坐一处说话。西门庆哄他说道："我儿，你放心。我看你面上，写了帖儿对官府说，也不曾打他一下儿。监他几日，耐耐他性儿，还放他回来，还叫他做买卖。"妇人抱着西门庆脖子，说道："我的亲达达，你好歹看奴之面，奈何

他几日，放他回来。"（明崇祯本《金瓶梅》）

老婆道："好达达，随你交他那里，只顾去，留着王八在家里做甚么？"……西门庆临起身，老婆道："爹，好暖酒！你再吃上一钟。你到家莫不又吃酒？"（明崇祯本《金瓶梅》）

伤心煞了我，泪如麻，不知道是孩子的大大，奴家的他，将来是谁家？落在哪家？（清《霓裳续谱》，乾隆六十年集贤堂初刻本）

今河南永城方言音"答答"，读作阴平。

二 舌、牙、唇三系"父亲"称谓语义均皆源于"大"

胡士云（1994）认为："大"是"爹"的俗字，这是颠倒了本末关系。从形体上看，"父亲"是成年人，在孩子的心目中，身材高大。从年龄上看，父亲一般比孩子年长二十岁以上[6]，技能熟练，阅历丰富，在孩子心目中形象高大，因此，孩子称呼"父亲"为"大"，是很自然的事情。舌音系"父亲"称谓的源头是"大"，"大"不是任何其他称谓的俗字。《广雅·释亲》："翁公叟爸爹䎬，父也。"爹，曹宪音大可反。"爹"与"大"声母相同，韵部一在歌部，一在月部，阴入对转。平山久雄（2012：12）认为："'大'的上古音当是 *dai。中古的'大'甲音 dai^{去}是它的正宗后代，乙音 da^{去}是经一次例外音变而派生出来的旁支。"无论甲音还是乙音，"大"与"爹"都声母相同，主要元音相同，读音极为接近，因而，"爹"不过是"大"的音转形式。虽然"爹"用于父亲称谓的最早文献用例见于《南史·始兴忠武王憺传》"人歌曰：'始兴王，人之爹。赴人急，如水火。何时复来哺乳我'"，但其在口语中开始使用应当更早，只是直到三国时期，张揖才将其收录于《广雅》。这说明，用作父亲称谓的"大"在一些方言中发生了音变，塞音韵尾失落，韵部由月部转入歌部。这一音变的意义在于把"父亲"这一意义从"大"的诸多意义中分化出来，一音一义，使之表意更为明确，到了张揖编撰《广雅》时，便为这一音变造了个"爹"字，用字形使这一音义固定了下来。"爷"本作"耶"，文献用例最早见于晋王羲之《杂帖》："吾平平，但昨来念玄度，体中便不堪之，耶告""吾平平，比服寒食酒，如似为佳，力因王会稽，不一一，阿耶告知"等。耶（爷），余母鱼部，与"爹"音近。声母方面，余母即所谓喻四，清代学者曾运乾提出"喻四隶定"，现代学者尽管看法不尽相同，但或认为喻四的来源较多，定母只是其中的一个来源，或认为喻四与定母语音只是相近，不是等同。总之，定母与喻四关系密切，是毫无疑问的。[7]韵部方面，鱼部与歌部均为后元音，在郭锡良（2010：5）的拟音中，鱼部是[ɑ]，歌部是[a]，语音极近。因而"爷"应该是"爹"的音变。储泰松(2016)认为"中古时期，北方汉语在自身的演变规律与阿尔泰语系语言的双重作用下，汉语发生了 d->j- 的变化，中原地区的变化速率要快于边境地区。"有助于解释"爹"何以音变为"爷"。[8]但他认为"舌音系'父亲'称谓词'多(女多爹)''耶(爷)''奢''郎'出现的时间有先有后，其语源是'女多'，后写作'多多''爹爹'。随着时间的推移，语音产生变化，遂分化成'耶''奢''郎'三组"，则实未敢苟同。女多最早见于《方言》卷六："南楚瀑洭之间母谓之媓，谓妇妣曰母女多，称妇考曰父女多。"女多的称谓始见于西汉末年，"大"的变体称谓"大人"始见于西汉初年，因而不仅"爹""耶(爷)"源于大，"女多"亦源于"大"。《方言》郭璞注："女多，音多。"《广雅·释亲》："妻之父谓之父女多，妻之母谓母女多。"曹宪注："女多，多可反，亦音多。""爹"在"大"的基础上，语音发生小变，韵部由月入歌，"女多"则在"爹"的基础上，语音发生小变，声母发生清化，由定入端。因为"女多"用来称呼妻之父母，因而改易"爹"之父旁为女旁。正如同"弟"本指男性同辈中的年幼者，推广到女弟，加女旁写作娣，又写作姨。在中国古代这样一个宗法制男权社会中，讲究中外、亲疏之差别，亲属称谓由父系推广到母系极为常见，反之，由母系推广到父系则极为罕见。因而，储泰松(2016)所谓"女多"后写作"多多""爹爹"，"由表'岳父母'转而指'父母'"，事实上不可能发生。"爹"在三国时期的《广雅》中才出现，"多多"的用例最早见于萧齐(储泰松 2016)，"女多"在西汉末年的《方言》中就已经出现，是不是说明"爹""多多"一定源于"女多"呢？我们认为未必。在考证词的出现先后时，文献出现的时间固然重要，但不是唯一的标准，因为由于各种原因，文献对词语的反映有滞后性，与词语出现的时间未必同步，在文献中出现有早晚之别的词未必在语言中也是如此，因而对词语在语言中出现的时间最好能找到语根，根据语音演变规律与词义演变规律，结合社会文化和文献的应用来加以确定。也就是说，语言学的方法才是研究词汇的根本方法，文献学的方法只是辅助方法。

喉音系"父亲"称谓中，"翁"为"公"之音变，可以置之不论。《方言》："凡尊老，周晋秦陇谓之公。""公"本为位尊年老之男性称谓，转喻为对父亲的称谓。位尊、年老，均与"大"义相通，因而，追根溯源，"公"在语义上亦源于"大"。

唇音系父亲称谓，主要有"父""爸""伯"几个字，"爸"是"父"的俗语写法，可不论。父，甲骨文作 ，金文作 ，是一手持石器劳作的成年男性形象，隐含"大"义。夫，甲骨文作 ，金文作 ，在"大"的上端加一饰物，表示束发的成年男性，与"父"可谓异曲同工。与"父"同源的"布""普""圃""溥""敷""甹"等均有"大"

义。可见"父"在意义上与"大"关系密切。伯源于白,白甲骨文作♉,金文作♉,为大拇指之象形。古人常以手指喻兄弟,因此"白"隐喻为"兄弟当中的老大",后加人旁,写作"伯"。由此可见,"伯"在语义上,实源于"大"。

三 "大"类父亲称谓的分布范围与明朝移民

郭熙(2006)搜集(包括调查)了161个县城以上的方言点对父亲的称谓,搜集的资料包括《普通话基础方言基本词汇集》和《现代汉语方言词典》的全部相关资料和其他一些地方的方言志或调查报告,共搜集到"大"类父亲称谓44处:太原、娄烦、忻州、五寨、山阴、大同、天镇、和顺、太谷、沁县、陵川、平定、阳城、文水、汾阳、孝义、岚县、呼和浩特、临河、集宁、二连浩特、徐州、连云港、安庆、阜阳、芜湖、歙县、济南、济宁、诸城、商丘、郑州、灵宝、社旗、钟祥、天门、江永、自贡、西安、天水、敦煌、西宁、乌鲁木齐、哈密。"大"类父亲称谓的分布范围有这样两个突出的特点:(一)山西省的分布点最为密集,44处分布点中,山西省就占了17个,约为2/5。(二)主要分布于黄淮流域,基本上沿陇海线展开。这两点都与明初自山西向黄淮流域的大移民高度吻合。据《元史·五行志》记载:元末至正元年至二十六年,几乎每年都有大洪水泛滥成灾,黄河、淮河多次决口,中原之地,漂没民众无算,村庄、城邑多成废墟。持续17年的元末农民战争主要在黄河下游、黄淮平原一带展开,明太祖朱元璋感叹:"中原诸州,元季战争受祸最惨,积骸成丘,居民鲜少。"而此时的山西,几乎没有受到战争的波及,加上连年风调雨顺,五谷丰登,社会安定、经济繁荣,人丁兴盛。中原人口空虚,田野荒芜,必然造成税收减少,严重影响了明朝经济,因此迁徙山西人口充实中原势在必行,在明朝初年就已提上了议事日程。据《明实录》《明史》等记载,自明朝洪武年间至永乐年间,朝廷先后17次迁徙山西人口,直接迁入地是豫、鲁、冀、京、皖、鄂、陕、甘、宁、晋等省市,也就是黄淮流域。如:

洪武九年十一月,徙山西及真定无产者于凤阳屯田。(《明太祖实录》卷六十二)

洪武二十一年八月,徙山西泽、潞二州民之无田者,往彰德、真定、临清、归德等闲旷之地。(《明太祖实录》卷一九三)

洪武二十二年九月,后军都督朱荣奏:"山西贫民徙居大名、广平、东昌三府者,凡给田二万六千七十二顷。"(《明太祖实录》卷一九三)

洪武二十五年十二月，后军都督佥事李恪、徐礼还京。先是命恪等往谕山西民愿迁居彰德者听。至是还报，彰德、卫辉、广平、大名、东昌、开封、怀庆等七府徙居者凡五百九十八户。（《明太祖实录》卷二二三）

永乐十五年五月，山西平阳、大同、蔚州、广灵等府州申外山等诣阙上书，"乞分丁于北京、广平、清河等宽闲之处，占籍为民，拨田耕种，依例输税，庶不失所"，从之，仍免田租一年。（《明太宗实录》卷一〇六）

郭熙（2006）搜集的"大"类父亲称谓44处分布点还包括内蒙古的呼和浩特、临河、集宁、二连浩特，也可从明初山西的移民中找到依据：

（洪武）二十八年正月，山西马步官军二万六千六百人，往塞北筑城屯田。（《明太祖实录》卷二三六）

郭熙（2006）搜集的"大"类父亲称谓44处分布点还包括天水、敦煌、西宁等河西地区，据安旭强（2010）的研究，"明朝前期进入河西地区的入迁移民来源非常广泛，范围北至今内蒙古，南至今海南，全国各地都有人以谪戍或卫所官军的身份迁居河西地区，其中尤以来自安徽、湖广和山东者最多"。可见，由山西移民至河西地区的人数非常有限，不足以对当地的语言生态发生影响，这些地区的"大"类父亲称谓应当与山西移民无关。历史上，河西地区是羌人聚居区，文献中有很多"爹"为羌人呼父的记载。《龙龛手镜》："爹，羌人呼父也。"《广韵》："爹，陟邪切，羌人呼父也。"《六书故》："岷俗呼父曰爹。""爹"为"大"之音变，河西地区"爹""父"两类称谓并存，说明这一音变在河西全境并非同步发生，有的地方父亲称谓已音变为"爹"，有的地方还保存着"大"的称谓。山西是羌人东进的前沿，"大"类父亲称谓当由羌人带到山西，明初通过移民扩展至黄淮流域。据曹志耘（2008）《汉语方言地图集》，今安徽南部枞阳、池州、石台、祁门一线及和县、南陵、泾县一线也存在"大"类父亲称谓，当与凤阳移民南迁有关。刘邦虽为楚人，但定鼎关中，受当地语言影响，称其父曰"大人"也并不奇怪。"大"为定母月部字，按照浊音清化规律，应变为平声字，因此一些方言中称父亲为"达达""答答"，是符合这一音变规律的。

四 结语

舌音系、喉音系、唇音系三类父亲称谓均与"大"义有关：舌音系父亲称谓的源头是"大"，文献记录为"大人"，或"大大"（达达），"大"音转为"爹"，"爹"音转为"爷"；喉音系父亲称谓的"公"本义是年高位尊的男性，语义亦源自"大"，"翁"为"公"之音变；唇音系父亲称谓的"父"与"夫"同源，本义均为成年男性，语义亦源自"大"，"爸"其实可以看作"父"之异文，比"父"保留了更多的古音成分。

附　　注

1　汉代至唐五代，"大人"在口语中可用于对父亲的面称，北宋以后，此一用法罕见，"大人"主要用作对长辈和官长的尊称。

2　本文例句，除特别注明外，均采自北京大学语言学中心BCC语料库。

3　北宋语料中，"大人"用作对父亲的称谓，多为追叙前代史实，在当时口语中，用"大人"称呼父亲，我们在CCL语料库中只查到此1例。因此北宋时期，应是"大人"称谓发生语义转向的转折点。在CCL语料库中，我们没查到南宋和元朝"大人"称呼"父亲"的用例。在《元代话本选集》中，有用"尊大人"称呼对方父亲的，仅见于《沈小霞相会出师表》和《杜十娘》，但这两篇应为明人作品。

4　我们在CCL语料库中查到的明清用"大人"称呼父亲的，多为追叙前代史实的历史小说，这种称谓在当时口语中罕见。现代汉语中，"大人"一般不直接称呼父亲，即使在书信中，"大人"的前面一般也要加上"父亲"二字。

5　《诗·郑风·野有蔓草》："有美一人，清扬婉兮"，又《唐风·葛生》："予美亡此，谁与独处。"均以"美"指美人，今成语"英雄救美"亦同。

6　古人"二十而冠"，二十岁始举行冠礼，步入成年，但并不排除二十岁之前有结婚生子的。

7　寻仲臣《喻四来源的再探索》（载《齐鲁学刊》1990年第3期）详细梳理了以母的谐音材料，认为："中古以母不只是来自定母，'喻四归定'说是不全面的。以母的上古来源主要是舌音端系，其次是喉牙音晓见二系，再次是齿音精系。"

8　唐人多呼父为爷，宋人多呼父为爹，并不能说明"爷"的产生在"爹"之前，据郭洪义、毛远明（2016）的研究，"爷爷"在五代至北宋前期，产生了"祖父"的意义，可能是出于这个原因，父亲的称谓形成了空位，宋人又找回了父亲的早期称谓"爹"来称呼父亲。

参 考 文 献

安旭强　2010　明朝前期入迁河西地区移民研究，西北师范大学硕士学位论文。
曹志耘主编　2008　《汉语方言地图集》，北京：商务印书馆。
储泰松　2016　中古汉译佛经与汉语"父亲"称谓的来源，《中国语文》第5期。
董秀芳　2002　《词汇化：汉语双音词的衍生和发展》，成都：四川民族出版社。
郭洪义、毛远明　2016　再谈"耶耶"及其相关问题，《中国语文》第2期。
郭　熙　2006　对汉语中父亲称谓系列的多角度考察，《中国语文》第2期。
郭锡良　2010　《汉字古音手册》，北京：商务印书馆。

胡士云　1994　说"爷"和"爹",《语言研究》第1期。
胡士云　2002　汉语的亲属称谓系统,首届中国社会语言学国际会议(北京)论文。
黎锦熙　1933　"爸爸"考,《国语周刊》第98期。
平山久雄　2012　《汉语语音史探索》,北京:北京大学出版社。
张涌泉　2016　说"爷"道"娘",《中国语文》第1期。

《汉书·苏武传》中"蹈"考证

张 霁

（东华理工大学抚州师范学院[1]，黔南民族师范学院文学与传媒学院）

提要 学界对《汉书·苏武传》"蹈其背以出血"中"蹈"的训释存在较大分歧。本文从语言系统内部出发，通过分析相关要素在东汉时期的语义特点和分布规律，考证了"蹈"的确切含义是"用脚踏揉"。

关键词 蹈 语言系统 考证 《汉书·苏武传》

《汉书·苏武传》（中华书局1962年版，2461页）有以下记载："武谓惠等：'屈节辱命，虽生，何面目以归汉！'引佩刀自刺。卫律惊，自抱持武，驰召医。凿地为坎，置煴火，覆武其上，蹈其背以出血。武气绝，半日复息。"文中"蹈其背以出血"为匈奴医师抢救苏武的治疗手法，但学界对"蹈"的训释存在较大分歧。

杨树达（2013：2—3，426）在《汉书窥管·自序》中谈道："余四十年前，偶读《苏武传》，有'蹈其背以出血'语，心疑背不可蹈，况在武受伤时耶！而师古及《补注》并无说，余因读蹈为训轻叩之搯，文乃可通。"并举例论证："蹈当读为搯。《国语·鲁语》云：'无搯膺'。韦注云：'搯，叩也。'马融《长笛赋》云：'搯膺擗摽'，搯膺谓叩胸也。搯背者，轻叩其背使出血，不令血淤滞体中为害也。"

郭在贻（2010：87）认为，"杨说实有可商榷之余地。《国语》及《长笛赋》之'搯膺'，即俗所谓椎心，两《汉书》及《论衡》诸书中之叩心，乃形容极度哀痛之状，以之施于《苏武传》之文，无乃乖剌已甚！依鄙见，蹈似当为掐（掐讹为搯，再借作蹈）。"

徐复（1996：40—41，295—296）认为杨树达纯从推理出发，没有了解边地民族的风俗习尚，也就是说没有这方面的实践，所以他的"轻叩其背"的说法是不妥当的。

---

* 本文曾在中国语言学会第十九届学术年会（中山大学，2018年11月）上宣读，与会专家提出了宝贵的意见，谨致谢忱。本文为东华理工大学博士科研启动基金项目（DHBK2019331）阶段性成果。

并据冯承钧译的《多桑蒙古史》有关用熏蒸法治疗铁木真箭伤的记载,考知《汉书》的"蹈背"绝不如杨先生"蹈当读为搯",而应当是"焰背"形近的误文。"蹈其背以出血"是"以火微熏其背以出凝血"的意思。"焰"字在句中是动词,修辞上是转性用法,又与上文"置煴火"的意义正好相承。

陈永良(1995:46)依据中医文献如《金匮要略》《医林改错》《武威汉代医简》等,论证了"蹈"应是"用脚踏揉"的意思。

以上对"蹈"的四种训释要么从情理或字形入手,要么从民俗、医学入手,每种解释看似都有一定道理,却都不能彻底驳倒对方,使自己成为最有说服力的唯一结论;而真相是唯一的,也就是说,四种解释至多只有一种是正确的,甚至没有正确的。出现这种众说纷纭、莫衷一是局面的原因在于缺乏语言内部的证据,字形、民俗、情理至多只能作为辅助证据,只能提供一种可能。由于"语言和文字是两种不同的符号系统,后者唯一的存在理由是在于表现前者"(德·索绪尔,2002:47)。通过文字(字形)来研究语言就如同根据照片来研究人一样,其结论难免出现偏差。而汉语中形近、音近字非常多,在考证某一个字(词)的确切意义时,判定是否存在假借,或确定假借哪一个形近、音近字,都存在诸多不确定因素。如果从语言系统内部出发,通过分析各要素在某一特定时期的语义特点和彼此间的组合关系,来考证疑难词语在某一特定句子中的意义,在书证充足的情况下,其结论往往是唯一的、确定的。这是因为语言是一个系统,句中某一个词的准确含义由与它紧密联系的语言要素决定。笔者将从语言系统内部来考证"蹈"在文中的确切含义。

一 "蹈读为搯"不可通

杨树达从情理出发,认为苏武受重伤时,不可用脚蹈其背,只可用手轻叩,并举《国语》《长笛赋》中的"搯膺"用例佐证。如果从语言系统内部来考察汉代"蹈""搯"的语义特点和组合规律,可以发现:

《国语》《长笛赋》中"搯膺"是"椎心、捶胸"的意思,表示极为悲伤或悲愤,后起词语"捶胸顿足""捶胸跌足"与之相承。但"搯膺"是一个词语,或者说是一个高度凝固化的动宾短语,表"叩,捶"义的"搯"脱离"搯膺"就无法与其他表示身体部位的词组合在一起。笔者穷尽性检索东汉以前文献,未发现一例"搯背",也未见"搯其背"的用例,将检索范围扩大至清代以前文献,仍未发现"搯背""搯其背"的用例。不但"搯背""搯其背"在东汉前没有用例,就连"搯"连接"身体某部位"的结构形式也未见用例("蹈膺"属凝固化的动宾短语,不作为考察对象)。显然,"蹈"通"搯"的前提条件是:"搯其背"必须符合当时的语言实际,也一定会出现在东汉前后的文献中。而检索结果并不支持这一点。

笔者系统考察东汉以前文献中"蹈"的分布情况时还发现:不但两汉时期"蹈"的用例很多(《史记》9例,《淮南子》8例,《汉书》16例,《论衡》14例),而且与"蹈其背"句法结构("蹈"连接"身体某部位")相同的用例也很多,与《汉书》同时代的中医著作《金匮要略》就有类似用例,如:

(1)肝着,其人常欲**蹈其胸上**,先未苦时,但欲饮热,旋覆花汤主之。(《金匮要略·五脏风寒积聚病脉证并治第十一》)

东汉前后文献中也有大量与"蹈其背"句法结构相同的用例,如:

(2)今楚父死焉,国举焉,负三王之庙而辟于陈蔡之间,视可司间安欲剡其胫而以**蹈秦之腹**,然而秦使左案左,使右案右,是乃使雠人役也,此所谓威强乎汤武也。(《荀子·强国》)

(3)纣之官位与纣之躯弃之玉门之外,民之观者皆进蹴之,**蹈其腹**,蹶其肾,践其肺,履其肝。(《新书·连语》)

(4)兄弟不睦,则子侄不爱;子侄不爱,则群从疏薄;群从疏薄,则僮仆为仇敌矣。如此,则行路皆踏其面而**蹈其心**,谁救之哉?(《颜氏家训·兄弟》)

(5)毅将弹河南尹,司隶不许,曰:"攫兽之犬,鼷鼠**蹈其背**。"(《晋书·刘毅传》)

从"蹈""搯"在文献中的分布规律和出现频率可以看出,"蹈其背"是当时常见的用法,而"搯其背"的用法未见一例,这样,"蹈""搯"相通就缺乏语言实际的支持,是难以成立的。

二 "搯讹为搯,再借作蹈"一说不确

"搯"指用指甲按或切入的意思,古代文献中确有用爪搯出血的记载,如:

(6)雍盛集僚属自围棋,外启信至,而无儿书,虽神气不变,而心了其故,以爪**搯掌**,血流沾褥。(《世说新语·雅量》)

(7)太后常心痛不自堪忍,帝立侍帷前,以爪**搯手心**,血流出袖。(《北齐书·孝昭帝纪》)

道家经典《云笈七签》也有两例"搯"用于养生的例子:

(8)握固法：以大指**掐**四指根人毕鬼道三过，随文闭气，握之指节具十二辰，亦随其相生相克类，例用之也。(《云笈七签·服五方灵气法》)

(9)解发东向坐，握固，不息一通，举手左右导引，以手掩两耳，以指**掐**两脉边五通，令人目明、发黑不白，治头风。(《云笈七签·彭祖导引法》)

这些用例看似可以证明"掐其背以出血"的合理性，笔者系统考察"掐"在东汉以前文献中的分布时发现：十三经、先秦诸子均无"掐"字，汉代《史记》《新书》《尔雅》《法言》《淮南子》《新论》《风俗通义》《汉书》中也无"掐"字，中医文献《黄帝内经》《金匮要略》中也无"掐"字，就连收字最全的《说文解字》也未收录"掐"字。这说明，"掐"字可能产生于东汉以后，"掐其背以出血"自然就难以在《汉书》中立足了。

将"掐"与上文所举"蹈"在汉代的出现频率及分布规律进行比较，可以发现：在东汉时期，"蹈"的用例很多，与"蹈其背"结构相同的用例也很多，而"掐"难觅踪迹，更不用说"掐其背"了。因此，"掐讹为搯，再借作蹈"这一说法很难得到语言实际的支持。

三 "蹈"训为"焰"不可通

徐复认为"蹈"为"焰"的误文。同样，笔者将通过考察"焰"在东汉时期的语义特点和分布规律来检验"焰其背以出血"是否符合当时的语言实际。如果文中"蹈"通"焰"，"焰"表"熏"义，则"焰"的这一义项也一定会出现在同时期的文献中。笔者穷尽性检索两汉代表性文献《史记》《春秋繁露》《汉书》《淮南子》《法言》《说苑》《新序》《新语》等，"焰"未见一例，也未见"焰"的异体字"燄、爓"。只在《论衡》中发现"焰"1例，表"烟火"义，《新书》中1例叠音词"焰焰"，两例均与"熏"无关。再检索汉代以前的文献，诸子中"焰"共6例，无一例表"熏"义；十三经2例，无一例表"熏"义；中医文献《黄帝内经》《金匮要略》均无"焰"及"焰"的异体字"燄、爓"。以上数据可以看出，"焰"在东汉以前文献中出现频率极低，目前尚未发现一例表"熏"义，也就是说，目前尚无证据表明"焰"在东汉以前有"熏"这一义项。即使《汉书·苏武传》出现的是"焰其背以出血"，我们也不能据此断定"焰"表"熏"义，因为仅凭孤证不足以立法。因此，"蹈"与"焰"（表熏义）通假就缺乏语言实际的支持。

最为关键的是，文中"覆武其上"的"覆"却能证明"蹈"不通"焰"。表"覆盖"义的"覆"通常蕴含"正面朝下"的意思。《汉书》中就有大量用例，如：

(10)若夫经制不定，是犹度江河亡维楫，中流而遇风波，船必**覆**矣。(《汉书·贾谊传》)

(11) 汉诚闻之，掘烧君王先人冢墓，夷种宗族，使一偏将将十万众临越，即越杀王降汉，如反**覆**手耳。(《汉书·陆贾传》)

(12) 建游章台宫，令四女子乘小船，建以足蹈**覆**其船，四人皆溺，二人死。(《汉书·景十三王传》)

"船覆"指船的上面(即正面)朝下倾覆。"覆手"指手掌(即正面)朝下翻转。类似用例《汉书》以外的文献也很常见。如：

(13) 帝令燕往视之，鸣若谧隘，二女爱而争抟之，**覆**以玉筐。(《吕氏春秋·季夏纪》)

(14) 项王曰："赐之彘肩。"则与一生彘肩。樊哙**覆**其盾于地，加彘肩上，拔剑切而啖之。(《史记·项羽本纪》)

词语"覆巢、覆车、覆杯、覆盆、覆瓮、覆盂、覆舫、覆甄"等均记录了"覆"表"正面朝下覆盖"的意思。

自然，文中"覆武其上"应指将苏武面朝下平放在燃起煴火的坎上，这也与中医熏蒸疗法相合，《武威汉代医简》《多桑蒙古史》有类似记载。既然苏武是面朝下俯卧在坎上，自然就无法"焰(熏)其背以出血"了。

因此，不管是从语言内部考察，还是从医学实践分析，"蹈"都不可能是"焰"的形近误文。

四 "蹈"当表"用脚踏揉"义

从上文所列数据和用例可以判定："蹈其背以出血"符合当时的语言表达习惯，无通假现象。但"蹈"到底是"用脚踏揉"还是"用手推揉按压"呢？

与《汉书》同时代的《金匮要略》中也有"蹈"的用例，且二例结构相同。在通行的中医教材《金匮要略直解》《金匮要略讲义》中，谢世平、李志毅等(2015:74)释"蹈"为"叩按"；张琦、林昌松(2013:125)释"蹈其胸上"为"原为足踏之意，蹈其胸上，可理解为用手推揉按压或捶打胸部"。《金匮要略》中"蹈"仅有一例，以上训释正确与否，还须从汉代的语言系统内部寻找证据。笔者遍查两汉代表性文献《史记》《淮南子》《法言》《汉书》《论衡》，共得"蹈"50例，除去待考察的1例，其中27例表"踩，践踏"义，11例表"投入，踏上"义，5例表"履行，遵循"义，3例表"登上"义，2例表"跳，顿足踏地"义，1例表"行走"义。略举数例如下：

(15) 今君后宫**蹈**绮縠而士不得褐，仆妾余粱肉而士不厌糟糠。(《史记·孟尝

君列传》)(表踩义)

(16)朕与单于皆捐往细故,俱**蹈**大道,堕坏前恶,以图长久,使两国之民若一家子。(《史记·匈奴列传》)(表踏上义)

(17)彼即肆然而为帝,过而为政于天下,则连有**蹈**东海而死耳,吾不忍为之民也。(《史记·匈奴列传》)(表投入义)

(18)扶摇抮抱羊角而上,经纪山川,**蹈**腾昆仑,排阊阖,沦天门。(《淮南子·原道训》)(表登上义)

(19)非苟知之,亦允**蹈**之。(《法言·君子》)(表履行、遵循义)

(20)河灵矍踢,爪华**蹈**衰。(《汉书·扬雄传》)(表踩踏义)

(21)及山阳亡徒苏令之群,**蹈**藉名都大郡,求党与,索随和,而亡逃匿之意。(《汉书·梅福传》)(表践踏义)

(22)直兵指胸,白刃加颈,**蹈**死亡之地,当剑戟之锋,执死得生还。(《论衡·命义》)(表踏上义)

(23)**蹈**履民田,啄食草粮。(《论衡·偶会》)(表践踏义)

(24)遵礼**蹈**绳,修身守节。(《论衡·状留》)(表履行、遵循义)

上述五部代表性文献中,"蹈"的50条用例反映了一个特点:"蹈"的所有义项均从"踩,践踏"义引申演化而来,且与"脚"有直接或间接的语义关联;没有一例可释为"叩按"或"用手推揉按压",也不与"手"发生语义关联。将考察范围扩大至清代以前文献时,仍未发现一例"蹈"的引申义与"手"有语义关联。因此,将"蹈"释为"叩按"或"用手推揉按压"是不准确的,"蹈其背以出血"应训释为"用脚踏揉他的背部,以便使瘀血流出"。由于中医诊疗手段古今发生了较大变化,古代"用脚踏揉"的治疗手法可能已被"用手推揉按压"取代,但对中医古籍中词语的训释还应忠实于当时的语言实际,《金匮要略》中"蹈其胸上"也应释为"用脚踏揉其胸部"。

总之,对古文献疑难词语的考释,如果从语言外部如字形、情理入手,往往会得出多种似是而非的解释。只有在充分占有书证的前提下,从语言系统内部考察词语的语义特征、句法功能和分布规律,才有可能得出明确一致的结论。

参 考 文 献

陈永良　1995　说《汉书·苏武传》中的"蹈"字,《文史杂志》第1期。

程　林(撰)谢世平、李志毅、陈晓辉、李　丹(校注)　2015　《金匮要略直解》,北京:中国中医药出版社。
[瑞士]德·索绪尔(著)高名凯(译)　2002　《普通语言学教程》,北京:商务印书馆。
[瑞典]多　桑(著)冯承钧(译)　2013　《多桑蒙古史》,北京:商务印书馆。
甘肃省博物馆 武威县文化馆　1975　《武威汉代医简》,北京:文物出版社。
郭在贻　2010　《新编训诂丛稿》,杭州:浙江大学出版社。
徐　复　1996　《后读书杂志》,上海:上海古籍出版社。
杨树达　2013　《汉书窥管》,上海:上海古籍出版社。
张　琦、林昌松(主编)　2013　《金匮要略讲义》(第2版),北京:人民卫生出版社。